Photoshop 6

Schnellanleitung

Photoshop 6

Michael Gradias

DATA BECKER

Copyright	© 2001 by DATA BECKER GmbH & Co. KG Merowingerstr. 30 40223 Düsseldorf
	1. Auflage 2001
Reihenkonzeption	Silvia Dreger
Lektorat	Silvia Dreger
Umschlaggestaltung	Inhouse-Agentur DATA BECKER
Textbearbeitung und Gestaltung	Michael Gradias (http://www.gradias.de)
Druck	Media-Print, Paderborn
E-Mail	buch@databecker.de

ISBN 3-8158-2130-4

Wichtiger Hinweis

Die in diesem Buch wiedergegebenen Verfahren und Programme werden ohne Rücksicht auf die Patentlage mitgeteilt. Sie sind für Amateur- und Lehrzwecke bestimmt.

Alle technischen Angaben und Programme in diesem Buch wurden vom Autor mit größter Sorgfalt erarbeitet bzw. zusammengestellt und unter Einschaltung wirksamer Kontrollmaßnahmen reproduziert. Trotzdem sind Fehler nicht ganz auszuschließen. DATA BECKER sieht sich deshalb gezwungen, darauf hinzuweisen, dass weder eine Garantie noch die juristische Verantwortung oder irgendeine Haftung für Folgen, die auf fehlerhafte Angaben zurückgehen, übernommen werden kann. Für die Mitteilung eventueller Fehler ist der Autor jederzeit dankbar.

Wir weisen darauf hin, dass die im Buch verwendeten Soft- und Hardwarebezeichnungen und Markennamen der jeweiligen Firmen im Allgemeinen warenzeichen-, marken- oder patentrechtlichem Schutz unterliegen.

Inhaltsverzeichnis

Einleitung

Photoshop hat sich im Laufe der vergangenen Jahre zum „Quasi"-Standardprogramm für alle Aufgabenstellungen im Bereich Druck- und Webgrafik entwickelt. Nun gibt es die Version 6, in der wieder viele neue Funktionen hinzugekommen sind.

Sie haben Photoshop 6 und das mitgelieferte, getrennte Programm ImageReady 3 installiert und vielleicht auch schon einmal gestartet? Und Sie waren vielleicht überrascht oder gar „erschlagen" von den vielfältigen Funktionen, die diese beiden Programme anbieten?

Vielleicht waren Sie auch erstaunt und verwirrt über die Arbeitsoberfläche, die so anders aussieht, als Sie es von vielen anderen Programmen kennen. Oder kannten Sie schon eine der älteren Photoshop-Versionen und wollen nun etwas über die neuen Möglichkeiten erfahren?

Dann sind Sie hier genau richtig! In diesem Buch will ich Ihnen zeigen, wie Sie am effektivsten mit diesen interessanten Programmen arbeiten können und welche Aufgaben sich damit erledigen lassen. Anhand vieler Beispiele aus der Praxis zeige ich Ihnen, wie Sie die vielfältigen Funktionen am besten einsetzen können.

In diesem Buch erfahren Sie alles über die verschiedenen Einsatzmöglichkeiten von Photoshop 6. Ob Bildbearbeitung oder -optimierung, der Einsatz der Ebenen- und Bildeffekte, das Arbeiten mit Ebenen oder die Exportoptionen für den Einsatz auf Webseiten – alles wird vorgestellt. Natürlich wird auch ImageReady eingehend beschrieben. Mit diesem getrennten Programm können Sie beispielsweise animierte GIFs erstellen, die Sie auf Webseiten einsetzen können.

Um die Beispiele des Buchs nachzuvollziehen, können Sie prinzipiell beliebige Bilder verwenden. Es sollen aber genau die Bilder sein, die ich auch verwendet habe? Dann schauen Sie doch einmal auf meiner Webseite unter http://www.gradias.de vorbei. Dort finden Sie in der Rubrik *Fachbücher* oder *Download* viele der verwendeten Ausgangsbilder zum Download.

Ich wünsche Ihnen viel Spaß und unterhaltsame Stunden mit diesem Buch und Photoshop 6.

Michael Gradias

Vom Umgang mit Photoshop und ImageReady

Sie haben Photoshop und wissen aber noch nicht so recht, was Sie alles damit anfangen können? Dann sehen wir uns doch zunächst einmal an, wozu das Programm dient und welche Aufgabenstellungen Sie damit erledigen können.

Betrachten wir zunächst einmal die Arbeitsoberfläche mit einem geöffneten Dokument - dann werden bereits einige Möglichkeiten von Photoshop sichtbar. Das gezeigte Foto stammt übrigens aus den mitgelieferten Beispielbildern, die im Photoshop-Verzeichnis *Beispiele* zu finden sind.

Aha! Ein Programm für Fotos. Und ein Grafikprogramm für die Gestaltung von Texteffekten, könnte man nun meinen - und das ist auch gar nicht so falsch. Es gehören aber ein paar Überlegungen mehr dazu. Es gibt nämlich unterschiedliche Typen von Grafikprogrammen.

Vektorgrafik versus Pixelgrafik

Früher war alles viel einfacher: Da gab es eine ziemlich strickte Trennung zwischen zwei verschiedenen Arten von Grafikprogrammen:

Die so genannten Vektorgrafikprogramme - wie beispielsweise CorelDRAW oder der Illustrator - wurden verwendet, um grafische Zeichnungen zu erstellen. Dazu gehört zum Beispiel die Gestaltung von Visitenkarten oder Plakaten. Jedes Element der Zeichnung - im Fachjargon „Objekte" genannt - kann jederzeit mit einem Mausklick verändert werden. So wird schnell aus einem grünen Objekt mit roter Kontur ein blaues mit einer gelben Kontur.

Diesen Vorteil der Flexibilität bezahlt der Anwender aber mit dem Nachteil, dass alle einzelnen Objekte des Dokuments erst einmal konstruiert werden müssen. Und das kann - je nach Anzahl der Objekte im Dokument - eine ganze Menge Arbeitszeit in Anspruch nehmen.

Die pixelbasierten Programme

Ganz anders arbeiten die Programme der zweiten Kategorie: Die so genannten pixelorientierten Bildbearbeitungsprogramme. Zu denen gehört in gewissem Sinne auch Photoshop. Hier dient meist ein Foto als Ausgangsbasis, das beispielsweise von einer gescannten Vorlage, einem Bild aus einer Digitalkamera oder einem Pixelbild aus dem Internet oder von einer Photo-CD stammen kann.

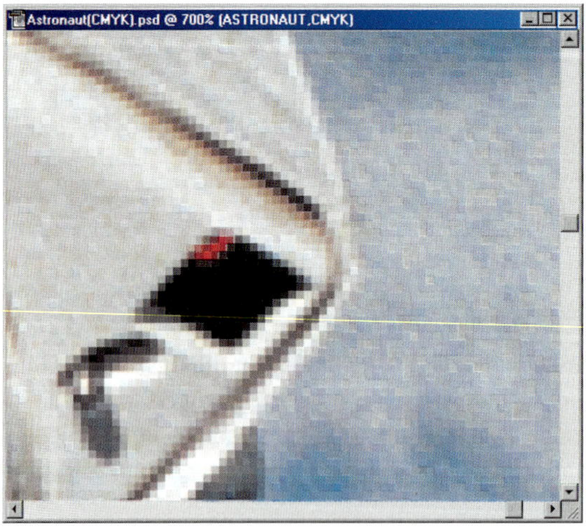

Diese Programme arbeiten eigentlich nicht mit Objekten. Diese Programme arbeiten mit den Pixeln eines Bilds. „Was ist das denn nun wieder?", könnten Sie sich vielleicht fragen - das linke Bild zeigt es.

Die Pixel werden sichtbar, wenn das Bild stark vergrößert wird. Wir haben es in unserem Fall auf 700 % der ursprünglichen Größe vergrößert. Dann werden lauter kleine „Kästchen" sichtbar - und genau diese werden Pixel genannt.

Info

Winzige Pixel

Die Pixel sind normalerweise so klein, dass sie vom menschlichen Auge nicht wahrgenommen werden. Oder nicht wahrgenommen werden sollten - verwenden Sie nämlich im Bild zu wenige Pixel, können sie sichtbar werden. Dann spricht der Fachmann von einer „falschen Auflösung des Bilds".

Was Bildbearbeitungsprogramme tun

Mit Bildbearbeitungsprogrammen, die pixelorientiert arbeiten, können die einzelnen Pixel des Bilds verändert werden: Sie können die Pixel entfernen oder umfärben. Was so wenig spektakulär klingt, birgt doch eine ganze Menge an Möglichkeiten, wie Sie in diesem Buch noch erfahren werden.

Wenn die Trennung so klar ist, wo ist denn dann das Problem, können Sie nun einwerfen.

Nun, bei der aktuellen Photoshop-Version werden die Grenzen stark vermischt. Mit Photoshop können Sie jetzt nämlich auch - teilweise - vektorbasiert arbeiten. Und das, obwohl sich Pixelbilder und Vektorgrafiken nur sehr bedingt „vertragen". So bietet Photoshop 6 jetzt alle wichtigen Grundformen an, die benötigt werden, um komplexe Formen zu konstruieren.

Sie sehen die verfügbaren Grundformen - Rechteck, Rechteck mit abgerundeten Ecken, Ellipse, Polygon und die eigene Form - links in unserem Pixelbild abgebildet. Hinzu kommt noch die einfache Linie.

Auch das Textobjekt ist eine Vektorform, die nachträglich verändert werden kann - der eingegebene Text ebenso wie seine Eigenschaften.

Info

Teilweise Vorteile

Die Kombination von Vektorgrafik und einem Pixelbild ist auch mit Problemen verbunden: So können Sie zwar den Vektorobjekten neue Attribute zuweisen oder sie ohne Qualitätsverlust skalieren, das Pixelbild ist davon aber nicht betroffen. Das Vergrößern des gesamten Dokuments führt demnach zu einer Verschlechterung.

Viele Probleme mit vielen Pixeln

Eine Grundregel bei der Bearbeitung von Pixelbildern lautet: Je mehr Pixel im Bild vorhanden sind, umso besser wir die Bildqualität. Sehen wir uns wieder das zuvor gezeigte Bild an – dieses Mal allerdings als Endergebnis ohne die Arbeitsoberfläche.

Was meinen Sie, aus wie vielen einzelnen Pixeln dieses Bild besteht?

Hätten Sie geglaubt, dass es genau 317.440 Pixel sind? In der Breite sind es ganz genau 640 – in der Höhe 496. Und das miteinander multipliziert, ergibt die hohe Anzahl an Pixeln.

Damit ergibt sich eine gute Qualität, wie die Abbildung belegt.

Wo liegen dann aber die Probleme? Nun: Viele Pixel benötigen viel Speicher. So belegt dieses kleine Bildchen von gerade mal 5,4 cm Breite und einer Höhe von 4,2 cm bereits etwas über 1 MByte auf der Festplatte. Mit noch größeren Bildformaten multiplizieren sich natürlich auch die Speicherprobleme.

Info

Obacht vor großen Bildern!

Je größer die Bilder sind, mit denen Sie arbeiten, umso größer werden die Probleme. Es ist nämlich nicht nur viel Festplattenspeicher nötig: Leistungsstarke Rechner und viel RAM-Speicher sind bei der Bildbearbeitung ebenfalls unabdingbare Voraussetzungen. Wenn Sie also effektiv mit Photoshop arbeiten wollen, sollten Sie sich schon die passende Hardware gönnen – sonst können Sie schnell den Spaß verlieren.

Arbeiten mit ImageReady

Und ImageReady – was ist das für ein Programm?

Es ist ebenfalls ein Bildbearbeitungsprogramm mit vielen Vektorgrafik-Funktionen. Der Unterschied zu Photoshop besteht darin, dass Sie hier viele Werkzeuge und Funktionen finden, um Bilder für die Weiterverwendung im Web vorzubereiten. Sehen wir uns das Programm einfach einmal an:

1 Klicken Sie zum Starten des Programms auf die links abgebildete Schaltfläche am Ende der Werkzeugleiste.

2 Dann merken Sie gleich, dass Sie nicht alle Bildtypen bearbeiten können – ImageReady unterstützt nämlich nur so genannte RGB-Bilder.

3 Nach dem Start des Programms sehen Sie ImageReadys Arbeitsoberfläche:

4 Sie haben sicherlich gleich die große Ähnlichkeit mit Photoshop bemerkt: Die Programme sind nämlich weitestgehend aufeinander abgestimmt und können gleichermaßen bedient werden. Nur hier und da gibt es nuancierte Unterschiede - aber dazu später mehr.

5 Vielleicht ist Ihnen an der Abbildung auch gleich aufgefallen, dass einige zusätzliche Palettenfenster zu sehen sind - so heißen die Bedienelemente am rechten Rand des Arbeitsbereichs.

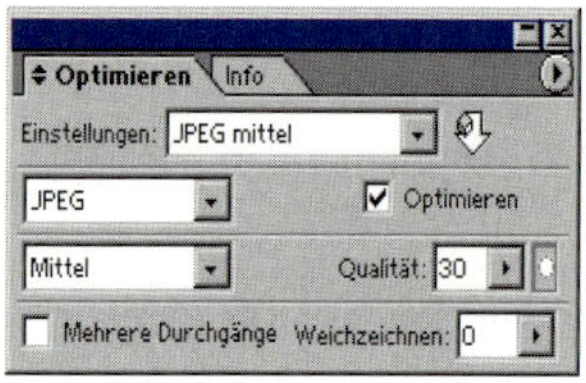

Dort gibt es beispielsweise Funktionen für die Optimierungs-Einstellungen der Webformate.

6 Außerdem fällt das große Palettenfenster unter dem Dokument auf - hier können Sie beispielsweise die einzelnen Bilder einer Animation verwalten.

Sie kennen sicherlich die bewegten Banner aus dem Netz. Solche Bewegungsabläufe können Sie unter anderem mit ImageReady erstellen.

Wir haben nachfolgend eine Beispielanimation geöffnet, die im Photoshop-Ordner *Beispiele/ImageReady-Animationen* zu finden ist. Sie sehen nachfolgend die Einzelbilder dieser Animation.

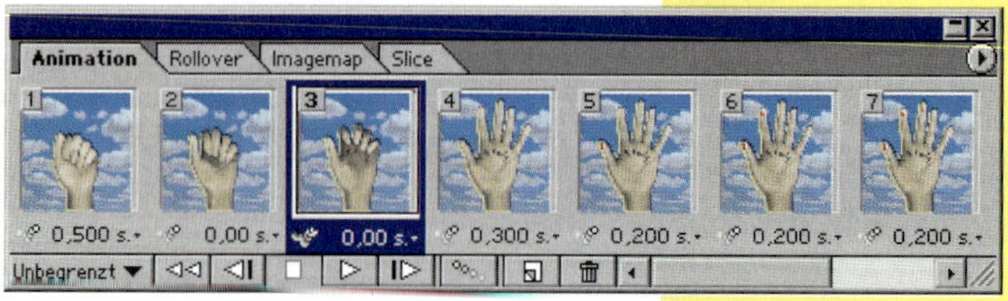

Info

Wozu zwei Programme?

Sie fragen sich, wozu es die Trennung in zwei Programme gibt? Nun: Das fragen wir uns ebenso wie viele andere Anwender auch ;-(.
Einen so richtig einsichtigen Grund gibt es nicht, zumal von Version zu Version immer mehr Funktionen von ImageReady auch direkt in Photoshop verfügbar sind. Dann könnten die Entwickler doch gleich einen richtigen Schnitt machen und alles in ein Programm packen.
Die offizielle Darstellung lautet, dass die Vereinigung erst dann stattfinden wird, wenn alle Anwender von Photoshop auch die Webfunktionen benötigen (auch die Printdesigner). Wenn die Photoshop-Entwickler wüssten, dass dies vermutlich längst der Fall ist ...

Kennenlernen der Arbeitsoberfläche

Sicherlich haben Sie Photoshop bereits erfolgreich installiert. Durch die Assistentenführung sollten hier keine Probleme auftreten – alle nötigen Arbeitsschritte erledigt Photoshop automatisch.

So können wir uns nun daranmachen und die Arbeitsoberfläche und deren Funktionalität erkunden. Und so nebenbei werden wir Ihnen zeigen, wie das zuvor gezeigte Beispielbild entstanden ist.

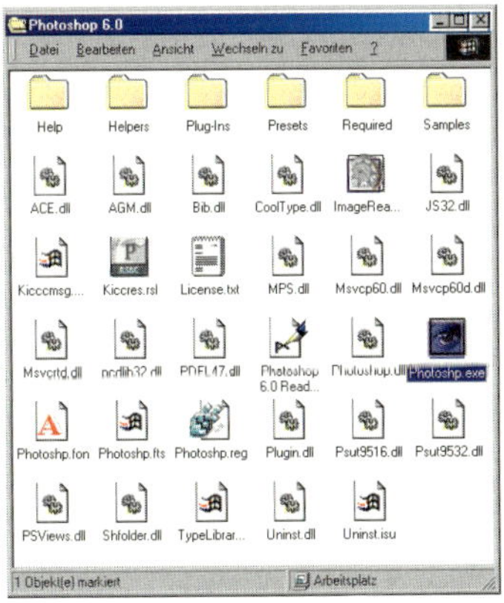

1 Starten Sie Photoshop mit einem Doppelklick auf das Programmsymbol im Adobe-Ordner oder rufen Sie das Programm über die Windows-Startleiste auf.

Nun müssen Sie einen Moment warten, bis alle Module des Programms geladen sind. Das dauert leider eine Weile.

2 Nach dem Start sehen Sie die wenig spannende Arbeitsoberfläche:

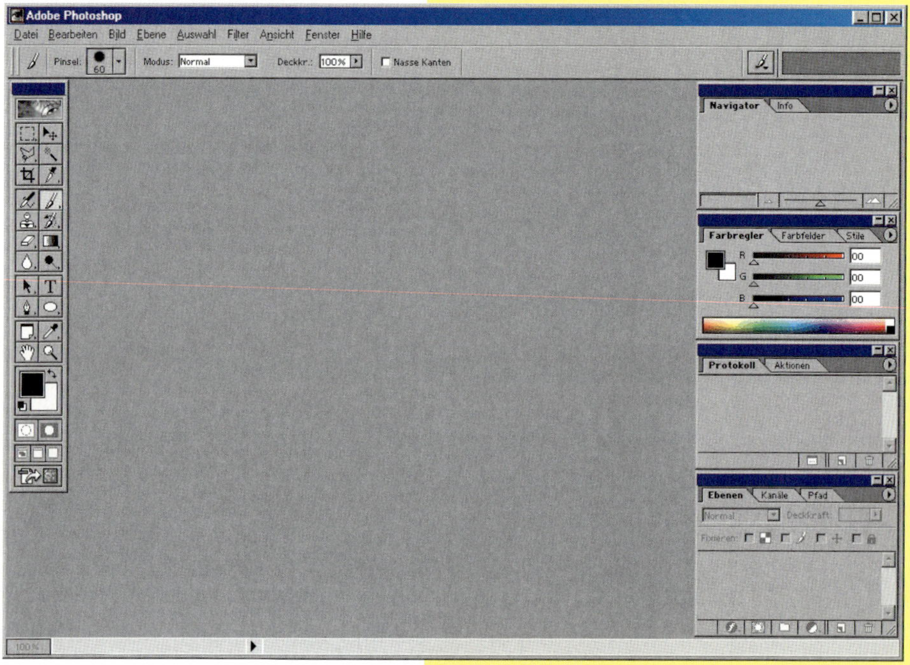

3 Das ungewohnte – und eher Windows-untypische – Aussehen kommt daher, dass dieses Programm einst nur für den Macintosh entwickelt wurde. Erst seit einigen Jahren wurde es auf Windows portiert.

4 So gibt es beispielsweise keine Symbolleisten, wie Sie es von anderen Windows-Programmen wahrscheinlich gewohnt sind.

Dafür wirkt die Arbeitsoberfläche aber sehr aufgeräumt.

5 Sehen wir uns nun die einzelnen Bedienelemente an, die von Photoshop bereitgestellt werden.

Vor der Arbeit: Bilder öffnen

Bevor die Bedienelemente verwendet werden können, benötigen wir erst einmal ein Bild, das bearbeitet werden soll. Zum Öffnen von Bildern gehen Sie folgendermaßen vor:

1 Rufen Sie die Funktion *Datei/Öffnen* auf, die Sie auch über die Tastenkombination [Strg]+[O] erreichen. Alternativ dazu können Sie auch einfach doppelt auf den leeren Arbeitsbereich klicken.

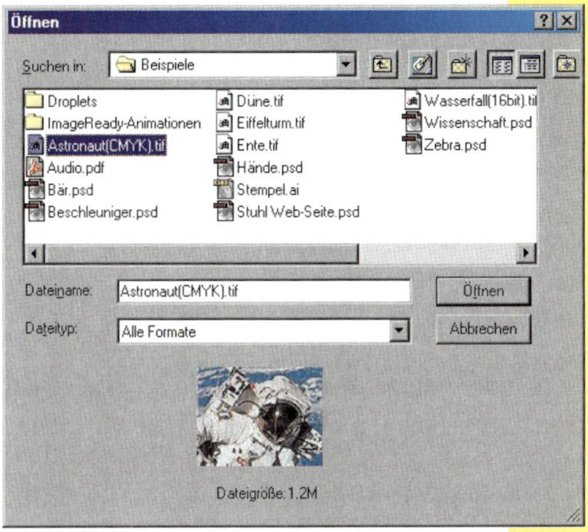

2 Damit öffnen Sie das abgebildete Dialogfeld. Suchen Sie hier die Datei, die Sie bearbeiten wollen.

Unser Beispielbild finden Sie im Photoshop-Verzeichnis *Beispiele*. Es heißt *Astronaut (CMYK).tif*.

Sofern ein Vorschaubild vorhanden ist, wird dies unterhalb der Dateiliste angezeigt. So können Sie sich gleich orientieren, ob das richtige Bild markiert wurde. Außerdem wird die Größe der Datei unter dem Vorschaubild angezeigt.

3 Nach dem Öffnen wird die Darstellungsgröße des Bilds automatisch so angepasst, dass das vollständige Bild zu sehen ist.

In unserem Beispiel beträgt die Darstellungsgröße zunächst 66,7 % – Sie sehen diesen Wert in der Titelzeile des Bildfensters. Dort wird außerdem der Name des Bilds angezeigt.

Info

Miniaturbilder anzeigen

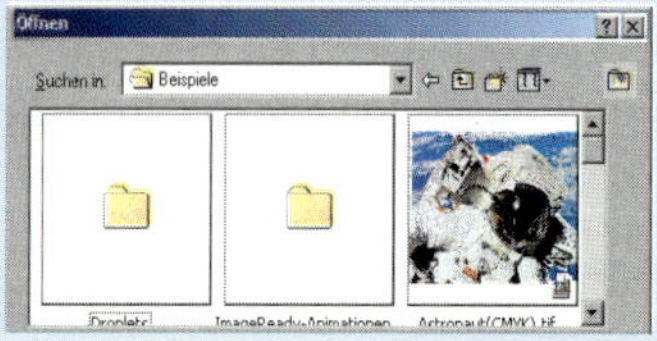

Wenn Sie beispielsweise mit Windows 2000 arbeiten, können Sie sich auch Miniaturbilder anzeigen lassen.
So fällt die Auswahl der richtigen Datei weitaus leichter. Sie sehen diese Variante links abgebildet.

Wie einst Pinsel und Bleistift: Die Werkzeugpalette

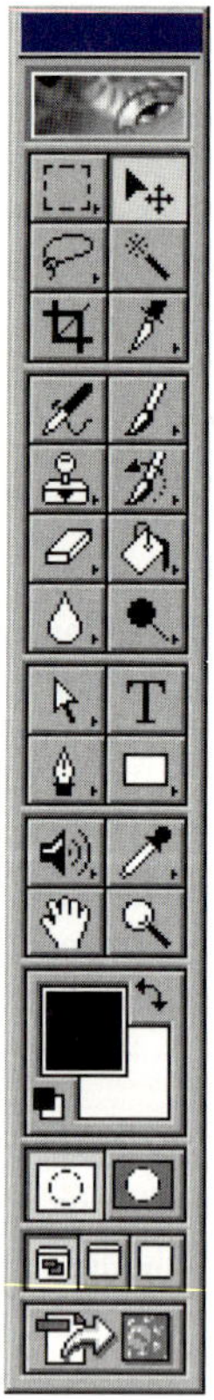

Bevor Sie nun am Bild irgendwelche Veränderungen vornehmen können, müssen Sie erst einmal ein Werkzeug aufrufen, mit dem Sie arbeiten wollen.

Die verfügbaren Werkzeuge sind über die Werkzeugpalette erreichbar, die Sie links auf der Arbeitsfläche sehen. Die Werkzeuge sind - je nach ihrem Einsatzgebiet - in unterschiedlichen Gruppen zusammengefasst.

So finden Sie im obersten Block beispielsweise Werkzeuge, um einen Teil des Bilds auszuwählen, an dem Sie Änderungen vornehmen wollen. Man nennt diese Werkzeuge Auswahlwerkzeuge.

Im zweiten Block sind Werkzeuge untergebracht, mit denen Sie im Bild malen können. Dafür gibt es unterschiedliche Typen, wie etwa einen Bleistift, einen Pinsel oder auch einen Radiergummi, um Bildteile zu entfernen. Die jeweilige Funktionalität erkennen Sie gut am betreffenden Symbol.

Im folgenden Block gibt es verschiedene Werkzeuge für Pfade, Texte oder zur Konstruktion von geometrischen Objekten. Der letzte Block enthält Werkzeuge zum Ändern der Ansichtsgröße und zum Platzieren von Bemerkungen.

Unter den Werkzeugen gibt es noch zwei Farbfelder, in denen Sie die aktive Vorder- und Hintergrundfarbe einstellen können. Darunter befinden sich Schaltflächen zum Ändern der Ansichtsmodi - dazu kommen wir später noch.

Das letzte Symbol kennen Sie ja schon: Damit wechseln Sie nämlich zu ImageReady.

Arbeiten mit Flyout-Menüs

Da es sehr viele Funktionen in der Werkzeugpalette gibt, haben die Entwickler eine Möglichkeit eingebaut, um verschiedene Funktionen in einer Schaltfläche zusammenzufassen:

Die unterschiedlichen Typen eines Werkzeugs werden in einem so genannten Flyout-Menü zusammengefasst.

1 Wo sich ein Flyout-Menü verbirgt, erkennen Sie an den kleinen Pfeilen, die unten rechts in den betreffenden Schaltflächen zu sehen sind.

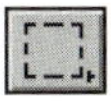

2 Um ein Werkzeug aus einem der Flyout-Menüs auszuwählen, klicken Sie auf eine Schaltfläche, auf der ein kleiner Pfeil zu sehen ist - zum Beispiel das erste Symbol.

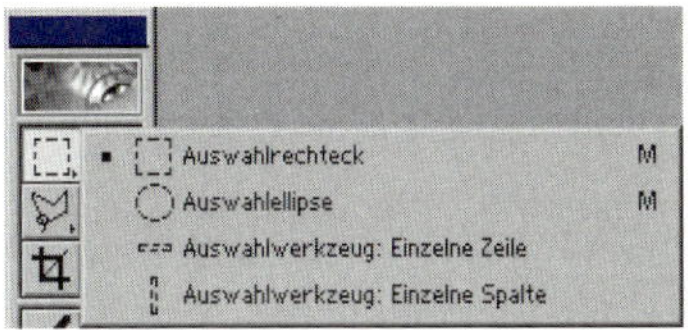

3 Halten Sie die Maustaste gedrückt. Nun können Sie bei gedrückter linker Maustaste die gewünschte Funktion aus dem Menü auswählen.

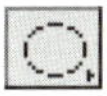

4 Wenn Sie die Maustaste wieder loslassen, wird das Werkzeug ausgewählt und das Flyout-Menü wieder geschlossen.

Die passenden Optionen für jedes Werkzeug

Für jedes Werkzeug gibt es unterschiedliche zusätzliche Optionen. Nehmen wir als Beispiel gleich das Textwerkzeug, das wir für unseren Schriftzug nun als erstes benötigen.

1 Rufen Sie zunächst das Textwerkzeug aus der Werkzeugleiste auf.

2 Am oberen Rand der Arbeitsoberfläche sehen Sie die Optionen-Palette mit den zusätzlichen Optionen der Werkzeuge:

3 Je nachdem, welches Werkzeug Sie aufgerufen haben, werden hier unterschiedliche Optionen angeboten.

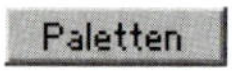

4 Über die letzte Schaltfläche – *Paletten* – rufen Sie ein weiteres Bedienelement auf: ...

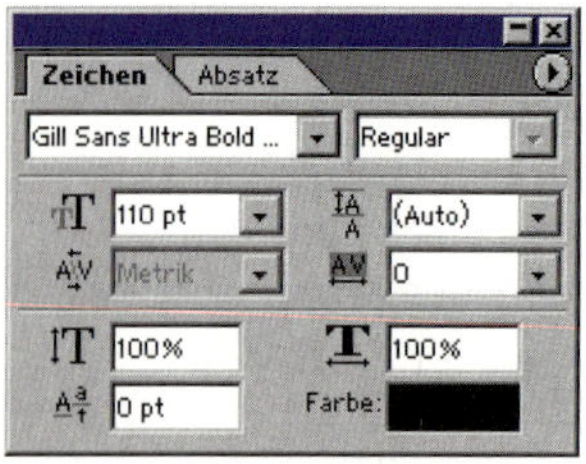

5 ... die Palettenfenster. Einige davon haben Sie schon beim Start des Programms auf der rechten Seite der Arbeitsoberfläche gesehen.

Beim Textwerkzeug finden Sie hier weitergehende Optionen – beispielsweise um die Absatzeigenschaften einzustellen.

Stellen Sie keine Optionen ein, verwendet Photoshop zunächst die voreingestellten Werte. Diese müssten Sie dann später gegebenenfalls verändern.

Info

Es sind keine Palettenfenster zu sehen

Sie sehen keine Palettenfenster auf der rechten Seite der Arbeitsoberfläche? Dann haben Sie vielleicht versehentlich die [Tab]-Taste gedrückt. Damit werden nämlich die Palettenfenster ein- oder ausgeblendet. Sie können die Palettenfenster aber auch einzeln über das *Fenster*-Menü ein- oder ausblenden.

6 Damit die Arbeitsfläche nicht zu voll wird, sind die Palettenfenster in Gruppen zusammengefasst.

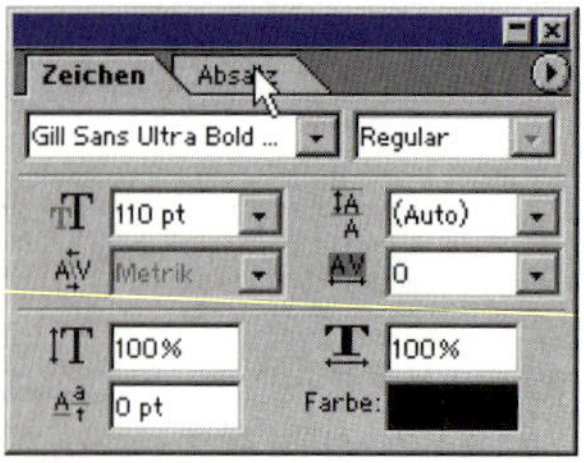

7 Klicken Sie auf einen der Reiter, die im Palettenfenster zu sehen sind, um zu einem anderen Palettenfenster innerhalb der Gruppe zu wechseln. So wechseln wir links ...

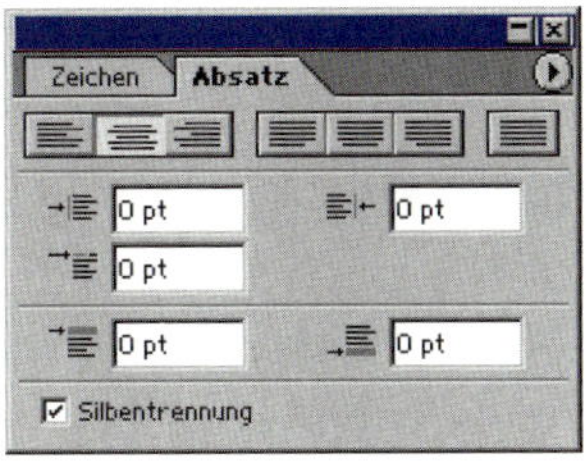

... zu den *Absatz*-Optionen. Dort können Sie beispielsweise die Ausrichtung des Schriftzugs einstellen.

Einen Schriftzug eintippen

Wenn Sie die zuvor gezeigten Einstellungen vorgenommen haben, kann der Schriftzug konstruiert werden. Gehen Sie dazu wie folgt vor:

1 Klicken Sie in das Bild. Wählen Sie die Stelle, an der Sie den Text platzieren wollen. Unsere Position sehen Sie links abgebildet.

2 Nach dem Klicken sehen Sie einen blinkenden Einfügemauszeiger – so, wie Sie es auch aus Textbearbeitungsprogrammen kennen.

3 Tippen Sie den gewünschten Text ein. Wir haben dafür nur Großbuchstaben verwendet – so genannte Versalien. Unser Schriftzug lautet bezeichnenderweise *ASTRONAUT*.

4 Schließen Sie die Texteingabe mit einem Klick auf das abgebildete Symbol am Ende der Optionen-Palette ab.

Die Funktionen mit den Palettenfenstern voll im Griff

Die Palettenfenster zeigen eine ganze Menge zusätzlicher Optionen ganz unterschiedlicher Natur. Schauen wir uns nun der Reihe nach an, welche Hilfestellungen Sie über die Palettenfenster erhalten.

Mit dem Navigator-Fenster die Orientierung behalten

Im *Navigator*-Palettenfenster sehen Sie ein Abbild des aktuell geöffneten Bilds. Solange Sie in der normalen Darstellungsgröße arbeiten, nutzt Ihnen dieses Palettenfenster wenig.

Arbeiten Sie allerdings in einer vergrößerten Darstellung, bei der nicht mehr das gesamte Bild zu sehen ist, können Sie sich hier orientieren, wo Sie sich innerhalb des Bilds befinden. Ein roter Rahmen zeigt den sichtbaren Bildausschnitt an.

Durch Ziehen mit gedrückter Maustaste innerhalb des Navigators können Sie den sichtbaren Bildausschnitt verschieben. Über das Eingabefeld unten links lässt sich die Darstellungsgröße verändern. Wenn Sie den Wert nicht eintippen möchten, können Sie auch den daneben stehenden Schieberegler verwenden.

Präzise Informationen über das Info-Fenster

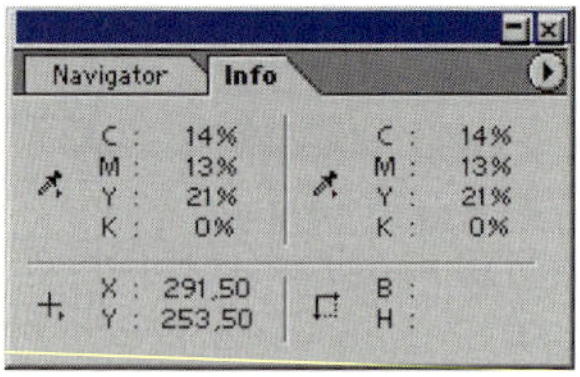

Im *Info*-Fenster werden einige interessante Daten angezeigt. So sehen Sie dort die Farbwerte der Pixel, die sich an der Stelle des Mauszeigers befinden. Halten Sie dazu einfach den Mauszeiger über das Bild.

Außerdem kann hier auch die Größe von ausgewählten Bereichen und die Position des Mauszeigers abgelesen werden. Über das Pfeilmenü oben rechts im Palettenfenster lassen sich die anzuzeigenden Werte ändern. Dazu stehen viele verschiedene Möglichkeiten zur Verfügung.

Farben mit dem Farbregler auswählen

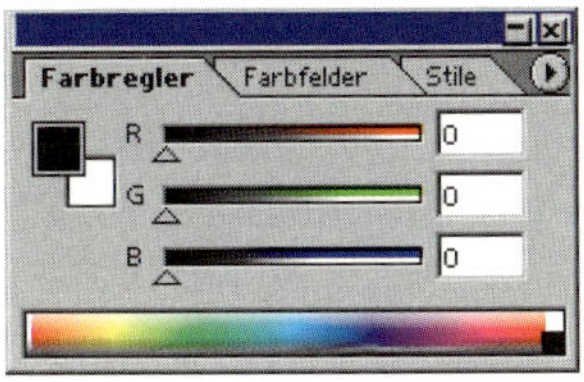

Wenn Sie beispielsweise mit einer Farbe malen möchten, können Sie den gewünschten Farbton über das *Farbregler*-Palettenfenster einstellen.

Hier kann die Farbe wahlweise mit einem Klick auf das Spektrum am Fuß des Palettenfensters oder durch Verschieben der Farbregler verstellt werden.

Alternativ dazu können Sie auch die Farbwerte in die Eingabefelder eintippen.

Aus vorgegebenen Farben eine auswählen

Wenn Sie die Farben nicht präzise einstellen, sondern aus einer der Standardfarben auswählen wollen, können Sie dies über das *Farbfelder*-Palettenfenster tun.

Klicken Sie auf eines der Farbfelder, um die aktuelle Vordergrundfarbe zu ändern. Halten Sie dabei zusätzlich die [Alt]-Taste gedrückt, wird die Hintergrundfarbe neu bestimmt.

Effekte in Stilen speichern

Eine Stärke der neuen Photoshop-Version sind die vielen verschiedenen Effekte, mit denen Sie Ebenen verschönern können. Da alle verfügbaren Effekte sich miteinander kombinieren lassen, entsteht eine schier unendliche Vielfältigkeit.

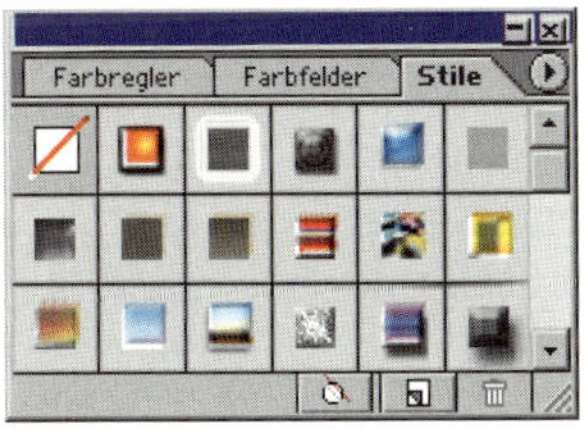

Nun brauchen Sie aber nicht jedes Mal die Effekteinstellungen wieder vorzunehmen, wenn Sie diese erneut einsetzen wollen. Speichern Sie die Einstellungen einfach über das *Stile*-Palettenfenster.

Photoshop liefert gleich eine ganze Anzahl verschiedener Effekte mit, die fertig zum Einsatz sind. Ein einfacher Mausklick auf einen der Stile reicht aus, um diesen der aktuellen Ebene zuzuweisen. Dies wollen wir gleich bei unserer gerade gestalteten Textebene ausprobieren. Den Stil, den wir verwenden wollen, finden Sie allerdings standardmäßig nicht in der Liste.

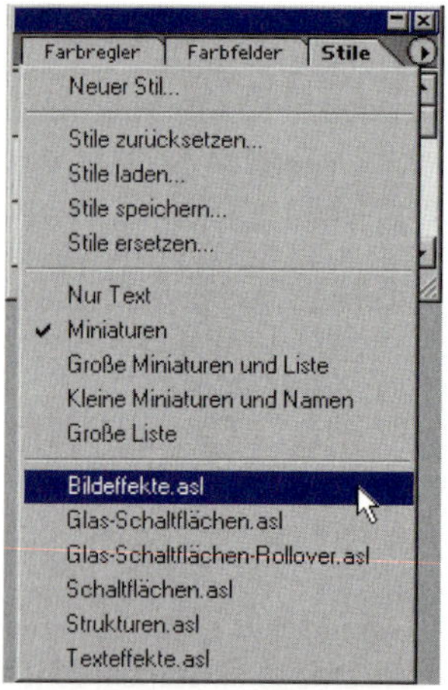

1 Klicken Sie auf das Pfeilsymbol oben rechts im Palettenfenster. Damit öffnen Sie ein Menü mit zusätzlichen Optionen zu den Stilen.

Am Ende der Liste finden Sie sechs zusätzliche Stile-Sets.

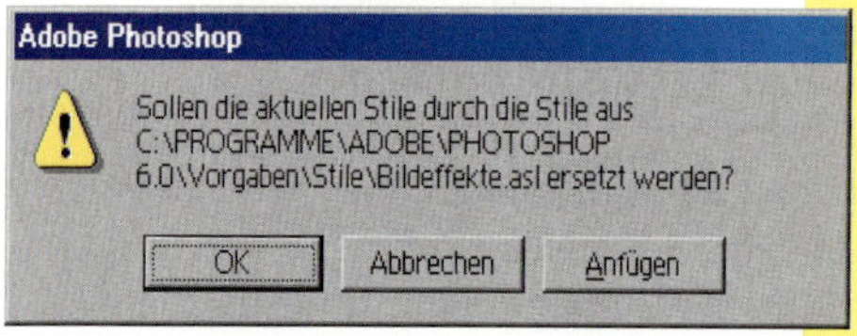

2 Nach dem Aufruf können Sie entscheiden, ob die ausgewählten Stile zu den bisherigen zugefügt werden oder sie ersetzen sollen. Wählen Sie die *Anfügen*-Option.

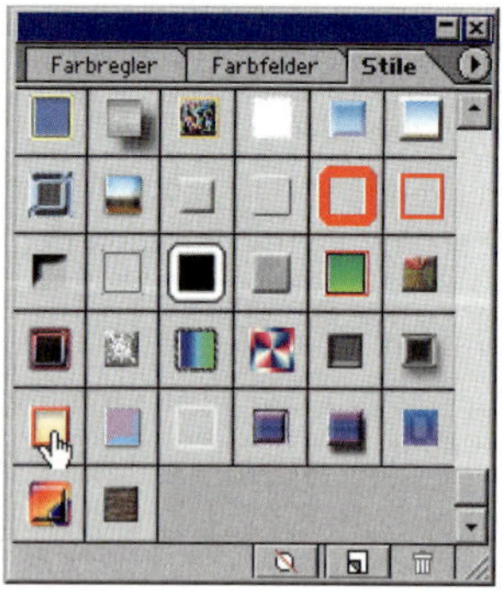

3 Unter den vielen neuen Stilen finden Sie auch den links markierten, den wir unserem Schriftzug zuweisen wollen.

4 Nach dem Anklicken werden die Effekte des Stils zugewiesen. So erhalten wir das folgende Ergebnis. Ist doch schon ganz schick, oder?

Veränderungen wieder zurücknehmen

Die folgende Palettenfenster-Gruppe enthält zwei sehr nützliche Funktionen.

In der *Protokoll*-Palette sehen Sie alle Arbeitsschritte, die Sie durchgeführt haben, sowie das Stadium beim Öffnen der Datei. Photoshop zeichnet alle Arbeitsschritte automatisch auf.

Wenn Sie nun festgestellt haben, dass Ihnen die Veränderungen, die Sie am Bild vorgenommen haben, nicht mehr gefallen, klicken Sie einfach auf einen der Einträge. Sie kehren dann zu dem alten Stadium zurück. Danach können Sie, ausgehend von diesem alten Stadium der Bearbeitung, wie gewohnt weiterarbeiten.

Um zum Ausgangsstadium zurückzukehren, klicken Sie auf den ersten Eintrag der Liste, der mit einem Vorschaubild gekennzeichnet ist. Diese Einträge im oberen Teil der Liste werden Schnappschüsse genannt.

Info

Viel Festplattenspeicher notwendig

Für jeden Arbeitsschritt, den Sie durchführen, speichert Photoshop ein Abbild in einer Auslagerungsdatei auf der Festplatte. Wenn Sie viele Arbeitsschritte ausgeführt haben, kann diese Auslagerungsdatei ziemlich groß werden – je nach Größe des Bilds sogar mehrere Hundert MByte.

Malen mit einer alten Version des Bilds

Eine besondere Funktion ist ebenfalls über dieses Palettenfenster zu erreichen: Sie können nämlich nicht nur zu einer alten Version des Bilds zurückkehren, sondern auch Teile einer alten Version verwenden.

Dazu dient der so genannte Protokoll-Pinsel, der in der Werkzeugleiste zu finden ist. Ist er aktiviert, lassen sich Striche mit einer alten Fassung des Bilds ausführen.

Im Zusammenhang mit den Effektfiltern ist dies eine sehr praktische Funktion – so können nämlich Effektfilter im Bild gemischt werden.

Automatisiert arbeiten mit der Aktionen-Palette

Vielleicht haben Sie sich das ja schon immer gewünscht: Sie drücken eine Taste und ab da geht alles von allein.

Nun, so ganz funktioniert das auch in Photoshop nicht – aber fast. Die Funktionen dazu befinden sich im *Aktionen*-Palettenfenster.

Aktionen sind mit Makros vergleichbar, die Sie vielleicht aus anderen Programmen kennen. Sie zeichnen einmal Arbeitsschritte auf, die Sie dann später beliebig oft am selben Bild oder anderen Bildern anwenden können.

Photoshop liefert einige interessante Aktionen mit. Beispielsweise um automatisch Bilderrahmen oder dreidimensionale Schaltflächen zu erstellen.

Schicht für Schicht im Ebenen-Fenster verwalten

In Photoshop können Sie mehrere Ebenen übereinander legen. Das können Sie mit einem Stapel Folien vergleichen: Was oben liegt, ist zu sehen, was sich darunter befindet, dagegen nicht.

Die Verwaltung der Ebenen erfolgt in diesem Palettenfenster. Hier können Sie auch die Lage der Ebenen verändern oder neue Ebenen erstellen.

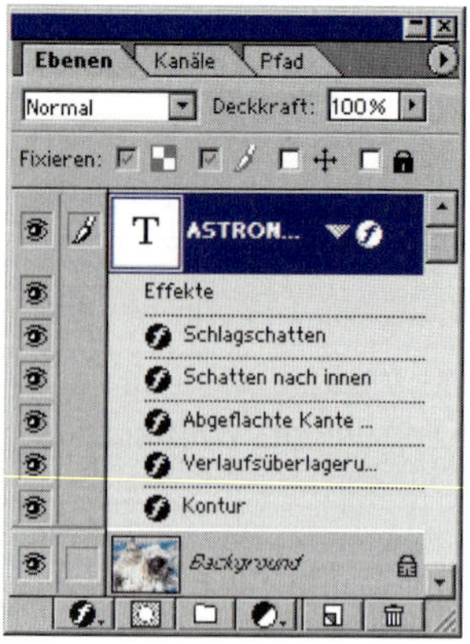

Mit unserem Text und dem angewandten Stil sind automatisch Einträge im *Ebenen*-Palettenfenster eingefügt worden.

Für den Text ist nun eine neue Ebene zu sehen, die über der Hintergrundebene des Bilds angeordnet ist.

Die angewendeten Effekte des Stils werden ebenfalls über dieses Palettenfenster verwaltet. Sie sind unterhalb der Ebene aufgelistet, an der sie angewendet wurden – in unserem Fall der Textebene.

Mit einem Klick auf das Dreieck neben dem Effektsymbol können die Effekte ein- oder ausgeblendet werden. So bleibt die Übersichtlichkeit im Palettenfenster gewahrt.

Info

Große Dateien durch viele Ebenen

So reizvoll das Arbeiten mit Ebenen ist: Es hat auch Nachteile. Mit jeder neuen Ebene wächst nämlich die Dateigröße an. Um die Dateigröße wieder zu verringern, können Sie aber jederzeit mehrere Ebenen wieder auf eine reduzieren.

Die Farbinformationen in den Kanälen begutachten

Jedes Bild besteht aus mehreren Farbkanälen. Je nachdem, welches Farbmodell Sie verwenden, sind es drei oder vier Farbkanäle.

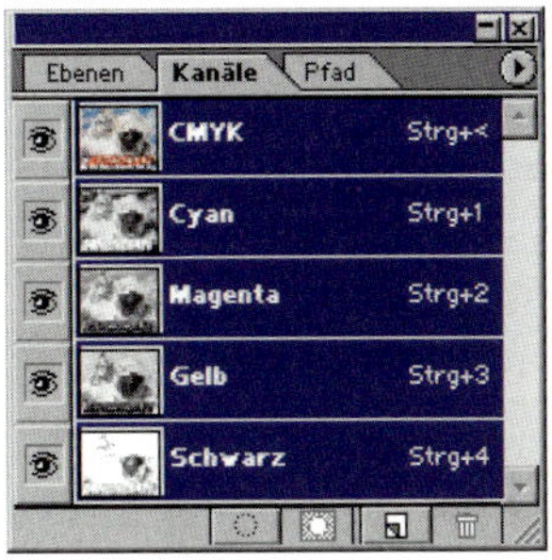

Meist werden Sie mit den so genannten RGB-Bildern arbeiten, die für Bildschirmbilder benötigt werden – beispielsweise zur Verwendung im Internet. In diesem Fall gibt es je einen Kanal für die roten, grünen und blauen Farbanteile des Bilds.

Damit Sie auch sehen können, welche Farbanteile sich in welchem der Kanäle befinden, können Sie das *Farbkanäle*-Fenster verwenden. Jeder der Farbkanäle ist dort mit einem eigenen Eintrag vertreten.

In unserem Beispiel handelt es sich um ein CMYK-Farbbild, das für Druckerzeugnisse verwendet wird. Dort gibt es je einen Kanal für die Druckfarben Cyan, Magenta, Gelb und Schwarz.

Außerdem werden hier auch die so genannten Alphakanäle verwaltet. Das sind Masken, die einen Bildteil vor Veränderungen schützen.

Die Verwaltung der Vektorinformationen

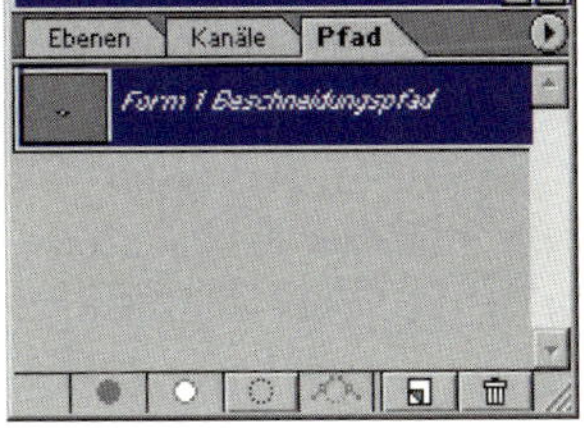

Eine Funktion, mit der versucht wird, Vektor- und Pixelbearbeitungsprogramme zusammenzuführen, sind die Pfade.

Hier werden veränderbare Kurvenverläufe verwendet. Die Verwaltung dieser Pfade erfolgt in diesem Palettenfenster – ebenso wie die der Vektor-Grundformen. Hier können Sie auch neue Pfade erstellen oder bestehende Pfade auswählen.

Umgestalten der Arbeitsfläche

Die Palettenfenster sind, ebenso wie die Werkzeugleiste, nicht starr verankert - Sie können sie frei auf der Arbeitsfläche hin- und herschieben. Dabei gibt es nicht einmal eine Beschränkung auf das Photoshop-Fenster. Aber Vorsicht vor zu wildem Verteilen der Palettenfenster - schnell kann es so unübersichtlich werden, wie es die folgende Abbildung zeigt:

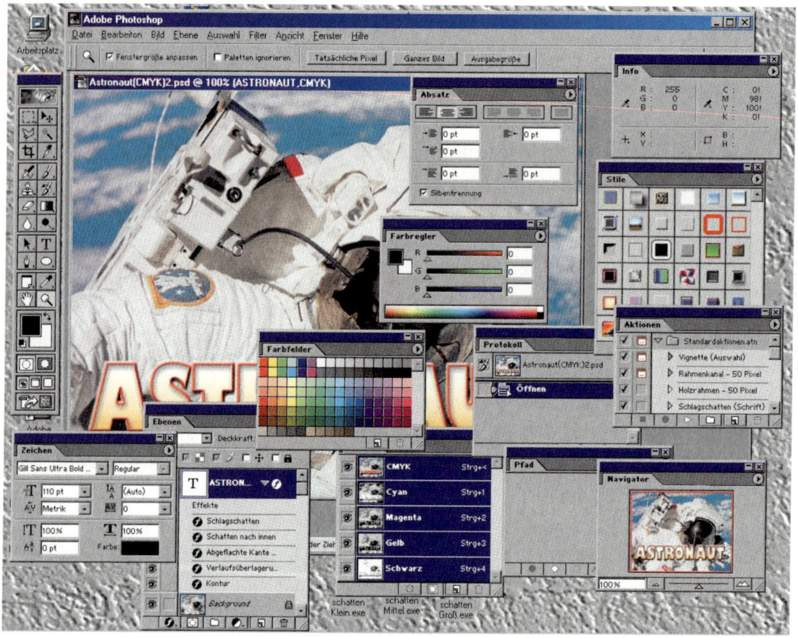

Verschieben der Palettenfenster

Wenn Sie Palettenfenster an eine andere Position verschieben wollen, müssen Sie folgendermaßen vorgehen:

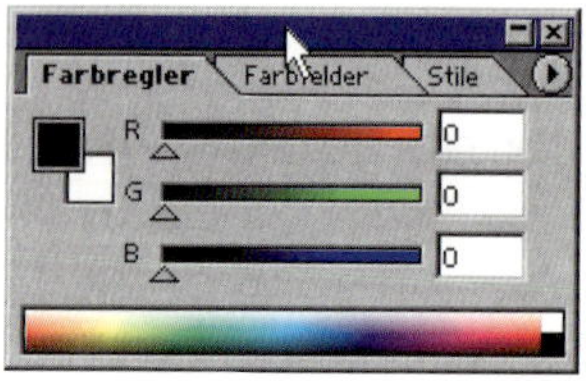

1 Klicken Sie auf die Titelzeile des Palettenfensters und halten Sie die linke Maustaste gedrückt.

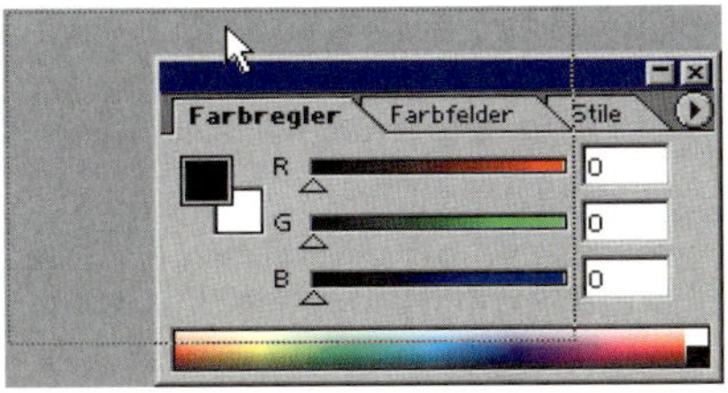

2 Ziehen Sie das Palettenfenster mit gedrückter Maustaste an die gewünschte neue Position und lassen Sie dort die Maustaste wieder los. Ein Vorschaurahmen zeigt während des Verschiebens die neue Position an.

Wenn Sie sich einem anderen Palettenfenster oder dem Rand des Programmfensters nähern, schnappt das Palettenfenster dort an – so ist ein präzises Ausrichten möglich.

Palettengruppen trennen und neu zusammenstellen

Auch die Palettengruppen sind nicht starr. Sie können sie nach Belieben neu zusammenstellen.

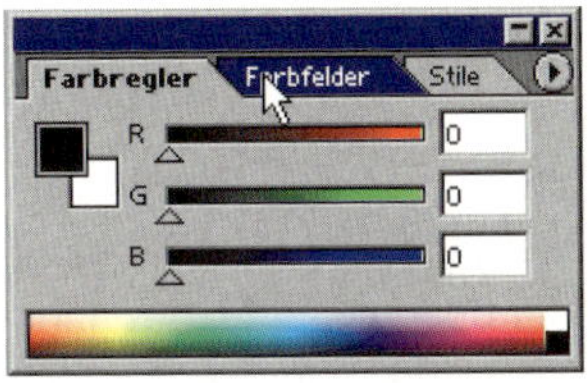

1 Klicken Sie auf den Reiter des Palettenfensters, das Sie aus einer Gruppe herausnehmen wollen, und halten Sie die linke Maustaste gedrückt.

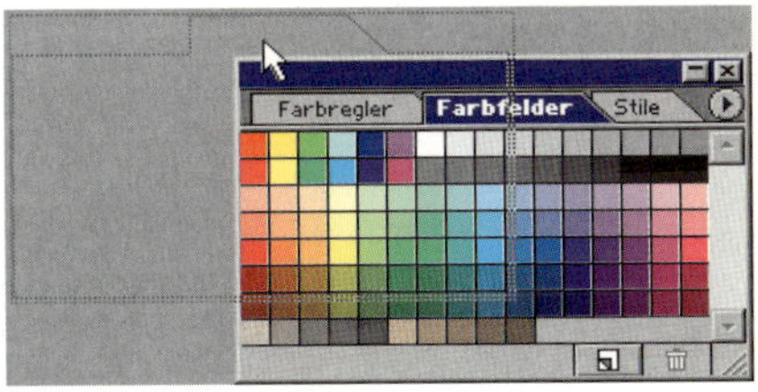

2 Während des Verschiebens wird wieder ein Vorschaurahmen angezeigt.

3 Ist die gewünschte Position erreicht, lassen Sie die Maustaste wieder los.

Die Gruppen sind nun getrennt – es gibt zwei Palettenfenster. Natürlich haben Sie damit auch den Nachteil, dass nunmehr auf der Arbeitsfläche weniger Platz ist.

Neue Palettengruppen erstellen

Umgekehrt funktioniert es natürlich ebenfalls: Einzelfenster lassen sich auch in bestehende Gruppen aufnehmen:

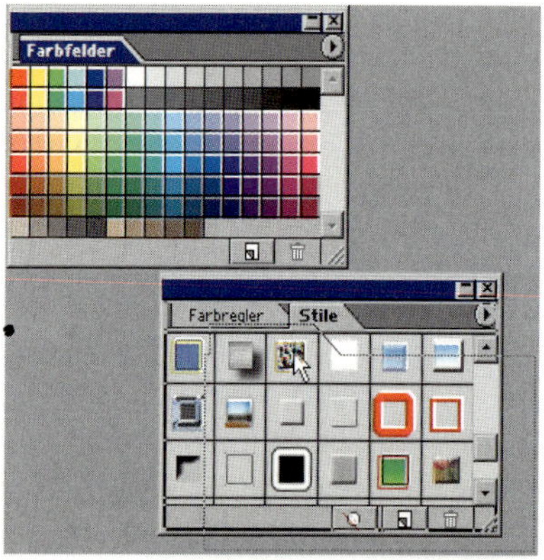

1 Greifen Sie den Reiter des betreffenden Palettenfensters und ziehen Sie ihn mit gedrückter linker Maustaste in eine andere Gruppe.

2 Im Palettenfenster wird dann ein dickerer Rahmen angezeigt. Lassen Sie zum Einfügen die Maustaste los.

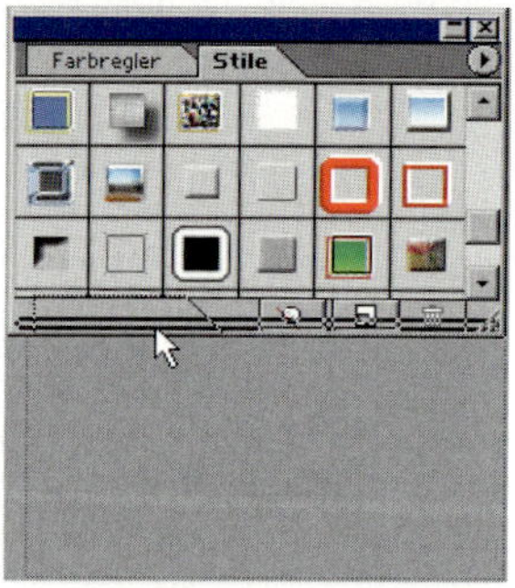

3 Es gibt eine zweite Variante, die Fenster zusammenzulegen. Ziehen Sie dazu den Reiter unter oder über die Reiter des anderen Palettenfensters. Dort sehen Sie dann einen kräftigen Strich.

4 Damit werden die Palettenfenster übereinander angeordnet. Die einzelnen Titelzeilen verschwinden dann.

Sie können dann en bloc aufgerollt werden – das ist schneller, als sie alle einzeln aufrollen zu müssen.

Palettenfenster „aufrollen“

Werden die Palettenfenster nur selten verwendet, brauchen Sie diese nicht unbedingt ganz auszublenden. Sie können auch platzsparend aufgerollt werden.

1 In der Titelzeile des Palettenfensters gibt es rechts oben zwei Symbole. Mit dem Kreuz kann das Fenster geschlossen werden.

Das linke Symbol ermöglicht das Verkleinern des Fensters. Wenn Sie darauf klicken, werden die Palettenfenster bis auf die Reiter verkleinert - ein Auswählen ist also weiterhin möglich.

Um das Fenster wieder zu öffnen, klicken Sie einfach auf den betreffenden Reiter.

2 Nicht alle Palettenfenster werden vollständig aufgerollt. Beim *Ebenen*-Fenster bleiben beispielsweise die wichtigsten Funktionen sichtbar.

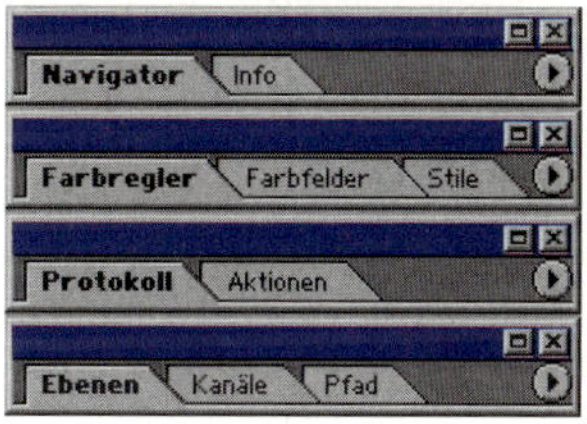

3 Im aufgerollten Zustand lassen sich die Palettenfenster platzsparend „stapeln“ - so wird nur wenig Platz auf der Arbeitsfläche belegt.

Alternativ zur Verwendung der Symbole können Sie übrigens auch einfach doppelt auf die Titelzeile klicken.

Info

Idealmaße einstellen

Bei einigen Palettenfenstern können Sie mehrfach auf das linke Symbol klicken. So könnten beispielsweise im *Ebenen*-Palettenfenster nicht alle Ebenen des Dokuments sichtbar sein. Mit dem ersten Klick wird dann das Palettenfenster auf das Idealmaß eingestellt, sodass alle Ebenen zu sehen sind. Erst mit dem zweiten Klick rollen Sie das Palettenfenster wieder auf.

Skalieren der Palettenfenster

Bei einigen Palettenfenstern können Sie die Größe zur besseren Übersicht verändern - bei anderen nicht.

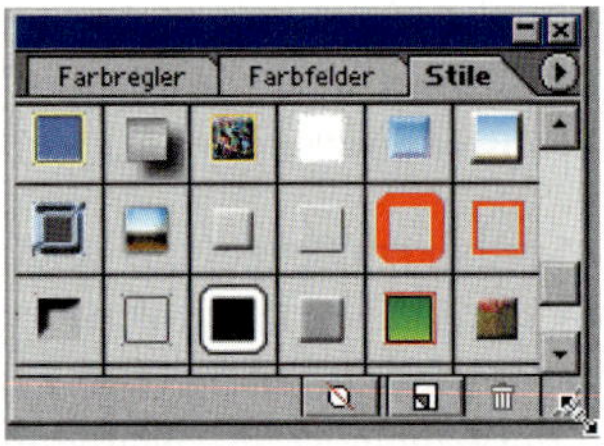

1 Ob ein Fenster skalierbar ist, erkennen Sie an dem kleinen Symbol in der unteren rechten Ecke.

Wenn Sie den Mauszeiger darüber halten, zeigt das Mauszeigersymbol die Möglichkeit der Größenänderung an.

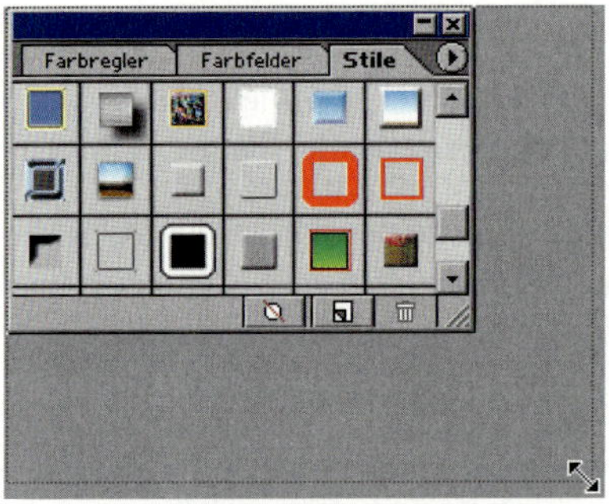

2 Klicken Sie dann und halten Sie die linke Maustaste gedrückt. Während Sie das Fenster auf die gewünschte neue Größe ziehen, wird ein Vorschaurahmen angezeigt.

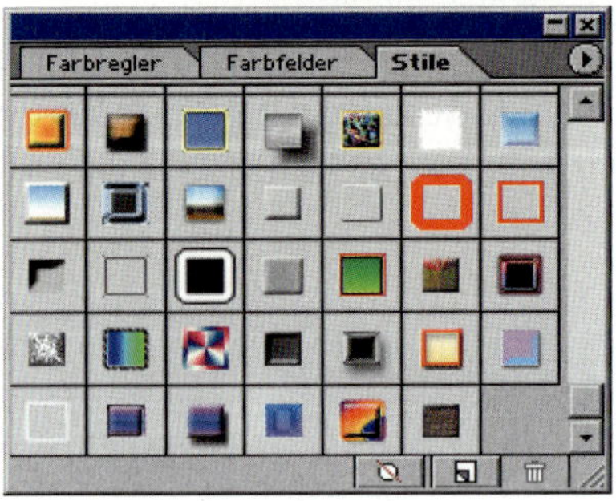

3 Im vergrößerten Palettenfenster sind nun mehr Einträge aufgelistet.

Info

Alles retour - Palettenfenster zurücksetzen

Um alle Palettenfenster wieder in das ursprüngliche Stadium zurückzuversetzen, verwenden Sie die Funktion *Fenster/Palettenpositionen zurücksetzen*.

Bilder in Photoshop übernehmen

Um mit dem Arbeiten loslegen zu können, benötigen Sie erst einmal ein Bild. Um Bilder in Photoshop zu öffnen oder zu erstellen, haben Sie verschiedene Möglichkeiten, die wir uns nun der Reihe nach ansehen wollen.

So können Bilder zum Beispiel aus dem Scanner oder einer Digitalkamera kommen – oder Sie laden ein bereits gespeichertes Bild.

Ganz einfach: Bilder öffnen

Fangen wir mit der leichtesten Übung an. Vielleicht haben Sie auf Ihrer Festplatte ja schon Bilder, die Sie bearbeiten wollen.

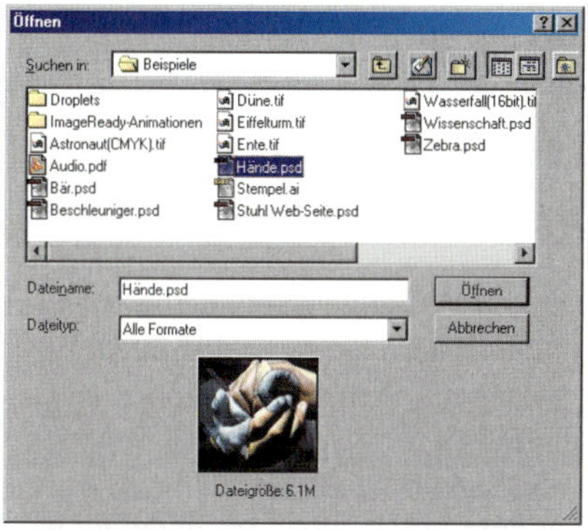

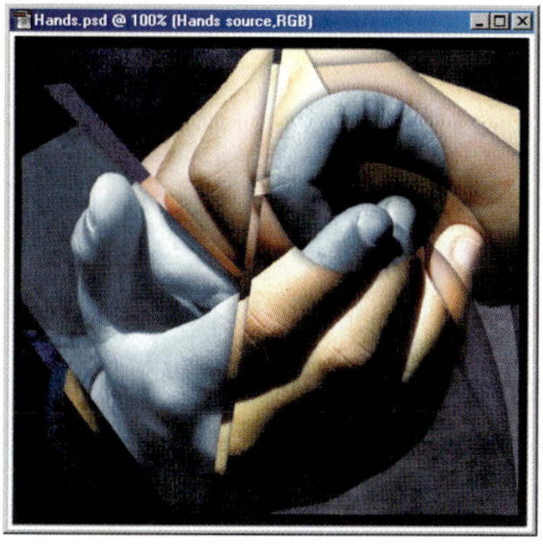

1 Rufen Sie die Funktion *Datei/Öffnen* auf. Alternativ dazu können Sie auch das Tastenkürzel [Strg]+[O] verwenden. Oder Sie klicken einfach doppelt auf die leere Arbeitsoberfläche. Damit öffnen Sie das gezeigte Dialogfeld zur Auswahl der Datei.

2 Suchen Sie das Verzeichnis, in dem sich die zu öffnenden Bilder befinden. Das Verfahren entspricht dem anderer Windows-Programme.

Photoshop listet selbstständig alle Bilder auf, deren Formate es erkennt – alternativ dazu können Sie das betreffende Dateiformat auch im Listenfeld *Dateityp* auswählen.

3 Wenn Sie in der Dateiliste auf eines der Bilder klicken, wird bei vielen Dateiformaten neben der Dateigröße auch ein Vorschaubild angezeigt.

4 Wenn Sie das gewünschte Bild gefunden haben, klicken Sie entweder doppelt auf den Eintrag in der Dateiliste oder auf die *Öffnen*-Schaltfläche.

Info

Mehrere Dateien auswählen

Wenn Sie die [Umschalt]- oder die [Strg]-Taste drücken, können Sie auch mehrere Dateien auswählen und auf einmal öffnen. So, wie Sie das auch von anderen Windows-Programmen kennen.

5 Das Bild wird dann in einem eigenständigen Fenster auf der Arbeitsfläche geöffnet – Sie haben das in der letzten Abbildung gesehen. Damit Sie auch wissen, welches Bild Sie geöffnet haben, wird der Name in der Titelzeile des Fensters angezeigt.

6 Wollen Sie auch den dazugehörenden Pfad angezeigt bekommen, halten Sie den Mauszeiger über die Titelzeile des Fensters – in einem gesonderten Schildchen wird dann die Information angezeigt.

Photo-CD-Bilder öffnen

Vielleicht haben Sie ja auch schon die Vorteile von Photo-CD-Bildern erkannt.

Sie kennen gar keine Photo-CD-Bilder? Nun, das Verfahren ist einfach: Sie sammeln bis zu 100 Dias oder Negative zusammen. Diese geben Sie bei Ihrem Fotofachhändler ab. Die Bilder werden dann gescannt und in einem besonderen Dateiformat auf einer goldenen CD gespeichert.

Neben der sehr guten Qualität ist auch der Preis unschlagbar. Für ungefähr eine Mark pro Bild erhalten Sie einen exzellenten Scan. Billiger können Sie nicht scannen!

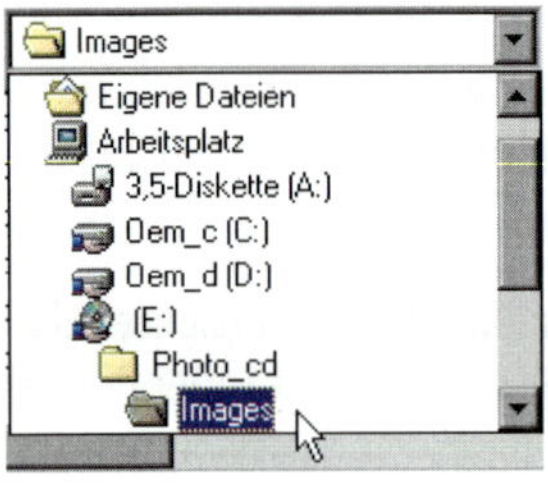

1 Das Verfahren ist erst einmal dem Öffnen eines normalen Bilds sehr ähnlich. Nach dem Aufruf der Funktion *Datei öffnen* ...

2 ... müssen Sie bei Ihrem CD-ROM-Laufwerk in das Verzeichnis *\Photo-cd\Images* wechseln – dort sind die Bilder mit der Dateiendung *.pcd* abgelegt. Auf ein Vorschaubild müssen Sie hier allerdings verzichten.

3 Danach wird ein neues Dialogfeld geöffnet. Hier können Sie die Auflösung wählen, die Sie laden wollen.

4 Im *Profile*-Listenfeld der *Source Image*-Rubrik können Sie einstellen, welcher Filmtyp verwendet wurde. In den meisten Fällen werden Sie hier mit dem Standarddiaprofil richtig liegen. Diese Einstellung haben wir auch für unser Beispiel verwendet.

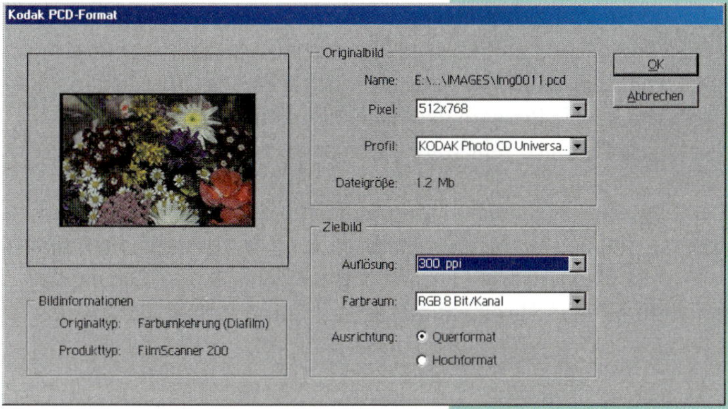

In jeder Bilddatei werden bei diesem Dateiformat fünf verschiedene Bildgrößen gespeichert. Nachfolgend finden Sie die verfügbaren Größen. Die Auflösung von 75 dpi entspricht ungefähr der Bildschirmauflösung, 300 dpi ist der Standardwert für die Druckausgabe. So haben Sie eine Orientierung, wofür die einzelnen Größen geeignet sind.

Kodak-Bezeichnung	Pixel	Größe/cm (75 dpi)	Druckbare Größe/cm (300 dpi)	Verwendung
Base/16	128 x 192	4,3 x 6,5	1,1 x 1,6	Übersichtslisten, Web-Previews
Base/4	256 x 384	8,7 x 13	2,2 x 3,3	sehr kleine Bilder
Base	512 x 768	17,3 x 26,1	4,3 x 6,5	Bildschirmauflösung
4 Base	1.024 x 1.536	34,7 x 52	8,7 x 13,0	Druck in normaler Größe
16 Base	2.048 x 3.072	69,4 x 104	17,3 x 26,0	Druck im großen Format

Info

Kein Speichern möglich

Bilder, die im Photo-CD-Format geöffnet wurden, können nicht im selben Dateiformat gespeichert werden. Dieses Dateiformat kann nur gelesen werden. Sie müssen also beim Speichern auf eines der anderen Dateiformate - zum Beispiel TIF oder BMP - zurückgreifen.

Scannen über das TWAIN-Modul

Eine andere Bildquelle sind neben den bestehenden Dateien Vorlagen auf Papier. Um diese in Photoshop bearbeiten zu können, müssen sie erst einmal digitalisiert werden. Dazu benötigen Sie einen Scanner. Jedem Scanner liegt ein Programm bei, mit dem Sie die Bilder in den Rechner übertragen können. Diese Programme unterscheiden sich sehr stark von Scanner zu Scanner.

Liegen einigen preiswerten Scannern nur Programme bei, mit denen Sie kaum Veränderungen an den Einstellungen vornehmen können, lassen die Programme teurer Scanner meist alle möglichen Einstellungsmöglichkeiten zu. Die meisten dieser Programme sind TWAIN-kompatibel. Sehen wir uns einmal an, was das bedeutet.

Das TWAIN-Modul soll Arbeit ersparen. Sie können dieses Programm nämlich direkt aus Photoshop heraus starten. Nach dem Scannen wird das Bild direkt in Photoshop übertragen.

Dazu sind folgende Arbeitsschritte notwendig:

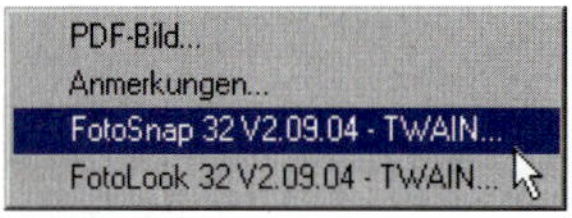

1 Rufen Sie die Funktion *Datei/Importieren* auf. In einem Menü werden die verfügbaren TWAIN-Module aufgelistet.

Das können neben Scannern beispielsweise auch Digitalkameras sein, die gelegentlich auch mit einem TWAIN-Modul ausgeliefert werden.

2 Nachdem das passende Eingabegerät ausgewählt ist, wird das Programm gestartet, das der Scanner-Hersteller beigelegt hat. Die Programme sehen sehr unterschiedlich aus.

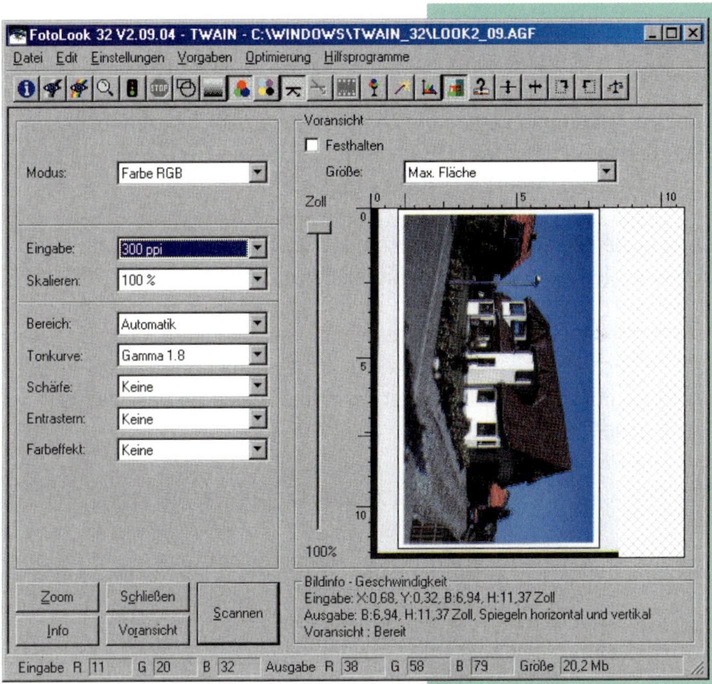

Wenn Sie über deren Funktionalität Näheres erfahren wollen, müssen Sie sich im Handbuch des TWAIN-Moduls informieren - hoffentlich hat der Hersteller dem Paket auch eines beigelegt **;-)**.

3 Wenn Sie mit dem Scannen des Bilds fertig sind, wird es in einem Photoshop-Fenster angezeigt - Sie müssen es dann nur noch speichern.

Info

Nähere Scan-Infos

Falls Sie mehr über das Scannen erfahren wollen, können Sie sich ja einmal die „DATA BECKER Schnellanleitung Scannen" ansehen, die ich ebenfalls geschrieben habe.

Bilder aus der Digitalkamera

Immer beliebter werden momentan die Digitalkameras. Die Übertragung zum PC kann beispielsweise über den USB-Port erfolgen, wie es bei unserer Beispielkamera - der Olympus CAMEDIA C-3000 - der Fall ist.

Bei anderen Herstellern erfolgt die Übertragung vielleicht über den parallelen Port. Informieren Sie sich auch hier im mitgelieferten Handbuch.

Der Kamera liegt ebenfalls eine Software bei, mit der die Bilder übertragen werden können. Je nach Digitalkamera kann die Software über den TWAIN-Treiber gesteuert werden oder nicht - wie bei der Olympus-Kamera. In unserem Fall müssen Sie folgendermaßen vorgehen:

1 Die zu unserer Kamera gehörende Software heißt OLYMPUS CAMEDIA Master. Starten Sie das Programm, nachdem Sie die Kamera an den Rechner angeschlossen und eingeschaltet haben.

Das Programm hat in unserem Beispiel gewisse Ähnlichkeit mit dem Windows-Explorer und wird auch so ähnlich bedient:

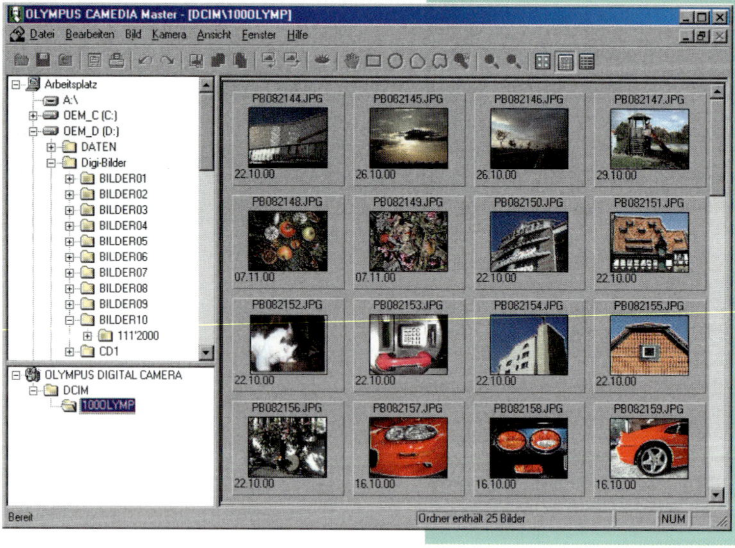

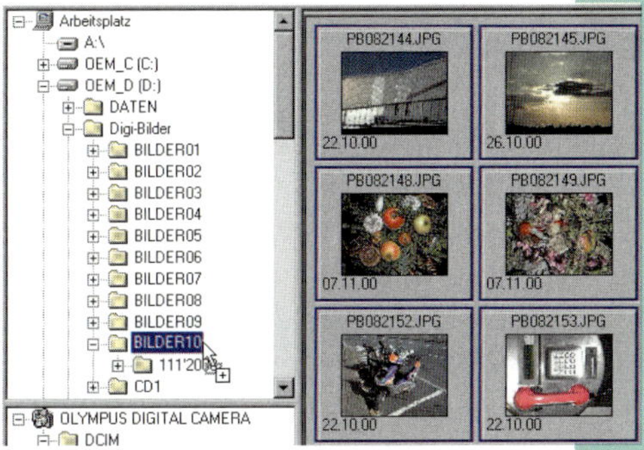

2 Nach dem Markieren der Dateien brauchen Sie diese nur per Drag & Drop in das gewünschte Zielverzeichnis zu ziehen.

Danach werden die Bilder automatisch von der Digitalkamera auf die Festplatte geladen.

3 Wenn die Fotos übertragen sind, können Sie diese in Photoshop wie gewohnt öffnen und dort bearbeiten.

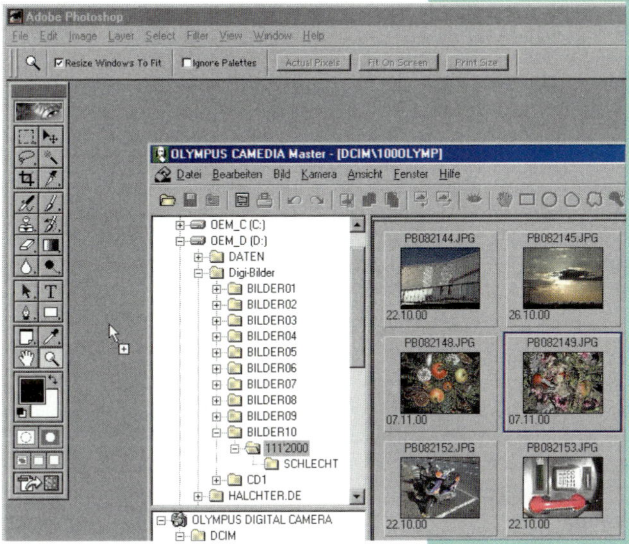

4 Da Photoshop Drag & Drop-Funktionen beherrscht, geht es aber auch einfacher:

Sie können nämlich die Fotos auch gleich mit gedrückter linker Maustaste in den Photoshop-Arbeitsbereich ziehen.

Damit wird das Foto von der Kamera geladen – Sie müssen es aber dann in Photoshop noch auf der Festplatte speichern.

Info

Drag & Drop-Funktionen

Da Photoshop Drag & Drop-Funktionen beherrscht, können Sie Dateien beispielsweise auch öffnen, indem Sie diese aus dem Windows-Explorer in den Photoshop-Arbeitsbereich ziehen. Dies ist eine sehr praktische und schnelle Variante, zumal Sie auf diese Art auch gleich mehrere Dateien auf einmal in Photoshop öffnen können.

Import über die Zwischenablage

Photoshop kann natürlich auch Daten über die Windows-Zwischenablage aufnehmen – dabei muss es sich nicht einmal unbedingt um Grafiken handeln. Importieren Sie allerdings Texte, so müssen diese in ein Textobjekt eingefügt werden.

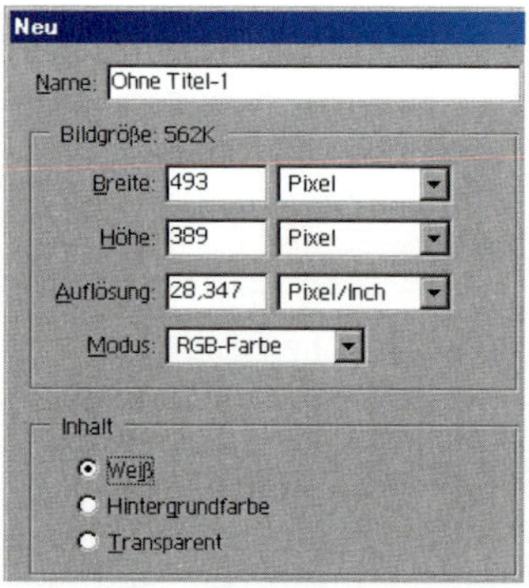

1 Kopieren Sie mit Strg+C im Ausgangsprogramm die gewünschten Daten in den Zwischenspeicher. Wir verwenden versuchsweise eine Grafik aus Corel Draw.

2 Wechseln Sie nun zu Photoshop und rufen Sie die Funktion *Datei/Neu* auf.

3 Photoshop schlägt in dem Dialogfeld automatisch passende Werte für das Dokument vor. Sie können daher die Werte einfach mit *OK* bestätigen.

4 Photoshop erstellt nun ein neues leeres Dokument in einem neuen Fenster.

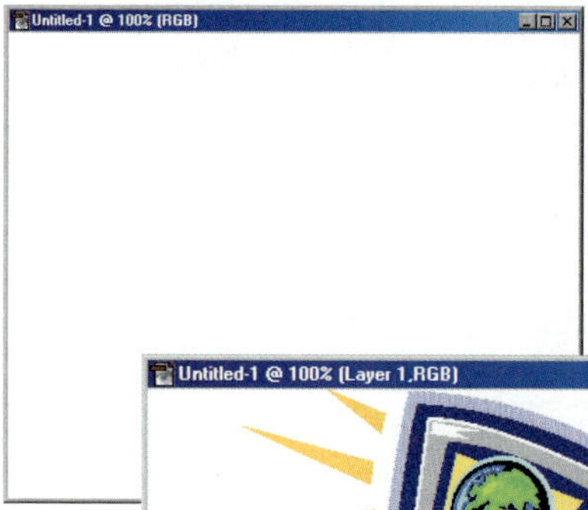

5 Fügen Sie den Inhalt des Zwischenspeichers nun mit Strg+V in das leere Dokument ein.

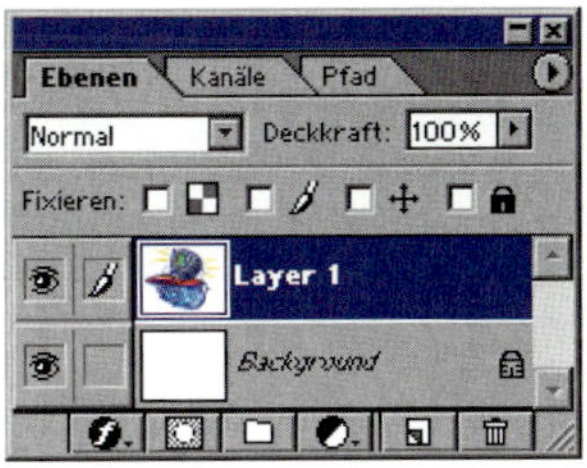

6 Ein Blick in das *Ebenen*-Fenster zeigt, dass Photoshop automatisch eine neue Ebene erstellt hat, auf der sich das eingefügte Bild befindet.

Neue Dateien erstellen

Die Schritte zum Erstellen einer neuen Datei haben Sie bereits in den Schritten 1 - 4 kennen gelernt. Sehen wir uns noch einmal an, auf welche Daten es in dem Dialogfeld besonders ankommt.

1 Im Feld *Name* können Sie den Dokumentnamen vorgeben – dann sparen Sie es sich beim späteren Speichern.

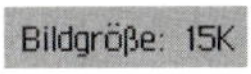

2 Werfen Sie einen Blick auf die Angabe der *Bildgröße,* um zum Beispiel zu sehen, ob der freie Festplattenspeicher ausreicht.

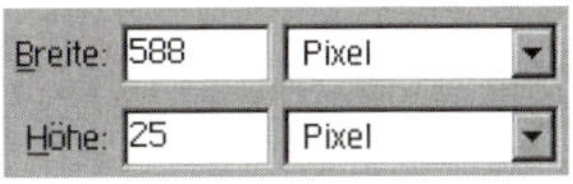

3 In den Feldern *Höhe* und *Breite* wird – Sie haben es sich sicherlich schon gedacht – die Größe des Bilds eingestellt. Die Maßeinheit können Sie über das daneben stehende Listenfeld verändern.

4 Wenn Sie Ihr Bild nur auf dem Bildschirm präsentieren wollen – zum Beispiel für Internetgrafiken – stellen Sie im Feld *Auflösung* 72 Pixel/Inch ein. Für einen perfekten Laserausdruck sind 150 Pixel/Inch nötig, für Druckerzeugnisse 300 Pixel/Inch.

5 Über das Feld *Modus* geben Sie vor, ob das Bild schwarzweiß oder im RGB- oder CMYK-Farbmodus erstellt werden soll.

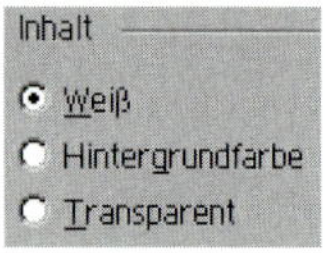

6 Mit dem letzten Bereich können Sie die Art des Hintergrunds vorgeben. Drei verschiedene Optionen stehen hier zur Auswahl.

Speichern im richtigen Dateiformat

Überspringen wir nun die Bearbeitung des Bilds. Um Ihre Arbeit dauerhaft zu sichern, muss sie nun gespeichert werden. Aber welches Format ist das richtige? Diese Frage ist leider nicht einfach zu beantworten - ein „richtiges" oder „falsches" Dateiformat gibt es nicht. Es kommt immer darauf an, was Sie mit dem Ergebnis anstellen wollen.

- Wenn Sie zum Beispiel Bilder im Internet publizieren wollen, kommen Sie nicht um GIF, JPG oder PNG herum - andere Dateiformate können Webbrowser nämlich nicht lesen.
- Legen Sie Wert auf viele Farbnuancen - zum Beispiel für weiche Verläufe oder detaillierte Fotos, müssen Sie JPG verwenden - das GIF-Format unterstützt nämlich nur 256 Farben.
- Sollen sich Ihre Bilder dagegen bewegen, müssen Sie auf das GIF-Format zurückgreifen - Animationen werden wiederum von JPG nicht unterstützt.
- Legen Sie Wert auf größtmögliche Kompatibilität, ist das Windows-Standardformat BMP sinnvoll - fast alle Programme können dieses Dateiformat lesen.
- Für den professionellen Druck wird fast ausschließlich das TIF-Format verwendet - es unterstützt neben dem RGB- auch das CMYK-Farbmodell, das beim Druck verwendet wird.

Nachfolgend sehen Sie diese Formate nochmals mit den wichtigsten Eigenschaften und Einsatzgebieten.

Format	Komprimierung	Masken	CMYK	DTP	Multi-Media	Web-Design	Archiv
BMP	bedingt	-	-	-	x	-	-
TIF	ja	x	x	x	-	-	-
PSD	ja	x	x	-	-	-	x
GIF	ja	-	-	-	-	x	-
JPEG	ja	-	x	-	x	x	x
PNG	ja	x	-	-	x	x	x

Schnelle Bildoptimierung und Retusche

Sicherlich kennen Sie das: Sie haben ein Bild, das Sie am liebsten wegwerfen wollen, weil es zu schlecht ist. Vielleicht ist es so dunkel, dass kaum etwas zu erkennen ist, oder es ist unscharf oder ...

Bevor Sie zum „digitalen Papierkorb" greifen, sollten Sie sich erst einmal ansehen, was Sie mithilfe von Photoshop noch daraus machen können. Wir haben uns das folgende Ausgangsbild ausgesucht:

Schlechte Vorlage – was nun?

Dass das Bild schlecht ist, ist offensichtlich. Es ist zu dunkel und kontrastarm. Außerdem ist es schief eingescannt worden. Es gibt verschiedene Verfahren, die Missstände im Bild zu beheben.

Sehen wir uns zunächst an, wie Sie das Bild ganz schnell korrigieren können. Anschließend werden wir Ihnen eine aufwändigere Variante vorstellen, mit der das Ergebnis noch weiter verfeinert werden kann.

Info

Die Beispiele nachvollziehen

Wenn Sie die Beispiele nacharbeiten wollen, sollten Sie sich einmal auf unserer Homepage unter http://www.gradias.de umsehen: In der Rubrik *Fachbücher* oder *Download* finden Sie die Ausgangsbilder zum Download.

Schiefe Bilder gerade rücken

Im ersten Arbeitsschritt soll das schiefe Foto erst einmal gerade gerückt werden. Um diesen Arbeitsschritt einzusparen, sollten Sie darauf achten, dass das Bild gerade eingescannt wird.

1 Zum Geraderücken wird das Freistellungswerkzeug verwendet, das Sie in der Werkzeugleiste finden. Alternativ dazu können Sie auch einfach die Taste C drücken, um das Werkzeug zu aktivieren.

2 Halten Sie den Mauszeiger im Bild über die obere linke Ecke - so wie es das Bild zeigt. Klicken Sie einmal und halten Sie die Maustaste gedrückt.

3 Wenn Sie den Mauszeiger zur gegenüberliegenden Ecke ziehen, sehen Sie einen gestrichelten Rahmen, der den aufgezogenen Bereich umgibt. Haben Sie die untere rechte Ecke erreicht, lassen Sie die Maustaste los.

4 Nach dem Loslassen der Maustaste sehen Sie einen Rahmen mit acht so genannten Markierungspunkten - an jeder Ecke jeweils einen und zusätzlich einen in der Mitte jeder Strecke.

Mit diesen Markierungspunkten können Sie die Größe des Rahmens verändern.

5 In der Optionen-Leiste können Sie einstellen, ob der außen liegende Bereich abgedunkelt werden soll.

Falls nicht, deaktivieren Sie die Option *Freig. Bereich abdecken*.

6 Sie können den Rahmen nicht nur verzerren, sondern auch drehen. Halten Sie den Mauszeiger etwas vom oberen rechten Eckpunkt entfernt. Sie sehen dann einen Rotations-Mauszeiger.

Klicken Sie, wenn Sie diesen Mauszeiger sehen, und halten Sie die Maustaste gedrückt. Wenn Sie nun die Maus bewegen, sehen Sie, dass der Rahmen gedreht wird. Drehen Sie den Rahmen so, dass er parallel zum schwarzen Rand des Bilds verläuft.

7 Wenn Sie einen der mittleren Markierungspunkte anklicken, können Sie den Rahmen drehen – mit den vertikalen Markierungspunkten wird in der Breite gedehnt, ...

... mit den horizontalen Markierungspunkten in der Höhe.

8 Überprüfen Sie durch Verziehen des mittleren vertikalen Markierungspunkts zunächst, ob die Rotation gepasst hat und die senkrechte Rahmenbegrenzungslinie wirklich parallel zum Rand verläuft.

An den Eckpunkten lässt sich der Rahmen übrigens skalieren – ein entsprechender Mauszeiger zeigt das an.

9 Unser Rahmen hat nach dem Anpassen der Größe das folgende Aussehen.

Um das Bild nun anhand dieses Rahmens freizustellen, müssen Sie innerhalb des Rahmens doppelt klicken oder die [Enter]-Taste drücken.

Alle Teile, die außerhalb des Rahmens lagen, werden dann vom Bild abgeschnitten – und das Bild wird gedreht. Die Abbildung zeigt das freigestellte Bild.

Alles von allein: Mit der automatischen Bildoptimierung

Nachdem das Bild freigestellt ist, wollen wir uns der Qualität des Bilds widmen. Die einfachste und schnellste Variante wollen wir uns als Erstes ansehen.

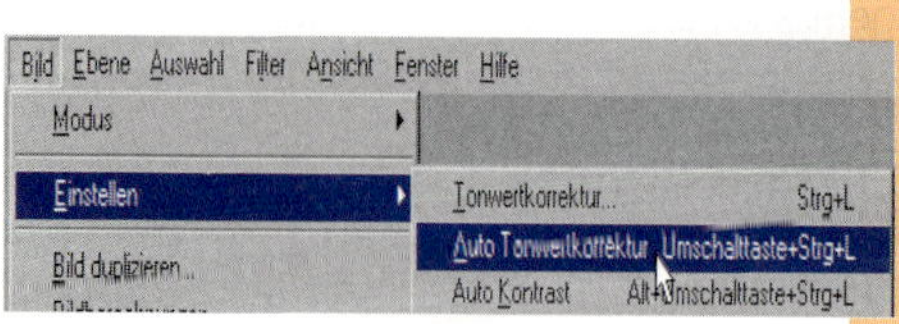

1 Rufen Sie die Funktion *Bild/Einstellen/Auto-Tonwertkorrektur* auf, die Sie auch mit der Tastenkombination [Umschalt]+[Strg]+[L] erreichen können.

2 Das war es schon! Kann Photoshop zaubern? Beim Betrachten des stark verbesserten Ergebnisses scheint es jedenfalls so.

Für schnelle Verbesserungen von Bildern ist diese Funktion immer einen Versuch wert.

Allerdings klappt das Verfahren nicht bei allen Bildern – es hängt vom Motiv ab, wie gut die automatische Bildkorrektur klappt.

„Was ist denn hier passiert?", werden Sie sich vielleicht fragen. Die Frage ist berechtigt, da Bildbearbeitung nichts mit Zauberei zu tun hat. Gehen wir also der Sache einmal auf den Grund.

Das Histogramm deckt Schwächen auf

Den Grund der schlechten Qualität des Ausgangsbilds können Sie nicht nur durch Ansehen des Bilds ermitteln – es gibt auch eine Anzeige in Photoshop, die dies belegt.

1 Rufen Sie die Funktion *Bild/Histogramm* auf.

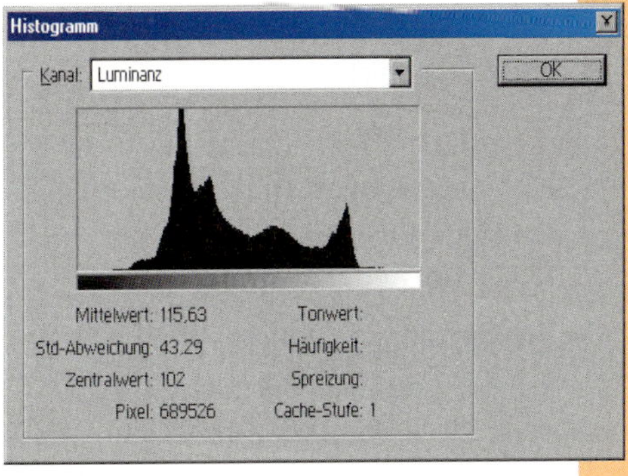

2 In dem Dialogfeld wird ein so genanntes Histogramm angezeigt. Mithilfe dieser grafischen Darstellung lässt sich die Qualität eines Bilds gut beurteilen.

An dem Histogramm kann abgelesen werden, wie oft einzelne Farbtöne im Bild vorkommen. Je höher der „Berg" ist, umso öfter kommt die betreffende Farbe im Bild vor.

3 Links werden die dunklen Töne, rechts die hellen angezeigt. Im Histogramm unseres Beispielbilds ist gut zu sehen, dass weder dunkle noch helle Töne im Bild vorhanden sind. Das ist der Grund, weshalb das Bild kontrastarm – flau – erscheint.

Nachdem wir nun den Beweis für die schlechte Bildqualität auch in grafischer Form erhalten haben, bleibt die Frage, wie das Bild optimiert werden kann – ohne dabei Photoshop automatisch arbeiten zu lassen.

In diesem Fall haben Sie nämlich keinerlei Kontrolle über die vorgenommenen Änderungen. Außerdem lässt sich durch die manuelle Korrektur unser Bild noch deutlich verbessern.

Tonwerte manuell anpassen

„Was sind denn nun schon wieder Tonwerte?", fragen Sie sich vielleicht. Als Tonwerte bezeichnet man die unterschiedlichen Farbtöne, die in einem Bild vorhanden sind.

Diese unterschiedlichen Töne können Sie in Photoshop auch beeinflussen und verändern, um die Qualität eines Bilds zu optimieren.

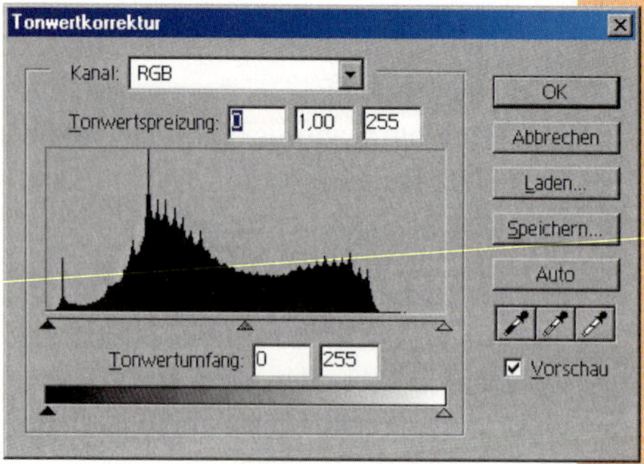

1 Rufen Sie dazu die Funktion *Bild/Einstellen/Tonwertkorrektur* auf, die Sie auch über die Tastenkombination Strg+L erreichen.

2 Als Erstes fällt auf, dass auch hier ein Histogramm zu sehen ist. Da dieses in der Höhe eingepasst ist, unterscheidet es sich leicht von dem zuvor gezeigten.

Am Balken unter dem Diagramm sehen Sie, dass auch hier die dunklen Töne links, die hellen rechts angezeigt werden.

Tonwerte korrigieren

In diesem Dialogfeld können Sie sich die Tonwerte des Bilds nicht nur ansehen, wie der Name der Funktion bereits aussagt, können Sie diese auch korrigieren. Probieren wir aus, wie das funktioniert.

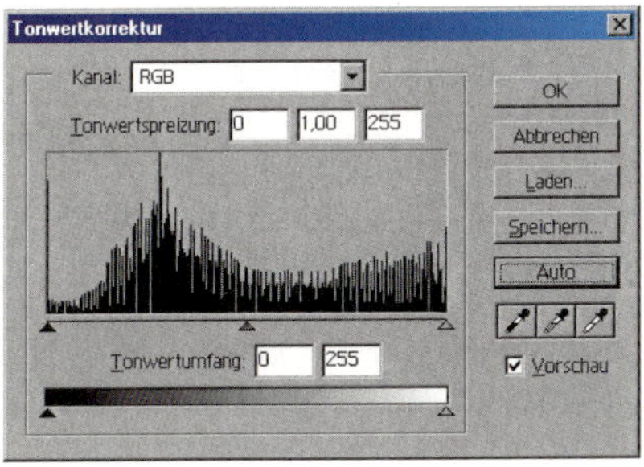

1 Drücken Sie zunächst einmal auf die Schaltfläche *Auto.*

Sie sehen, dass sich das Histogramm drastisch verändert. Haben Sie die *Vorschau*-Option aktiviert, sehen Sie im Bild, dass es dem Bild entspricht, das mit der *Automatischen Tonwertkorrektur* entstanden ist – es ist nämlich dieselbe Funktion.

2 Da wir die Änderung dieses Mal aber nicht automatisch vornehmen wollen, nehmen wir die Veränderung zurück.

Um Änderungen zu verwerfen, die Sie in Dialogfeldern vorgenommen haben, müssen Sie die *Zurück*-Schaltfläche drücken.

Bei Ihnen gibt es diese Schaltfläche gar nicht?

Dann drücken Sie einfach die Alt-Taste. Sie sehen, dass sich die Bezeichnungen von zwei Schaltflächen dabei ändern. Etwas umständlich und verwirrend – nicht wahr?

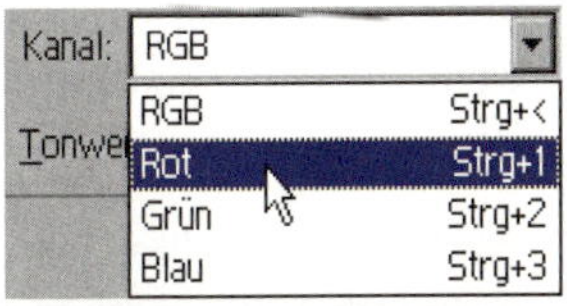

3 Über das *Kanäle*-Listenfeld können Sie einstellen, ob Sie alle Farbkanäle gemeinsam oder einen einzelnen Farbkanal ändern wollen. Stellen Sie dort als erstes den *Rot*-Kanal ein.

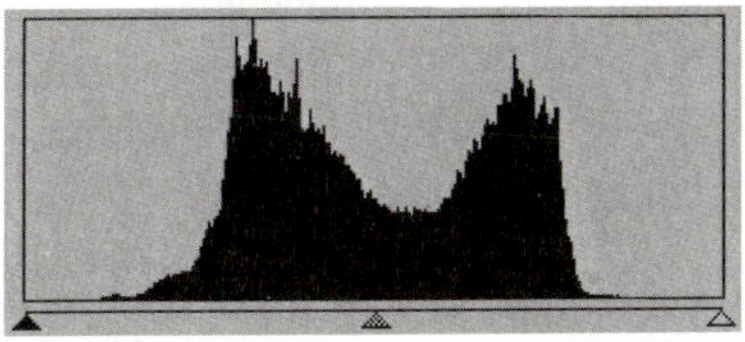

4 Das Histogramm ändert sich nun. Es werden jetzt nur noch die roten Anteile des Bilds angezeigt. Das Histogramm ist verändert – eines ist aber geblieben: Auch bei den roten Farbtönen sind weder im dunklen noch im hellen Bereich Vorkommnisse.

Die Farben werden korrigiert

Nun wollen wir uns an die Korrekturen des Bilds machen. Bei den Veränderungen ist es völlig egal, ob Sie alle RGB-Kanäle auf einmal oder alle einzeln ändern – das Verfahren ist identisch.

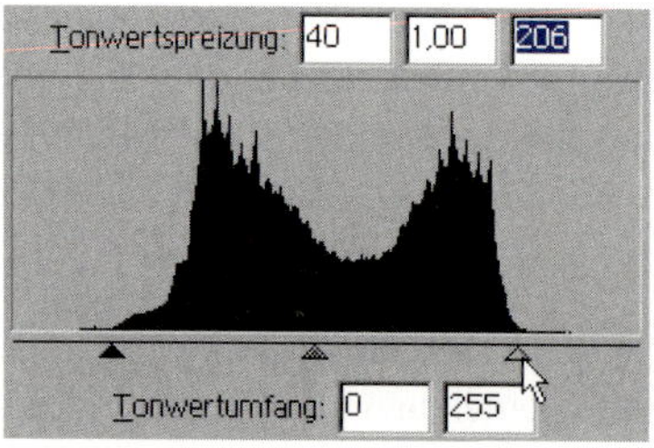

1 Unter dem Histogramm sehen Sie drei kleine Dreiecke. Diese sind nicht starr – Sie können sie bewegen.

2 Klicken Sie auf das rechte weiße Dreieck und ziehen Sie es bis zum Ende des „Bergs" nach links.

Auch das linke schwarze Dreieck soll verschoben werden – und zwar bis zum Beginn des Tonwertbergs.

3 Vielleicht ist Ihnen beim Verschieben der Dreiecke aufgefallen, dass gleichzeitig die Werte über dem Histogramm verändert wurden. Wenn Sie nämlich keine Lust haben, die Dreiecke mühselig mit der Maus an die richtige Stelle zu verschieben, können Sie auch die Werte in den Eingabefeldern verändern.

4 Mit dieser Änderung haben Sie dem Bild einen Rotstich verpasst. Dies können Sie gleich sehen, weil alle Änderungen, die Sie vornehmen, im Bild angezeigt werden – zumindest dann, wenn die *Vorschau*-Option aktiviert ist.

5 Natürlich wollten wir das Bild nicht farbstichig machen – so haben Sie aber gleich erfahren, wie Farbstiche aus dem Bild entfernt werden können:

Werden nur die Werte eines Kanals verändert, ändern Sie den Farbcharakter eines Bilds.

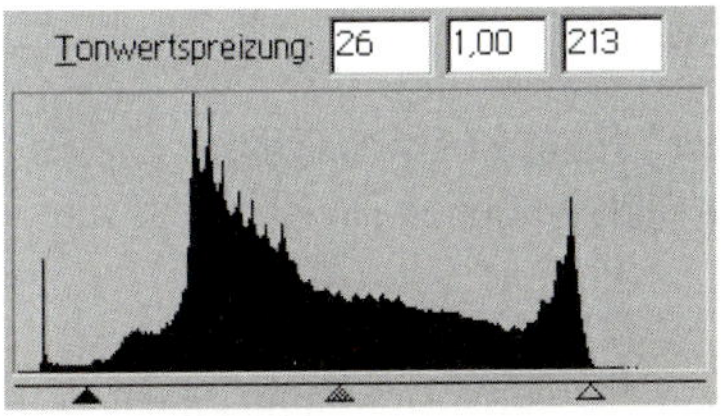

6 Ändern Sie nun auf dieselbe Art die Werte des grünen Kanals ...

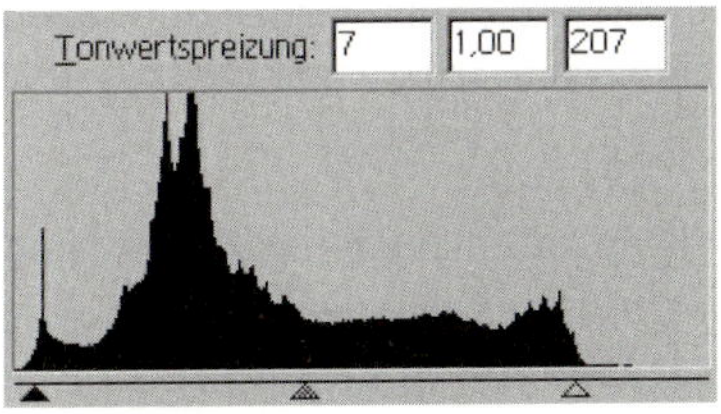

7 ... ebenso wie die des roten.

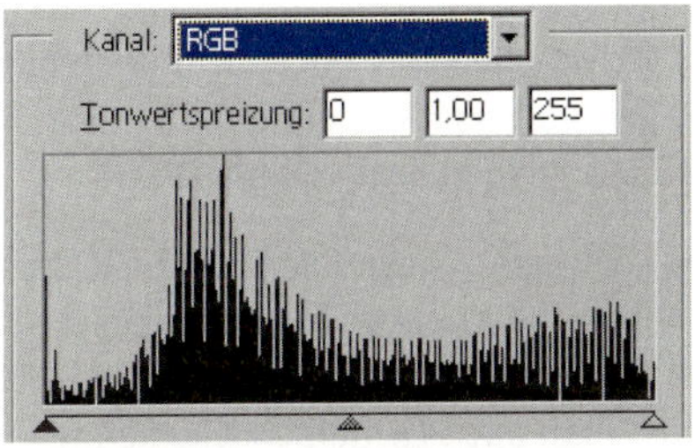

8 Wenn Sie nun zur Option *RGB*-Kanal zurückkehren, sehen Sie die veränderte Tonwertkurve – so nennt der Fachmann den Berg, den das Histogramm zeigt.

Damit haben wir das folgende Zwischenstadium erreicht. Sieht doch schon ganz gut aus, oder? Aber es geht noch besser, wie Sie gleich erfahren werden.

Den Kontrast des Bilds erhöhen

Das Bild ist schon ganz gut - was aber noch fehlt, ist etwas Brillanz. Dieses Manko liegt daran, dass der Kontrast des Bilds zu gering ist. Natürlich können Sie auch dieses Manko beheben.

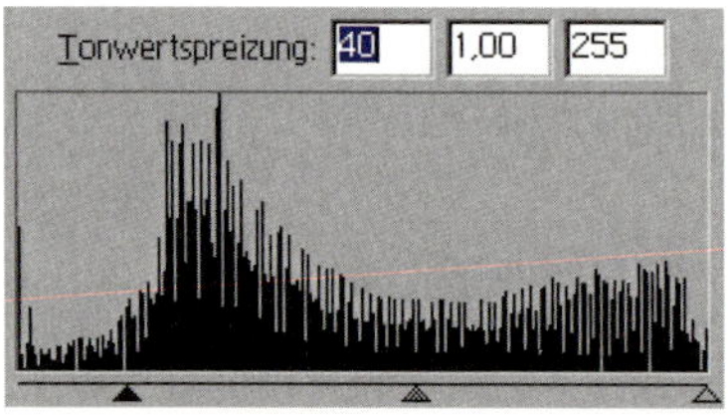

1 Ziehen Sie den linken Regler nach rechts - bis zum Wert *40*. Damit werden auch die dunkelgrauen Pixel in schwarze Pixel umgewandelt.

Da im ersten Listenfeld die *RGB*-Option eingestellt war, beziehen sich die Änderungen auf das Gesamtbild - nicht auf einen einzelnen Farbkanal.

2 Einen Wert haben wir noch nicht verstellt: den des grauen Dreiecks, der auch über das mittlere der Eingabefelder verändert wird.

Mit dem schwarzen Dreieck verändern Sie die dunklen Bereiche, die auch Schattenbereiche genannt werden - mit dem weißen Dreieck die hellen, die man auch Lichterbereiche nennt.

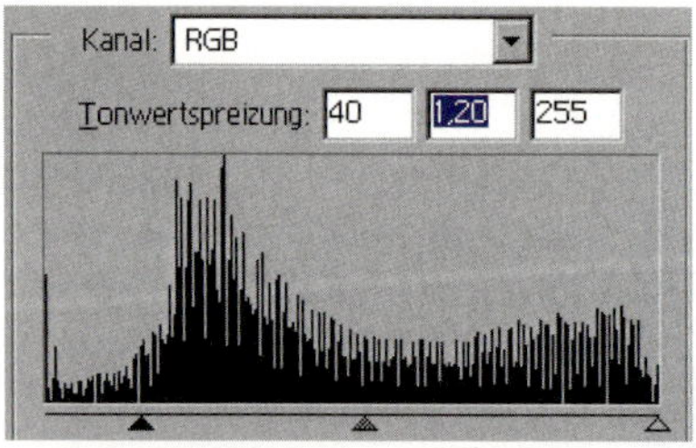

3 Der letzte Regler ändert die so genannten Mitteltöne des Bilds. Durch Erhöhen des Werts wird das Bild heller, durch einen reduzierten Wert dunkler. Der Standardwert ist 1,0. Wir erhöhen diesen Wert auf *1,2*.

4 Das Ergebnis der Änderungen sehen Sie links.

Sie sehen: Dieses Bild ähnelt dem, das Photoshop automatisch erstellt hat - es ist allerdings durch das manuelle Verstellen etwas brillanter.

Doch keine Zauberei?

Unsere Arbeitsschritte haben es an den Tag gebracht: Photoshop kann doch nicht zaubern – schade! Bei der automatischen Änderung geschah nämlich nichts anderes als das, was wir in den einzelnen Schritten nachvollzogen haben. Jeder Kanal wird untersucht. Alles, was sich rechts und links des Tonwertbergs befindet, wird abgeschnitten.

Was ist denn bei den Änderungen passiert? Trivial ausgedrückt haben wir den vorhandenen Tonwertberg „auseinandergezogen". Gab es vor den Arbeitsschritten weder ganz schwarze noch rein weiße Pixel im Bild, hat sich das nun geändert.

Info

Manuell oder automatisch?

Das manuelle Verfahren, das wir Ihnen vorgestellt haben, hat gegenüber dem automatischen einen Vorteil: Sie können Einfluss auf das Ergebnis nehmen. Die automatische Korrektur klappt nicht bei allen Bildern. Haben Sie zum Beispiel ein Bild, bei dem eine Farbe dominiert, wird dieser vermeintliche Farbstich automatisch entfernt – das kann zu abstrusen Ergebnissen führen.

Diese Änderung nennt man „Tonwertspreizung" – deshalb auch die Bezeichnung im Dialogfeld. Da beide Bereiche jetzt Tonwerte aufweisen, ist das Ergebnis kontrastreicher geworden.

Info

Gleichmäßige Tonwertkurven

In perfekten Bildern sollte sich die Tonwertkurve von den hellen bis zu den dunklen Bereichen erstrecken. Wenn große leere Bereiche im Bild zu sehen sind, sollte das Bild optimiert werden.

Arbeiten mit Einstellungsebenen

Folgende Überlegung: Die Änderungen, die wir an unserem Beispielbild vorgenommen haben, sind prima. Was aber, wenn Sie irgendwann einmal auf die alten Bilddaten zurückgreifen möchten – zum Beispiel, um den Kontrast doch etwas weicher einzustellen, oder einfach nur, weil Ihnen die Änderung nicht mehr gefällt?

Pech gehabt!

So war es jedenfalls in früheren Photoshop-Versionen. Jetzt gibt es aber eine Möglichkeit, die Ihnen alle Entscheidungen offen lässt. Fangen wir wieder von vorn – mit dem ursprünglichen Bild – an:

1 Rufen Sie die Funktion *Ebene/Neue Einstellungsebene/Tonwertkorrektur* auf.

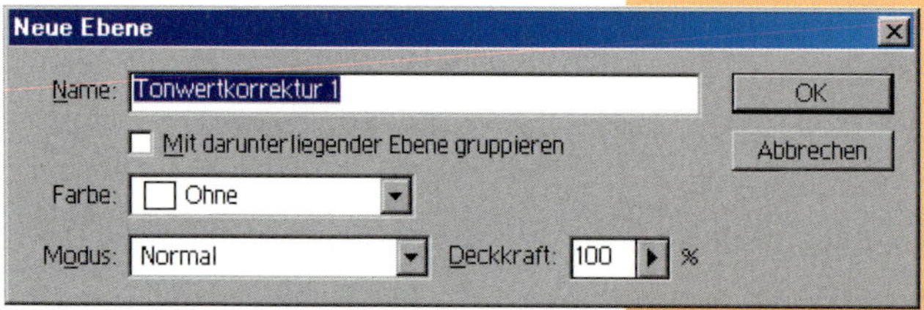

In dem Dialogfeld, das sich nach dem Aufruf öffnet, können Sie die Einstellungsebene unter anderem benennen und auch deren Deckkraft einstellen.

2 Nach dem Bestätigen erscheint das bereits bekannte Dialogfeld, in dem Sie die Änderungen vornehmen können – alles ganz normal also.

3 Der Unterschied wird sichtbar, wenn Sie nach dem Bestätigen der Änderungen in das *Ebenen*-Fenster schauen – dort ist nun über dem *Hintergrund* ein zweiter Eintrag – die so genannte Einstellungsebene eben.

Was ist denn der Unterschied? Probieren wir es aus:

4 Klicken Sie mit dem Mauszeiger auf das Augensymbol der Einstellungsebene.

Wenn Sie auf dieses Feld klicken, verschwindet das Augensymbol – und nicht nur das. Im Bild ist nun wieder das Original zu sehen – ohne jede Veränderung.

5 Über das Augensymbol können Sie einzelne Ebenen ein- und ausblenden. Ein nochmaliger Klick auf das Symbol macht die Änderungen wieder sichtbar.

Ändern der eingestellten Werte

Die Einstellungsebenen sind eine sehr praktische Funktion - durch sie werden nämlich die ursprünglichen Daten nicht verändert. Sie können also jederzeit wieder darauf zurückgreifen.

Löschen Sie die Einstellungsebene - zum Beispiel mit der Funktion *Ebene/Ebene löschen* -, sind die unveränderten Bilddaten wieder vorhanden.

Wenn Sie Ihre Meinung ändern und die Werte neu anpassen wollen, ist auch dies möglich.

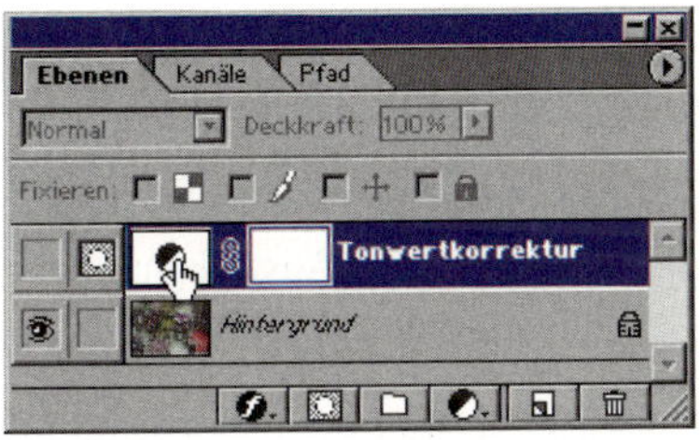

1 Klicken Sie doppelt auf das Symbol am Ende des Eintrags - das ist das Symbol für Einstellungsebenen.

2 Mit dem Doppelklick wird das gewohnte Dialogfeld zur Tonwertkorrektur aufgerufen.

3 Hier können Sie wie beschrieben die Einstellungen vornehmen und über die *OK*-Schaltfläche bestätigen.

Es gibt unterschiedliche Funktionen, die Sie über Einstellungsebenen erreichen - leider sind es aber nicht alle Funktionen. Filter lassen sich zum Beispiel nicht als Einstellungsebenen definieren. Das wäre doch eine Idee für eine der folgenden Photoshop-Versionen, oder **;-))**?

Dafür können Sie aber den Farbton, die Sättigung oder auch ein Negativ über die Einstellungsebenen regeln.

Eine derjenigen Funktionen, die nicht dazu gehören, wollen wir uns nun ansehen.

Bilder schärfen

Nachdem unser Bild den richtigen Kontrast und die passende Helligkeit aufweist, wollen wir es noch etwas weiter optimieren. Das Bild ist zwar nicht unscharf - etwas schärfer kann es aber schon sein.

Auch dafür gibt es - natürlich - eine entsprechende Photoshop-Funktion:

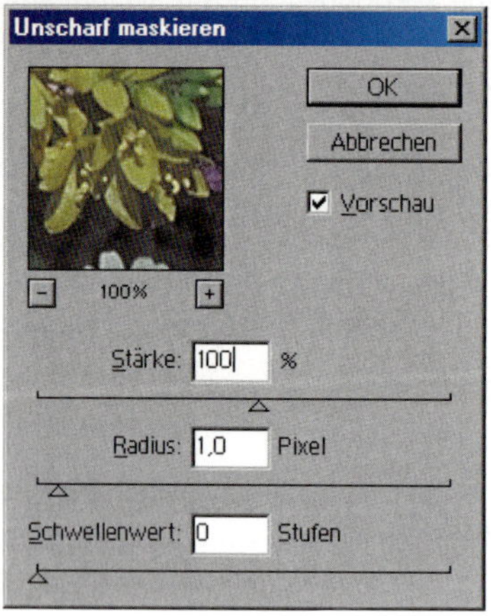

1 Markieren Sie zunächst im *Ebenen*-Fenster die Hintergrundebene. Klicken Sie dazu einfach auf den unteren der beiden Einträge - er wird dann grau unterlegt hervorgehoben.

2 Rufen Sie die Funktion *Filter/Scharfzeichnungsfilter/Unscharf maskieren* auf.

In dem Dialogfeld sehen Sie ein kleines Vorschaubild, an dem Sie die Auswirkungen der Filtereinstellungen beurteilen können.

Wenn Sie die *Vorschau*-Option aktivieren, können Sie die Wirkung auch am Originalbild beurteilen.

3 Mit dem *Stärke*-Wert bestimmen Sie, wie kräftig der Filter wirken soll - wir verwenden hier den Standardwert *100*.

4 Die beiden anderen Werte können Sie in aller Regel auf den vorgegebenen Standardwerten belassen.

Damit haben wir noch eine ganze Menge aus dem Ausgangsbild herausgeholt – vergleichen Sie das Ergebnis einmal mit dem Ausgangsbild.

Info

Überflüssige Funktionen

Im Menü *Bild/Einstellen* finden Sie alle Funktionen, um Bilder zu optimieren. Viele der Funktionen lassen sich allerdings auch mit der Funktion *Tonwertkorrektur* erledigen.
So haben wir in unserem Beispiel den Kontrast erhöht – und das, ohne die Funktion *Bild/Einstellen/Helligkeit/Kontrast* zu verwenden.

Einige andere interessante Funktionen zum Optimieren und Verändern von Bildern wollen wir uns nun noch ansehen.

Mit den Variationen per Augenmaß korrigieren

Bevor Sie sich an die komplizierten Funktionen im Menü *Bild/Einstellen* heranwagen, sollten Sie sich einmal die Funktion *Bild/Einstellen/Variationen* ansehen.

Im folgenden Dialogfeld können Sie aus kleinen Vorschaubildern die geeignete Änderung aussuchen. Klicken Sie auf eines der Bilder, um das Ausgangsbild zu verändern, das zum Vergleich immer oben links angezeigt wird. Sie können auch mehrere Änderungen nacheinander durchführen.

Über die Auswahlfelder lässt sich vorgeben, ob sich die Änderungen auf die Mitteltöne, die Schatten- oder die Lichterpartien auswirken sollen. Zusätzlich lässt sich die Sättigung einstellen.

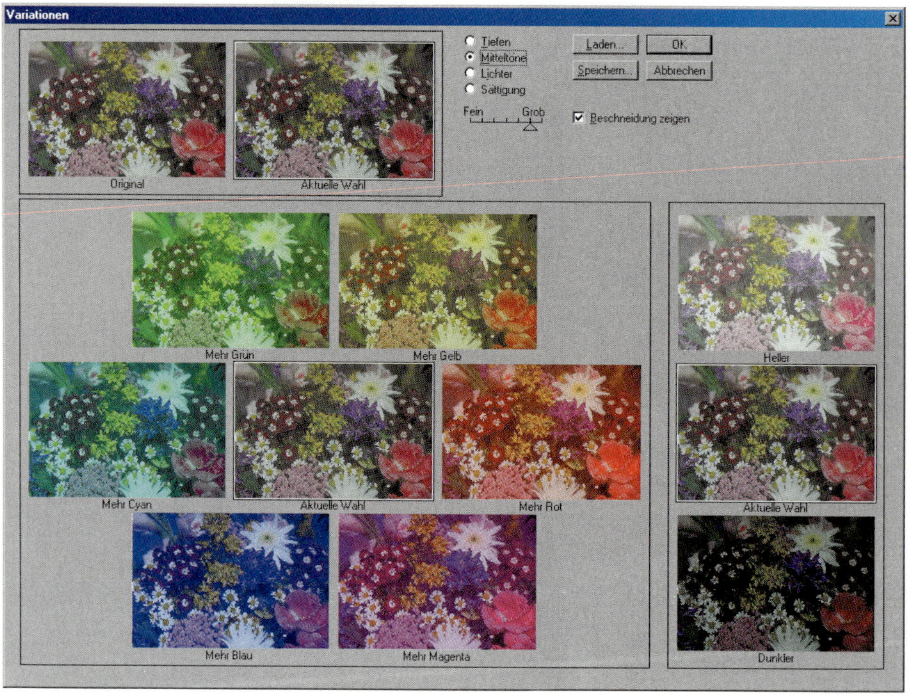

Farben per Einstellungsebene verändern

Haben Sie ein farbstichiges Bild oder wollen Sie ein Bild mit verfälschten Farben verfremden?

Sehen wir uns nun an, wie es funktioniert. Wir wollen die Versuche am folgenden Bild durchführen:

1 Rufen Sie die Funktion *Bild/Einstellen/Farbton/Sättigung* auf. Alternativ dazu können Sie auch die Tastenkombination Strg+U verwenden.

Diese Funktion ist auch über eine Einstellungsebene einsetzbar.

2 Mit dieser Funktion können Sie sehr unterschiedliche Aufgaben erledigen – sehen wir uns einige Möglichkeiten an.

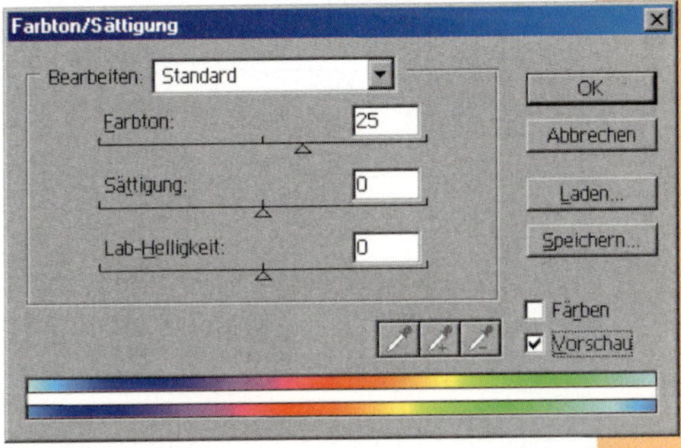

Über das Eingabefeld *Farbton* verändern Sie die Farbe des Bilds. Dabei haben wir zwei Varianten ausprobiert – links sehen Sie in der folgenden Abbildung den positiven Wert *25*, rechts den negativen Wert *-25*.

Sie sehen, dass dabei zwei völlig unterschiedliche Bilder entstehen.

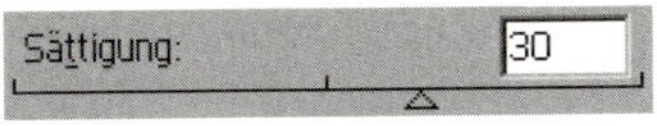

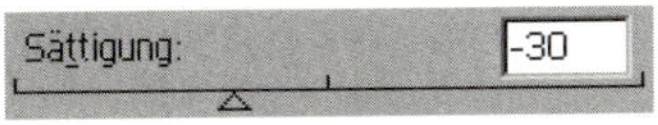

3 Mit dem *Sättigungs*-Wert können Sie die Farben leuchtender – gesättigter – oder matter erscheinen lassen.

4 Auch hier haben wir zwei verschiedene Werte ausprobiert.

Links sehen Sie einen negativen Wert von *-30* – dort sind die Farben stumpf.

Rechts – beim positiven Wert von *30* – leuchten die Farben.

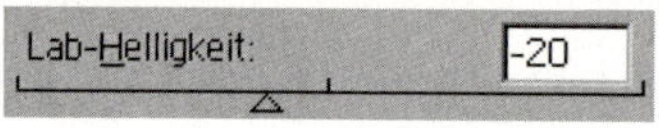

5 Mit dem dritten Regler lässt sich die Helligkeit steuern – falls das Bild durch die anderen geänderten Werte zu hell oder dunkel geworden ist.

Negative Werte dunkeln das Bild ab, positive Werte hellen es auf.

Farben in einigen Bildteilen verändern

Bisher haben wir bei allen Versuchen die Farben des gesamten Bilds verändert. Es geht aber auch anders.

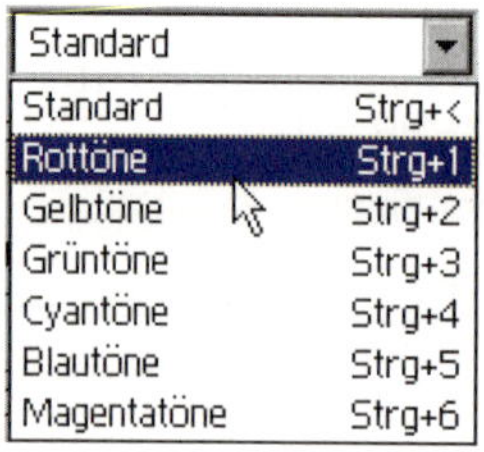

1 Bisher war im Listenfeld *Bearbeiten* immer die Option *Standard* ausgewählt – es wurde deshalb immer das gesamte Bild bearbeitet.

2 Stellen Sie dort eine andere Option – zum Beispiel *Rottöne* – ein, werden nicht mehr alle Farben verändert, sondern nur noch die ausgewählten.

In unserem Beispiel sind das die Farbtöne des Hauses – denn die sind rötlich.

3 Welche Farben des Farbspektrums betroffen sind, wird im Farbbalken am Fuß des Dialogfelds angezeigt.

4 Auch hier haben wir wieder zwei verschiedene Varianten ausprobiert.

Mit einem Wert von *-40* haben wir das Rot leicht verändert – es wirkt aber durchaus noch realistisch. Beim positiven Wert von *120* ist dagegen ein verfälschtes – aber durchaus interessantes – Bild entstanden, wie Sie rechts sehen.

Aus neu mach alt: Bilder kolorieren

Das war aber noch nicht alles, was Sie mit dieser interessanten Funktion anstellen können. Möchten Sie vielleicht aus einem Ihrer neuen Fotos ein altertümliches – zum Beispiel sephiafarbenes – Bild herstellen?

Mit der Funktion *Farbton/Sättigung* ist das kein Problem. Sehen wir uns anhand unseres ersten Beispielbilds an, wie es funktioniert.

1 Um ein Bild einzufärben, müssen Sie im Dialogfeld die Option *Kolorieren* markieren.

2 Die Art der Tönung wird über den *Farbton*-Wert reguliert.

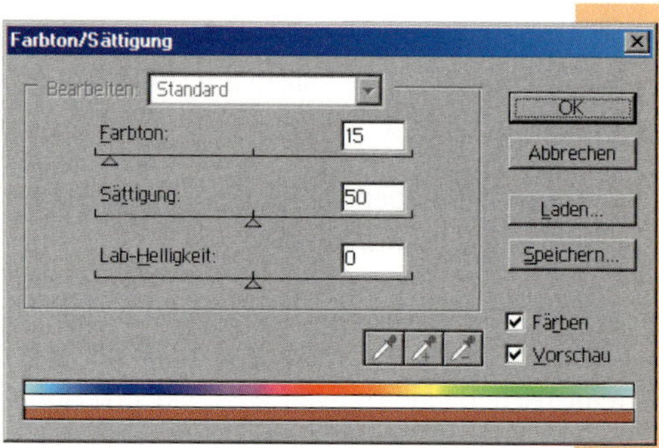

Mit dem Sättigungswert bestimmen Sie, wie intensiv die Farbe sein soll.

3 Wir haben einen bräunlichen Farbton zum Kolorieren gewählt. Das Ergebnis zeigt das folgende Bild:

Bilder in Kollagen zusammenfassen

In diesem Kapitel wollen wir mehrere Bilder in einer Kollage zusammenfassen – so wie Sie es früher vielleicht mit Ihren Fotos in einem Fotoalbum getan haben. Auch diese Aufgabenstellung ist mit Photoshop kein Problem.

Auswahl der passenden Bilder

Bei der Auswahl der Bilder ist es egal, woher sie stammen – ob Scan, Digitalkamera oder Photo-CD. Unsere Wahl fiel auf die folgenden Bilder, die wir alle in Photoshop geöffnet haben.

Info

Ähnliche Größen machen weniger Arbeit

Wenn Sie bei der Auswahl der Bilder darauf achten, dass sie ähnliche Größen haben, sparen Sie sich die Arbeit des Angleichens beim Montieren. Außerdem ist es sinnvoll, dass alle Bilder bereits optimiert sind – wie das funktioniert, wissen Sie ja bereits aus dem letzten Kapitel.

Ein neues Sammeldokument erstellen

Als Erstes benötigen wir ein neues Dokument, in dem wir die Einzelbilder platzieren können.

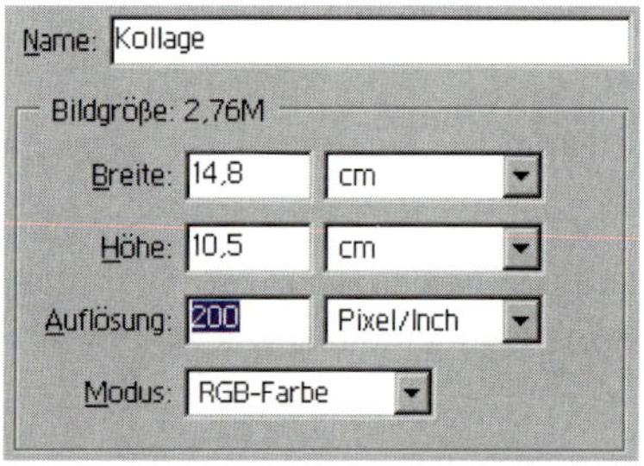

1 Stellen Sie als Dokumentengröße das Maß einer Postkarte ein - 14,8 x 10,5 cm.

2 Damit das Bild in optimaler Qualität auf einem Laser- oder Farbtintenstrahldrucker ausgedruckt werden kann, sollten Sie eine Auflösung von ungefähr 200 Pixel/Inch einstellen.

Das neue leere Dokument soll nun einen interessanten Hintergrund erhalten – Weiß sieht ja nicht gerade aufregend aus. Dazu bietet die neue Photoshop-Version einige interessante Möglichkeiten, die wir Ihnen nun vorstellen wollen:

1 Rufen Sie die Funktion *Ebene/Neue Füllebene/Muster* auf.

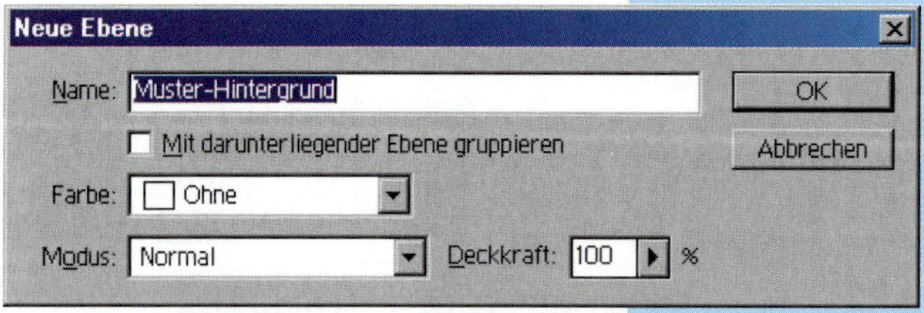

In dem Dialogfeld, das Sie damit öffnen, können Sie beispielswesie einen Namen für die neue Ebene eingeben. Die anderen Optionen benötigen wir zunächst nicht.

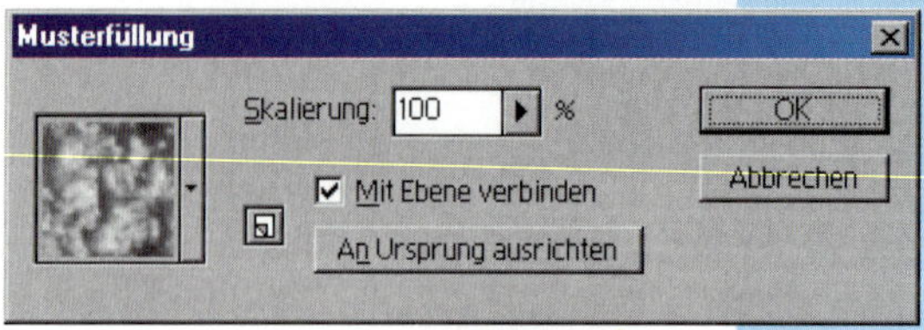

2 Im nächsten Dialogfeld schlägt Photoshop ein standardmäßiges Muster vor. Es ist im Vorschaubild zu sehen.

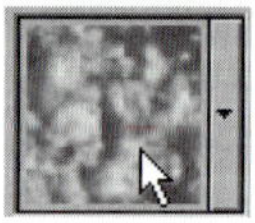

3 Wenn Sie auf dieses Vorschaubild klicken, ...

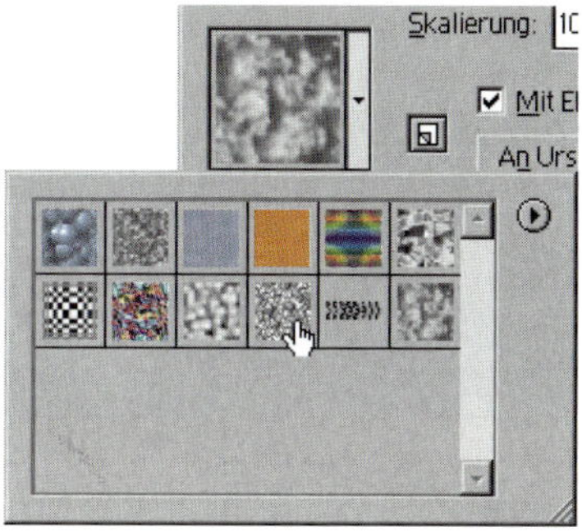

4 ... wird eine Auswahlliste mit weiteren Mustern geöffnet.

Die gewünschte Struktur ist nicht in der Liste enthalten - deshalb wollen wir zunächst einmal weitere Muster laden, die Photoshop bereitstellt.

5 Klicken Sie dazu auf den kleinen Pfeil, den Sie oben rechts im Listenfeld sehen. Diese Pfeile signalisieren immer, dass es zusätzliche Optionen gibt.

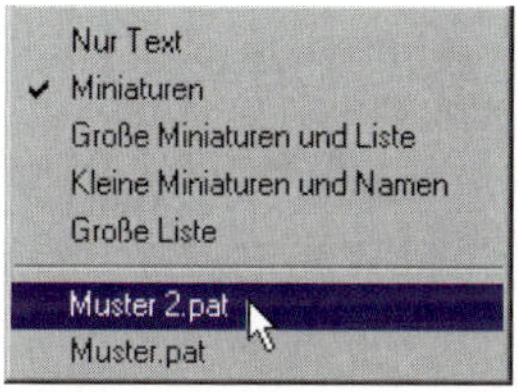

6 In dem Menü, das Sie damit öffnen, finden Sie einen weiteren Satz mit Strukturen.

7 Nach dem Bestätigen werden Sie gefragt, ob der bestehende Mustersatz ersetzt oder die neuen Muster angehängt werden sollen.

Wählen Sie die *Anfügen*-Option.

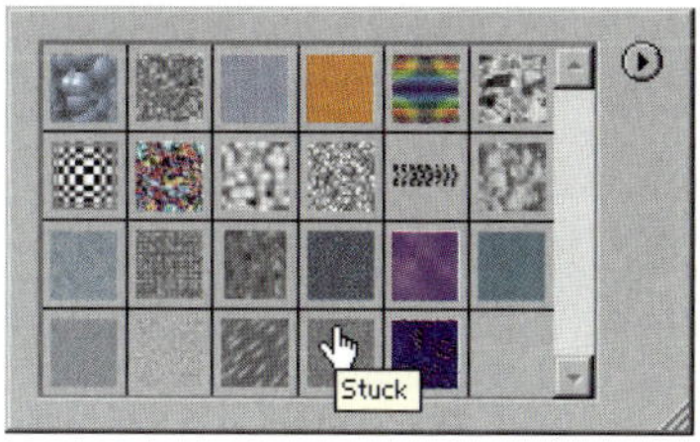

8 Unter den neuen Mustern finden Sie auch dasjenige, das wir verwenden wollen: Es trägt die Bezeichnung *Stuck*. Sie sehen dort nebenstehend den Mauszeiger.

9 Photoshop hat mit dieser Aktion automatisch einen neuen Eintrag im *Ebenen*-Palettenfenster eingefügt. Sie sehen nebenstehend das Symbol für die Musterfüllungsebene.

Farbfüllungen anbringen

Momentan ist die Musterfüllung grau - das ist immer noch nicht sehr spannend. Deshalb soll die Struktur nun eingefärbt werden. Dazu müssen Sie folgendermaßen vorgehen:

1 Rufen Sie die Funktion *Ebenen/Ebenenstil/Fülloptionen* auf. Es dauert einen Moment (warum eigentlich? **;-(**), bis sich das große Dialogfeld öffnet, in dem die Ebenenstile verwaltet werden.

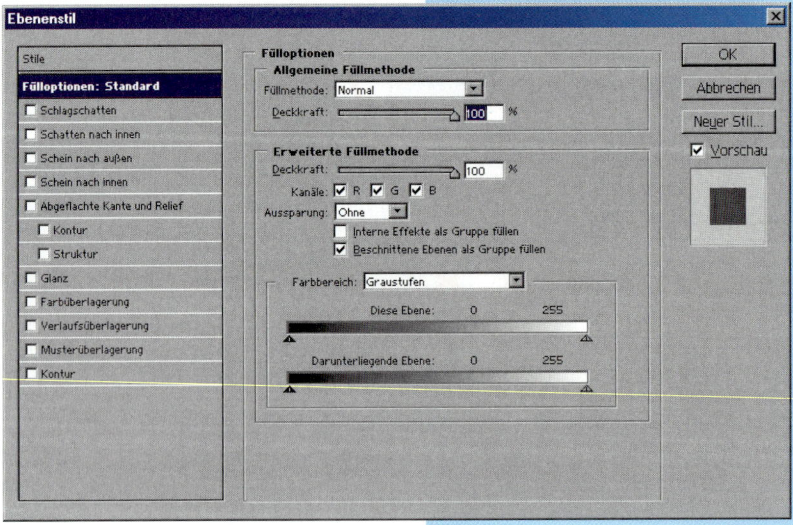

2 Klicken Sie auf den Eintrag *Farbüberlagerung*, um diesen Stil zu aktivieren. Ein Haken kennzeichnet die Auswahl.

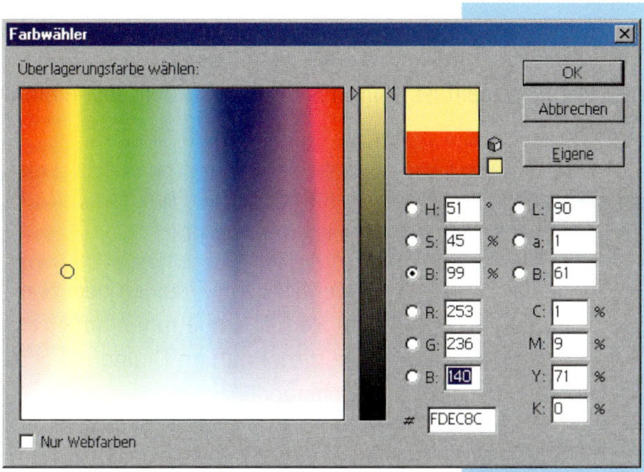

3 Klicken Sie dann im rechten Teil des Dialogfelds auf das Farbfeld, um den Farbwähler zu öffnen. Stellen Sie dort die abgebildeten Werte ein.

Wir haben uns einen gelblichen Farbton ausgesucht.

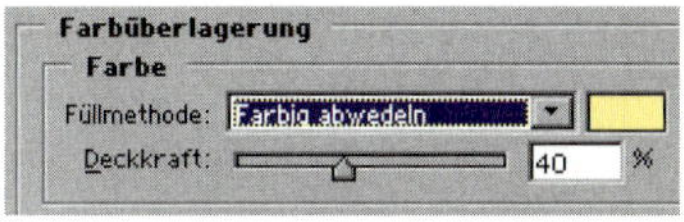

4 Nach dem Bestätigen sehen Sie den eingestellten Farbton in dem Farbfeld. Reduzieren Sie dann die Deckkraft auf einen Wert von *40 %* und stellen Sie in dem Listenfeld die Option *Farbig abwedeln* ein.

5 Nach dem Bestätigen ändert sich das Aussehen im *Ebenen*-Palettenfenster erneut. Sie sehen jetzt dort das Symbol für Ebeneneffekte bei der Musterfüllungsebene.

6 Damit ist der Hintergrund des Bilds fertig. Sieht doch schon besser aus als ein weißes Blatt Papier, oder?

Bilder speichern

Nun, da der Hintergrund fertig gestellt ist, sollten Sie das Dokument erst einmal speichern – sicher ist sicher.

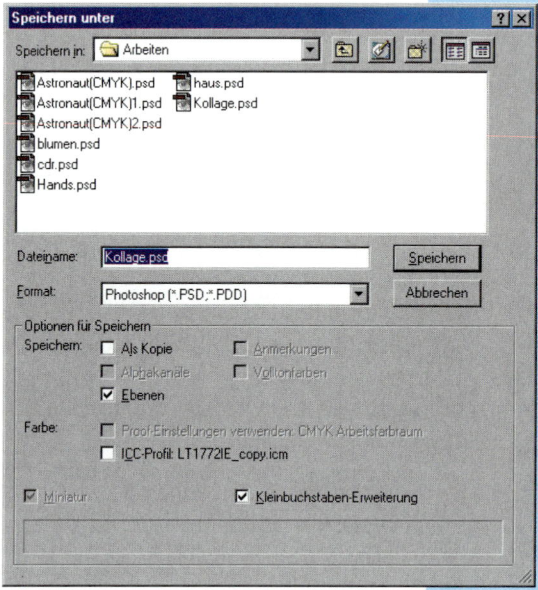

1 Rufen Sie die Funktion *Datei/ Speichern unter* auf.

Wenn Sie beim Erstellen bereits einen Namen eingetragen haben, wird dieser nun im Dialogfeld vorgeschlagen.

2 Verwenden Sie als Dateityp das Format *Photoshop (*.PSD, *.PDD)*. Nur in diesem Dateiformat werden alle Optionen, die wir verwenden wollen, gespeichert.

Bilder per Drag & Drop importieren

Jetzt müssen wir die vier Einzelbilder in das neue Sammeldokument übertragen. Diese Aufgabe lässt sich schnell und einfach über Mausaktionen erledigen.

1 Aktivieren Sie das Verschieben-Werkzeug – am schnellsten geht das über die [V]-Taste.

2 Wechseln Sie zu einem der Bilder, die Sie einfügen wollen. Klicken Sie dazu einfach das betreffende Fenster an.

3 Klicken Sie in das Bild und halten Sie die Maustaste gedrückt.

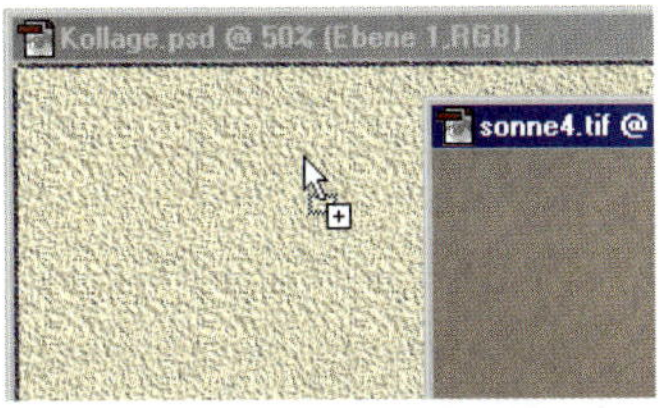

4 Ziehen Sie den Mauszeiger in das Sammeldokument – er verändert dann sein Aussehen.

5 Nach dem Loslassen der Maustaste wird das Bild in dem Dokument abgelegt.

Wenn Sie mit der Maus ziehen, können Sie das eingefügte Bild verschieben.

Importieren Sie die anderen Bilder nach demselben Verfahren.

Angleichen der Bildgrößen

Für unser Dokument ist das eingefügte Bild etwas zu groß geraten – deshalb wollen wir seine Größe jetzt verändern, sodass sich ein harmonisches Gesamtbild ergibt.

1 Zum Verändern – Transformieren – von Ebenen dient die Funktion *Bearbeiten/Frei transformieren*, die Sie auch über die Tastenkombination [Strg]+[X] aufrufen können.

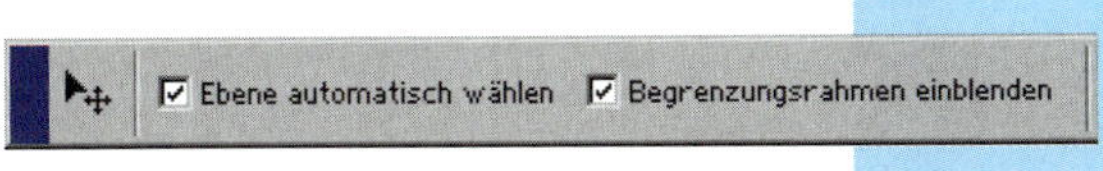

Sie können es aber auch einfacher haben: Aktivieren Sie in der Optionen-Leiste *Begrenzungsrahmen einblenden*.

2 Danach wird die markierte Ebene von einem Rahmen umgeben – Sie kennen dies ja bereits vom Freistellungswerkzeug.

3 Der Rahmen wird auf dieselbe Art skaliert und gedreht, wie Sie es schon vom Freistellungswerkzeug kennen.

Es gibt aber einen sehr praktischen Unterschied: Wenn Sie mit dem Transformieren beginnen, werden in der Optionen-Leiste Felder angezeigt, um die Transformation nummerisch exakt vorzunehmen.

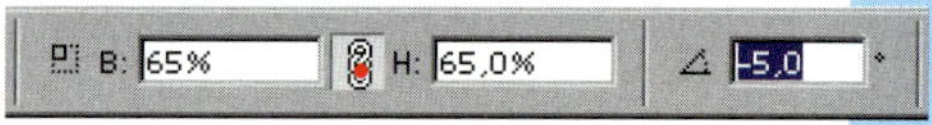

4 So haben wir beispielsweise die Größe auf *65 %* verändert. Um die Proportionen des Bilds beim Skalieren beizubehalten, aktivieren Sie die Schaltfläche zwischen den Eingabefeldern für die Höhe und Breite.

Außerdem haben wir hier auch eine Drehung des Bilds nach links eingestellt. Geben Sie dazu einen Drehwinkel von *-5°* ein.

Ist die passende Größe erreicht, klicken Sie innerhalb des Rahmens doppelt oder verwenden Sie die links gezeigte Schaltfläche in der Optionen-Leiste. Erst dann wirken sich die Änderungen auf das Bild aus.

Wiederholen Sie diese Arbeitsschritte nun auch mit allen anderen Einzelbildern.

Identische Transformierungen erreichen

Da in unserem Fall alle Ausgangsbilder gleich groß waren, brauchen wir uns nicht die Mühe zu machen und jedes Mal aufs Neue zu transformieren. Rufen Sie stattdessen einfach die Funktion *Bearbeiten/Transformieren/Erneut* auf - dann werden dieselben Transformationswerte nochmals verwendet. Sie erreichen diese Funktion auch mit der Tastenkombination Umschalt+Strg+T. Sie sollten dann ungefähr die folgende Situation sehen:

Nach dem Einfügen werden die Bilder gleichmäßig im Gesamtdokument verteilt, sodass sich das folgende Aussehen ergibt. Wenn Sie die jeweilige Ebene anklicken, wird sie automatisch markiert - dazu muss allerdings die Option *Ebene automatisch wählen* in der Optionen-Leiste ausgewählt sein. Sie können die Ebenen dann mit gedrückter linker Maustaste verschieben.

Nachdem Sie das neue Stadium gesichert haben, können die Einzeldokumente mit der Funktion *Datei/Schließen* geschlossen werden.

Arbeiten mit verschiedenen Ebenen

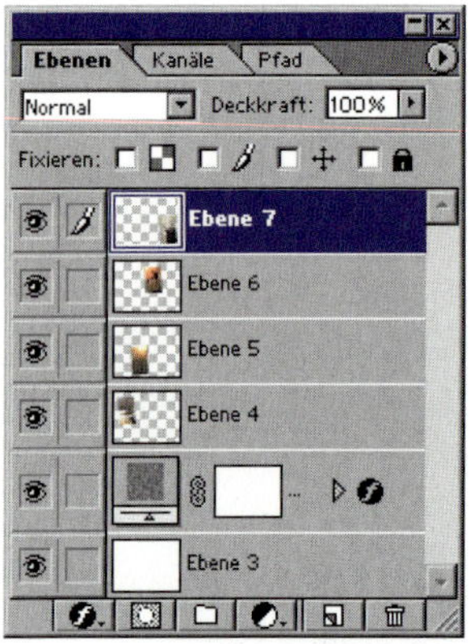

Vielleicht haben Sie nach dem Einfügen der Bilder ja schon einen Blick in das *Ebenen*-Fenster geworfen – dort gibt es nun verschiedene Einträge.

Photoshop hat automatisch für jedes neu eingefügte Bild eine eigene Ebene erstellt. Hinzu kommen der Hintergrund und die Ebene für die Musterfüllung. Sie sehen das aktuelle Stadium links abgebildet.

Diese Ebenen-Arbeitsweise bietet viele Vorteile. So können Sie jederzeit eine der Ebenen bearbeiten, ohne dass die anderen Ebenen von der Änderung betroffen sind.

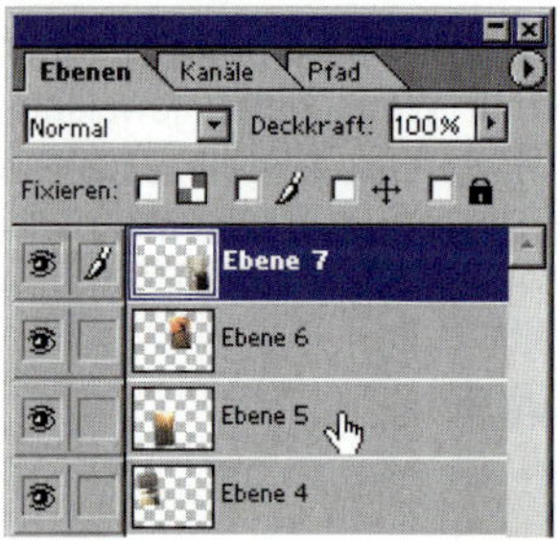

1 Um die aktive Ebene zu wechseln, klicken Sie im *Ebenen*-Fenster auf den betreffenden Eintrag.

Ein kleines Vorschaubild hilft Ihnen den Inhalt der Ebene zu identifizieren.

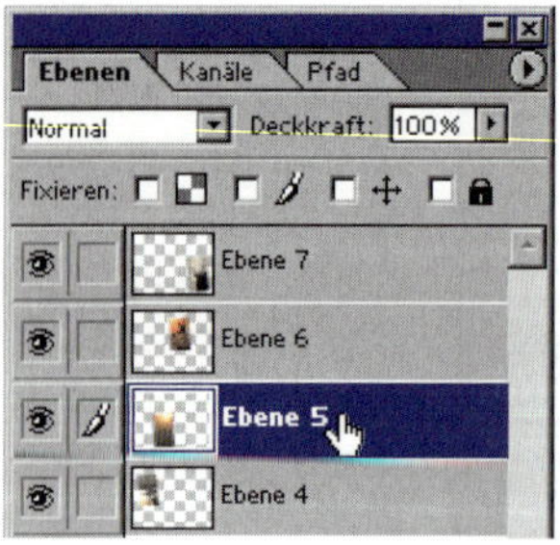

2 Nach dem Anklicken wird die Ebene farbig unterlegt. Das ist das Zeichen für die aktive Ebene.

Alle Änderungen, die Sie nun durchführen – wie etwa das Ändern der Helligkeit –, wirken sich nun ausschließlich auf die aktive Ebene aus.

Reihenfolge im Ebenenstapel ändern

Die Ebenen können Sie sich wie einen Stapel Folien vorstellen. Nach der Reihenfolge des Einfügens werden die Bilder alle übereinander gestapelt.

Deshalb werden auch an den Stellen, wo zwei Bilder übereinander liegen, Teile des unten liegenden Bilds verdeckt. Dabei sind die verdeckten Stellen aber nach wie vor vorhanden - sie sind also nicht etwa verloren, wie das zu früheren Zeiten der Bildbearbeitung der Fall war.

Diese Reihenfolge ist nicht endgültig. Sie können die Lage im Stapel jederzeit verändern.

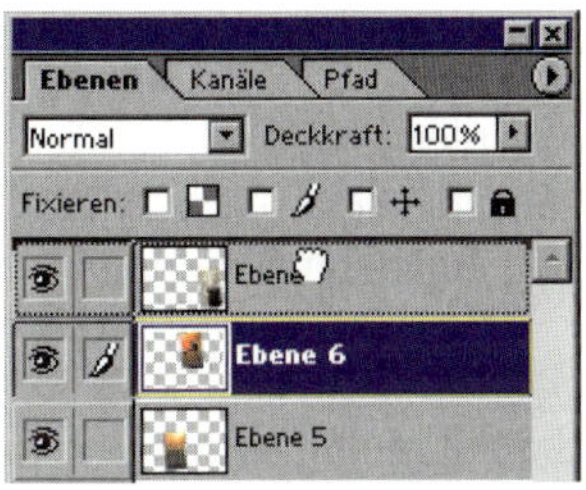

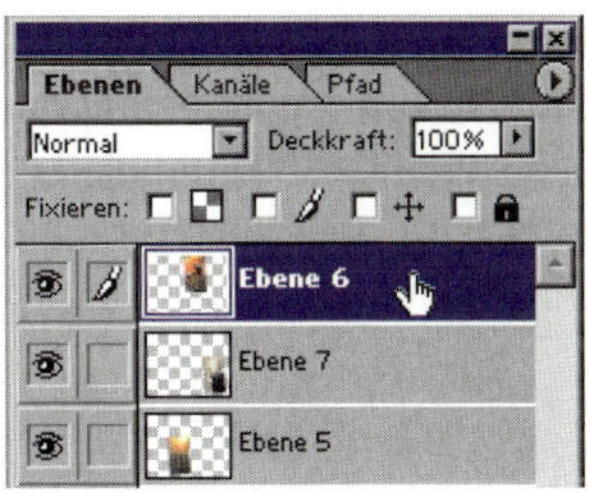

1 Klicken Sie die Ebene an, die Sie verschieben wollen, und halten Sie die Maustaste gedrückt.

Ziehen Sie die Maus an die Position, wo Sie die Ebene einfügen wollen. Ein Balken zeigt Ihnen die Position an. Ist die richtige Stelle erreicht, lassen Sie die Maustaste los.

2 Wenn Sie die Maustaste loslassen, wird die Ebene an der neuen Position eingefügt.

Info

Ebenenhierarchie per Menüfunktionen ändern

Alternativ zum vorgestellten Drag & Drop-Verfahren können Sie auch die Funktionen im Untermenü *Ebene/Anordnen* verwenden. Dort können Sie die aktuelle Ebene entweder schrittweise vor- und rückwärts bewegen oder sie ganz oben oder unten im Ebenenstapel platzieren.

Ordnung durch die richtige Ebenenverwaltung

Bei den vier neuen Ebenen, die wir eingefügt haben, geht es noch. Je mehr Ebenen aber in einem Dokument vorhanden sind, umso unübersichtlicher wird es.

Deshalb können Sie Ebenen zum Beispiel mit Namen versehen. Klicken Sie dazu im *Ebenen*-Fenster mit der rechten Maustaste auf die Ebene, deren Namen Sie ändern wollen.

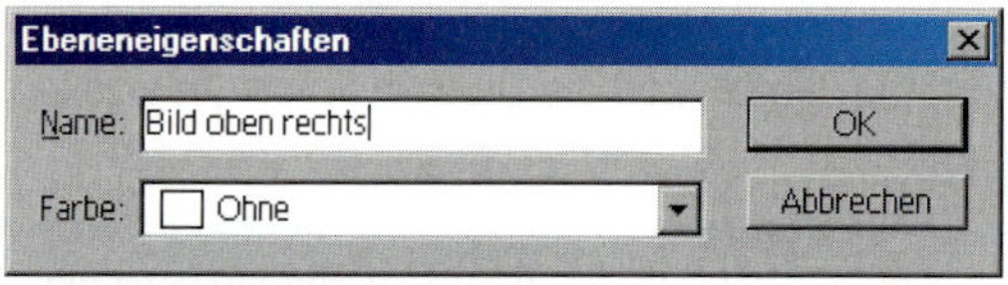

In dem Menü finden Sie die Funktion *Ebeneneigenschaften*. Damit wird ein Dialogfeld geöffnet. Dort wird im ersten Feld der Name angegeben.

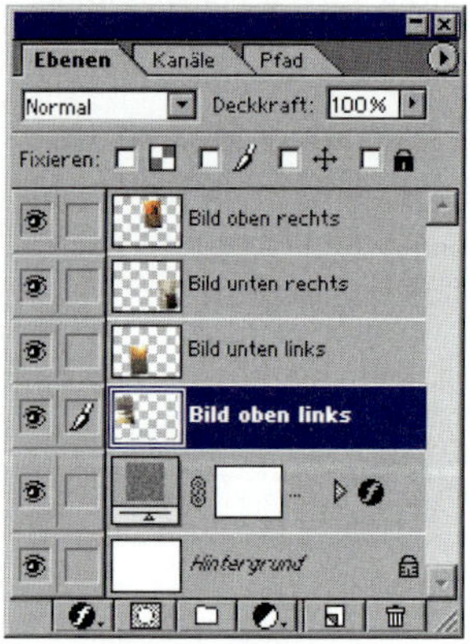

Nach dem Benennen werden im *Ebenen*-Fenster die Namen angezeigt. So haben Sie eine bessere Orientierung, als wenn dort die standardmäßig durchnummerierten Ebenennamen aufgelistet sind.

Zusätzlich zum Vorschaubild sollte es nun kein Problem mehr sein, die passende Ebene im Dokument aufzufinden.

Aber es gibt noch einen Vorteil. Wenn Sie mit dem Verschieben-Werkzeug arbeiten - zum Beispiel um die Ebenen zurechtzurücken -, brauchen Sie die Markierung nicht über das *Ebenen*-Fenster vorzunehmen.

Klicken Sie einfach mit der rechten Maustaste im Bild. In einem Kontextmenü werden dann alle Ebenen angezeigt, die sich unter dem Mauszeiger befinden.

Bei ordentlicher Benennung der Ebenen ist so leicht die richtige Ebene zu aktivieren.

Ebenen in Sätzen zusammenfassen

Im Laufe der Arbeit können eine ganze Menge verschiedener Ebenen entstehen. Da jede Ebene einen eigenen Eintrag erhält und Zusatzebenen wie die Textur sowie eventuelle Ebenenstile hinzukommen, kann die Liste schnell lang und unübersichtlich werden.

Aber auch dafür bietet Photoshop eine Lösung an: Sie können verschiedene Ebenen zu so genannten Sätzen zusammenfassen:

1 Klicken Sie zum Erstellen eines neuen Satzes auf die gezeigte Schaltfläche in der Fußleiste des *Ebenen*-Fensters.

2 Der neue Satz wird oberhalb der aktuell markierten Ebene erstellt.

3 Ziehen Sie die Ebenen, die Sie zusammenfassen wollen, per Drag & Drop auf das Ordnersymbol.

4 Die Einrückung kennzeichnet die Inhalte des Satzes.

Ziehen Sie per Drag & Drop auch die anderen Fotoebenen in den Ordner. Sie sollten dann die gezeigte Anordnung sehen.

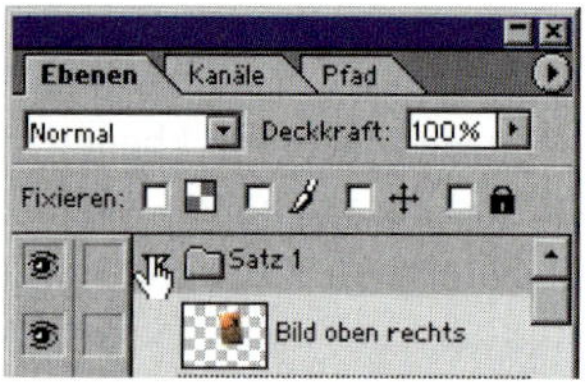

5 Mit einem Klick auf das Dreieck vor dem Eintrag können Sie ...

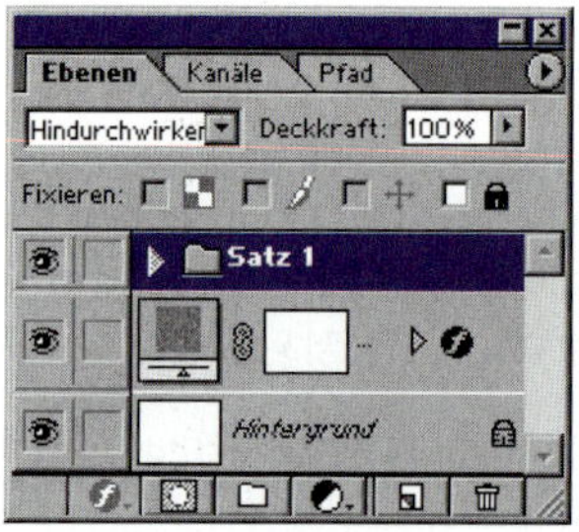

6 ... den Satz zuklappen und so eine Menge Platz im *Ebenen*-Palettenfenster sparen. Durch diese Strukturierung wird die Ebenenverwaltung sehr übersichtlich.

Größe der Vorschaubilder im Ebenen-Fenster ändern

Sie können in den Vorschaubildern der Palettenfenster nichts erkennen? Das kann – je nach verwendeter Bildschirmauflösung – schnell passieren. Aber auch hier hat Photoshop eine Lösung parat.

1 Wie in jedem der Palettenfenster gibt es auch beim *Ebenen*-Fenster oben rechts einen kleinen Pfeil. Wenn Sie darauf klicken, ...

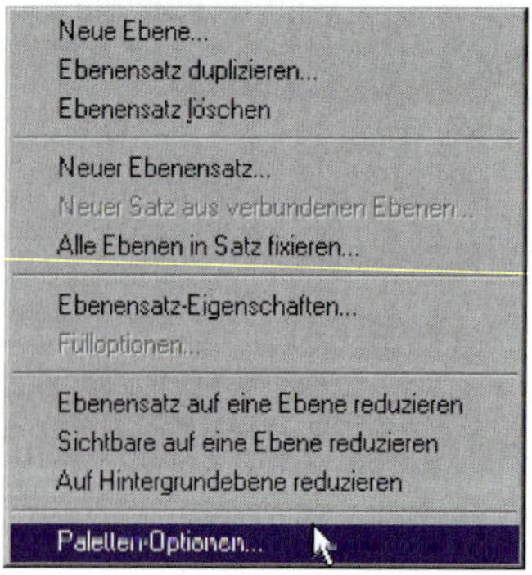

2 ... öffnen Sie die zusätzlichen Optionen für die Ebenen. Als letzten Eintrag sehen Sie dort die Funktion *Paletten-Optionen.*

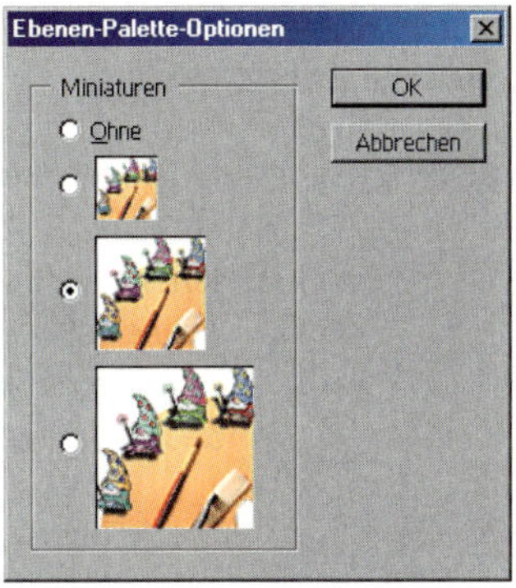

3 Damit öffnen Sie ein Dialogfeld, in dem Sie zwischen drei verschiedenen Vorschaubildgrößen wählen können.

Standardmäßig ist hier die kleinste Größe eingestellt.

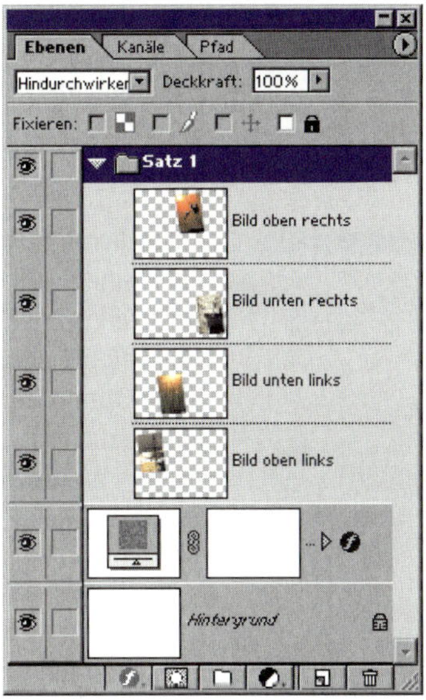

4 Bei der mittleren Größe sind die Vorschaubilder bereits deutlich besser zu erkennen.

Wenn Sie allerdings die vollständigen Ebenenbezeichnungen noch sehen wollen, müssen Sie das Fenster etwas skalieren.

Faszinierende Effekte dank der Ebenenstile

Nun wollen wir den letzten Arbeitsschritt unserer Kollage in Angriff nehmen und dabei auf die wohl beste Neuerung der letzten Photoshop-Version zurückgreifen.

In dieser Version wurden die Ebenenstile nochmals erweitert. Die Handhabung ist allerdings leider nicht ganz unkompliziert **;-(**.

Mit den Ebeneneffekten können Sie plastische Wirkungen erzielen, die in früheren Photoshop-Versionen nur sehr umständlich zu realisieren waren.

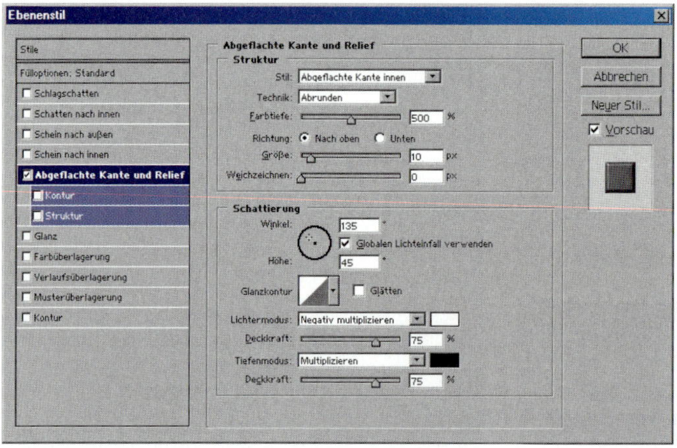

Markieren Sie eine der Fotoebenen, und rufen Sie die Funktion *Ebene/Ebenenstil/Abgeflachte Kante und Relief* auf.

Die Änderungen, die wir an den Standardvorgaben vorgenommen haben, sehen Sie im abgebildeten Dialogfeld.

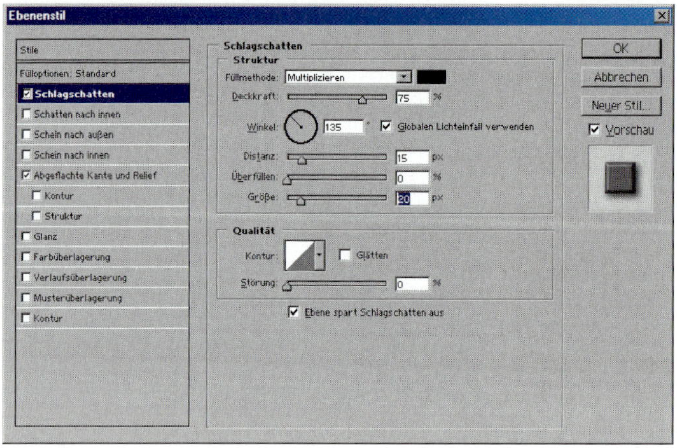

Zusätzlich haben wir noch einen Schlagschatten verwendet. Aktivieren Sie dazu diese Option und stellen Sie die links gezeigten Werte ein.

Wenn Sie die *Vorschau*-Option aktiviert haben, können Sie die Einstellungen gleich am Originalbild begutachten.

Mit Stilen die Arbeit erleichtern

Nun wäre es mühselig, den wunderschönen Effekt bei allen vier Ebenen neu einzustellen. Aber auch hier gibt es Erleichterungen – eine sehr effektive wollen wir Ihnen nun vorstellen.

Dazu speichern wir die Einstellungen in einem so genannten Stil, der danach bei anderen Ebenen angewendet werden kann.

1 Wenn Sie eine Ebene markiert haben, bei der ein Ebenenstil angewendet wurde, ist im *Stile*-Palettenfenster die gezeigte Schaltfläche verfügbar.

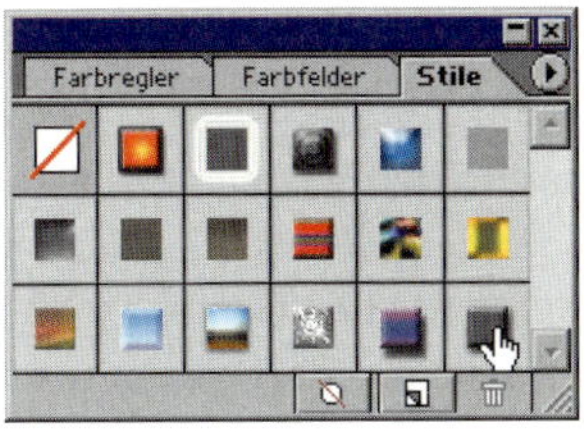

2 Klicken Sie auf die Schaltfläche, werden die verwendeten Effekte gesichert. Sie sehen dann ein neues Vorschaubild im *Stile*-Palettenfenster.

3 Um den Effekt bei einem anderen Foto anzuwenden, können Sie dieses markieren und das neue Symbol im *Stile*-Palettenfenster anklicken.

Oder Sie ziehen den Stil mit gedrückter Maustaste einfach aus dem Palettenfenster auf die betreffende Ebene im Bild – dann sparen Sie sich das Auswählen.

Eine andere Möglichkeit der Effektübertragung wäre die folgende. Sie ist sinnvoll, wenn Sie keinen Stil benutzen wollen.

1 Klicken Sie mit der rechten Maustaste auf das Ebeneneffektsymbol.

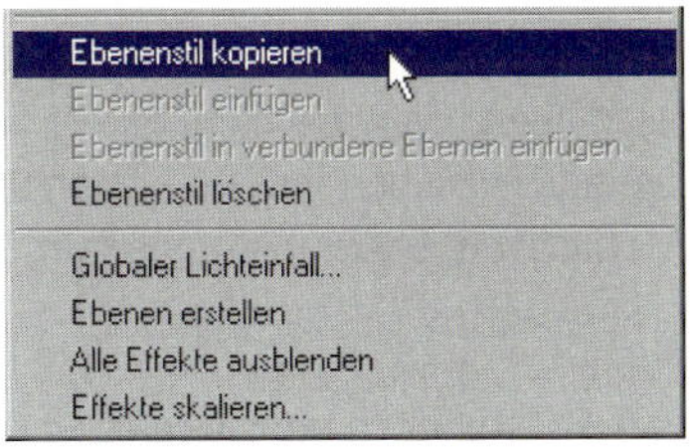

2 Daraufhin öffnet sich ein Menü, in dem Sie den Eintrag *Effekte kopieren* finden. Damit werden alle Effekte, die auf der markierten Ebene eingestellt wurden, kopiert.

3 Wechseln Sie zur nächsten Ebene und klicken Sie dort auch mit der rechten Maustaste.

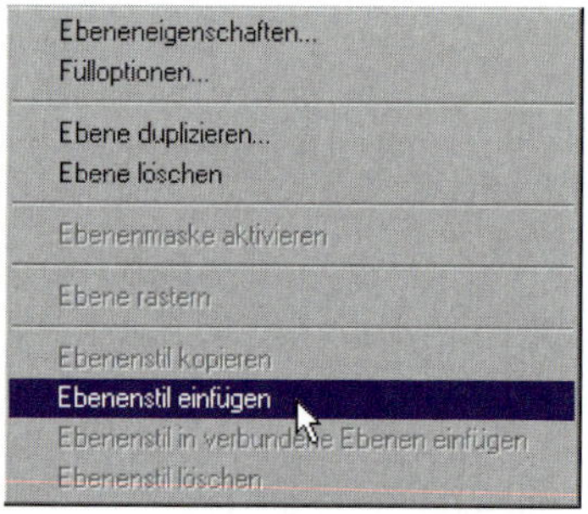

Es erscheint ein etwas verändertes Menü, in dem Sie den Eintrag *Effekte einfügen* finden. Damit wird der kopierte Effekt auf die markierte Ebene übertragen.

4 Wenn Sie den Vorgang bei allen anderen Ebenen wiederholen, erhalten alle Ebenen den Effekt mit denselben Einstellungen.

Zeitersparnis: Ebenen verbinden

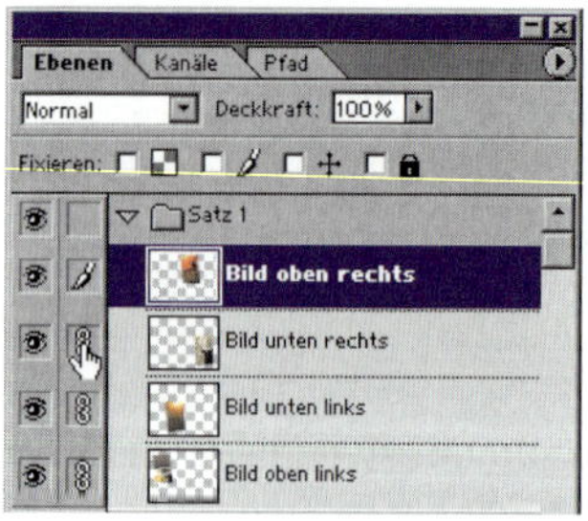

Wenn Sie dieselbe Aktion nicht mehrfach durchführen wollen, können Sie sich auch anders behelfen.

Dazu folgende Überlegung: Nehmen wir an, Sie wollen mehrere Ebenen verschieben. Da wäre es mühselig, wenn Sie jede einzelne Ebene verschieben müssten. Deshalb bietet Photoshop die Möglichkeit, Ebenen miteinander zu verbinden.

Neben dem Augensymbol gibt es im *Ebenen*-Fenster noch ein weiteres Feld. Wenn Sie darauf klicken, erscheint ein kleines Kettensymbol. Dies ist das Zeichen für eine Verknüpfung.

Wenn Sie eine verknüpfte Ebene verschieben, werden alle anderen Ebenen der Verknüpfung gleichermaßen verschoben.

Info

Alle auf einmal

Auch beim Einfügen der Effekte gibt es eine Erleichterung – im Kontextmenü erscheint dann nämlich ein weiterer Eintrag *Ebenenstil in verbundene Ebenen einfügen.* Damit wird allen verknüpften Ebenen mit einem Schwung derselbe Effekt zugewiesen.

Sie müssen bei diesen Verknüpfungen aber darauf achten, sie rechtzeitig wieder zu entfernen, sonst kann es passieren, dass Sie versehentlich die falsche Ebene mit verschieben. Zum Lösen der Verknüpfung reicht ein erneuter Klick auf das Kettensymbol.

Info

Verknüpfungen helfen nicht immer

Die verknüpften Ebenen lassen sich nur bei einigen Funktionen nutzen. So ist es zum Beispiel nicht möglich, die Tonwerte bei einer Ebene zu ändern oder Ebenen zu transformieren und damit die verknüpften Ebenen ebenfalls zu beeinflussen. Diese Funktionen beziehen sich nach wie vor nur auf die aktive Ebene.

Ebenen schützen

Wenn Sie mit vielen verschiedenen Ebenen arbeiten, kann es schon einmal passieren, dass Sie an einer Ebene versehentlich Änderungen vornehmen, die Sie gar nicht wollten.

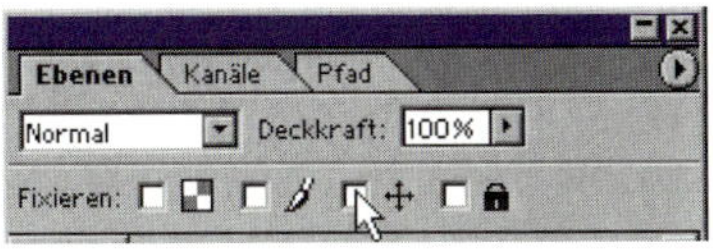

Auch hier bietet Photoshop Hilfestellungen an. Im Kopf des Palettenfensters sehen Sie einige Felder, mit denen Sie bestimmte Bearbeitungen verhindern können.

Mit dem ersten Feld verhindern Sie das Bemalen transparenter Bildteile. Die zweite Option verhindert das Ändern der Pixeldaten. Soll die Ebene vor versehentlichem Verschieben geschützt werden, aktivieren Sie die dritte Option.

Um jegliche Veränderung zu verhindern, klicken Sie auf das letzte Feld – dann werden alle vorherigen Optionen auf einmal eingeschaltet.

Das Endergebnis der Bildmontage

Sehen wir uns nun das Ergebnis der Arbeit in diesem Kapitel an - der Aufwand hat sich doch gelohnt, nicht wahr? Durch die Ebeneneffekte ist eine plastische Wirkung entstanden.

Es sieht fast so aus, als „schwebten" die Bilder über dem Untergrund.

Neben den notwendigen Arbeitsschritten zum Erzielen dieses Ergebnisses haben Sie in diesem Kapitel auch noch einiges über das Arbeiten mit Ebenen erfahren - eine der wichtigsten Funktionen von Photoshop.

Je mehr Sie die Vorteile der Ebenentechnik nutzen, umso flexibler können Sie arbeiten. Wenn Ihnen die Position eines der Bilder später nicht mehr gefällt, verschieben Sie es eben.

Oder Sie möchten statt des Kanteneffekts lieber einen Schein nach außen? Kein Problem. Schalten Sie im *Effektstil*-Dialogfeld einfach die eine Option aus, und die andere ein - leichter geht es kaum!

Wie gemalt: Schwarzweißbilder kolorieren

Ein spannendes Beispiel haben wir uns für dieses Kapitel ausgesucht. Dabei wollen wir Ihnen die Mal- und Auswahlwerkzeuge sowie das Arbeiten mit Füllmethoden von Photoshop vorstellen.

Vielleicht möchten Sie beispielsweise eine Einladungskarte mit einem schmucken Foto verschönern, das einmal anders als andere Fotos ist: Ein „hand"-koloriertes Bild. Oder haben Sie alte Schwarzweißfotos, denen Sie das gewisse „Etwas" verleihen wollen? Dann ist unser Workshop ebenfalls gut geeignet.

Das geeignete Ausgangsbild

Oder haben Sie gar kein Schwarzweißfoto und möchten dennoch ein handkoloriertes Foto erhalten? Auch dann sind Sie hier richtig. Wir haben uns ein „farbiges Schwarzweißbild" als Ausgangsbasis ausgesucht:

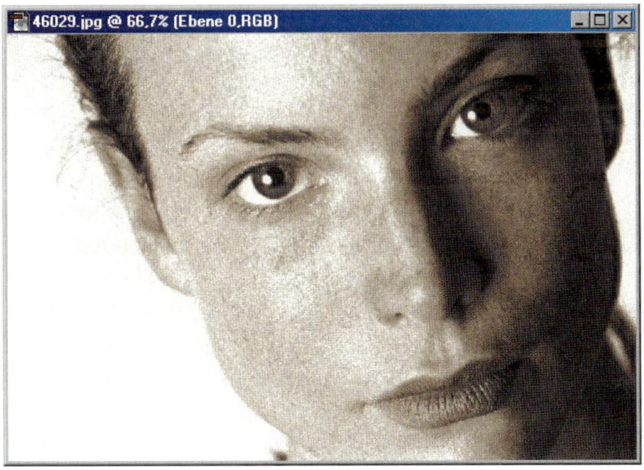

Dieses Foto einer hübschen Dame soll nun in ein „echtes" Schwarzweißbild und anschließend in ein dezent eingefärbtes Foto umgewandelt werden. Klar, dass wir dabei die Arbeit wieder so flexibel wie möglich halten wollen. Vielleicht sollen ja später noch einzelne Bildteile verändert werden.

Umwandlung in ein Schwarzweißbild

Da wir ja ein „echtes“ Schwarzweißbild bearbeiten wollen, benötigen wir als Erstes eine farblose Variante unseres Ausgangsbilds. Hier ist bereits die erste Überlegung notwendig:

Sie können Bilder ohne weiteres mit der Funktion *Bild/Modus/Graustufen* in Schwarzweißbilder umwandeln. Dann sind aber die Farben des Bilds endgültig futsch. Das soll vermieden werden, damit die Farbinformationen des Bilds erhalten bleiben. Außerdem wollen wir ja wieder Farbinformationen einfügen – das wäre dann nicht mehr möglich.

Deshalb haben wir ein anderes Verfahren gewählt:

1 Wir benötigen dafür zuerst ein Duplikat der Hintergrundebene. Wechseln Sie deshalb zum *Ebenen*-Palettenfenster.

Um von einer bestehenden Ebene ein Duplikat zu erzeugen, klicken Sie den Hintergrundeintrag an und ziehen ihn mit gedrückter Maustaste auf das links gezeigte Symbol in der Fußleiste des Palettenfensters.

2 Nach dem Loslassen der Maustaste sehen Sie, dass damit ein Duplikat der Ebene erstellt wurde. Dieses Verfahren ist leichter und schneller, als wenn Sie die Menüfunktion *Ebene/Neu/Ebene durch Kopie* verwenden.

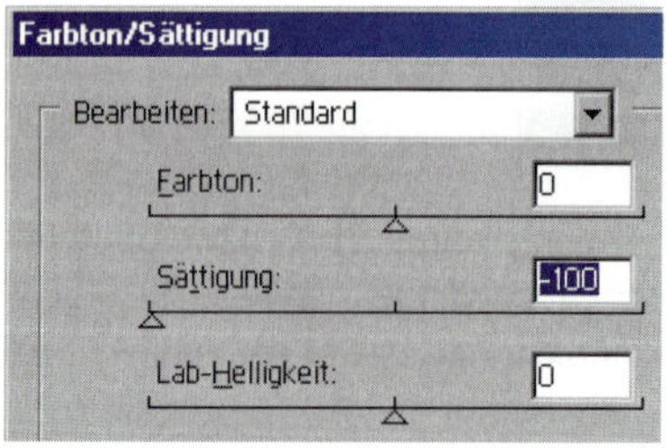

3 Da die neue Ebene automatisch markiert wird, könnten Sie nun die Funktion *Bild/Einstellen/Sättigung verringern* verwenden.

Alternativ dazu können Sie auch die Funktion *Bild/Einstellen/Farbton/Sättigung* aufrufen, die Sie auch über die Tastenkombination [Strg]+[U] erreichen.

Stellen Sie dort den Wert für die Sättigung auf *-100*, um alle Farben aus der Ebene zu entfernen.

4 Im Vorschaubild des *Ebenen*-Fensters sehen Sie schon, dass die untere Ursprungsebene noch immer farbig ist. So können Sie jederzeit auf die Originaldaten zurückgreifen.

5 Zum Schluß benötigen wir noch eine Malebene. Klicken Sie dazu einmal auf das abgebildete Symbol ...

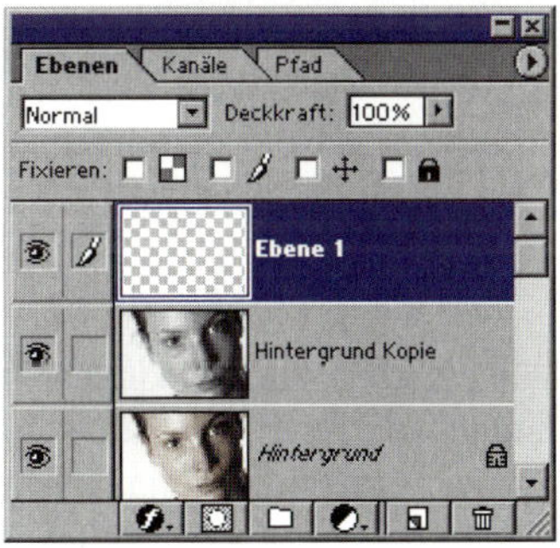

6 Damit erstellen Sie eine neue leere Ebene.

Info

Durchsichtige Ebenen

Die neue Ebene ist zunächst einmal völlig leer - sie ist durchsichtig. Die durchsichtigen Stellen einer Ebene werden im Vorschaubild mit einem Karomuster angezeigt. Dies ist nötig, da natürlich transparente Stellen nicht sichtbar sind. Das Karomuster dient daher als Ersatz.

Bildbereiche sauber bearbeiten

Nun könnten wir theoretisch einfach „drauflos" malen. Das wollen wir aber nicht tun, ohne Vorbereitungen zu treffen. Nehmen wir an, Sie wollen mit dem Pinsel das Gesicht bemalen. Die Wahrscheinlichkeit, dass Sie dabei nicht „übermalen" und versehentlich den Hintergrund mit einfärben, ist sehr gering.

Damit das nicht passiert, können Sie Bildbereiche vor dem Übermalen schützen. Für diese Aufgabenstellung bietet Photoshop so genannte Masken an. Zum Auswählen bestimmter Bildbereiche gibt es in der Werkzeugleiste verschiedene Auswahlwerkzeuge, die wir Ihnen nun vorstellen wollen.

1 Zuerst wollen wir den Zauberstab verwenden, den Sie auch über das W-Tastenkürzel aufrufen können.

2 Sobald Sie das Werkzeug aktiviert haben, finden Sie in der Optionen-Leiste neue Einträge. Sie sollten dort die abgebildeten Einstellungen vornehmen:

3 Wichtig ist hier der Toleranzwert, mit dem Sie festlegen, wie ähnlich Farben sein müssen, ehe sie in den Auswahlbereich aufgenommen werden.

Wenn Sie nämlich in das Bild klicken, nimmt Photoshop alle angrenzenden Farben in den Auswahlbereich auf, die innerhalb der angegebenen Toleranz liegen. Klicken Sie an der nebenstehend gezeigten Stelle ins Bild.

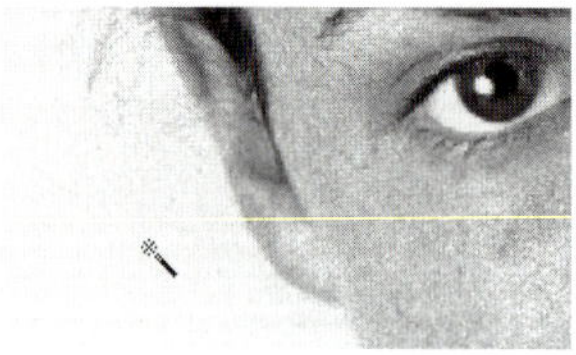

Info

Der richtige Toleranzwert

Um den richtigen Toleranzwert zu ermitteln, bedarf es meistens mehrerer Versuche und etwas Übung. Ist der Toleranzwert nämlich zu hoch, werden zu viele Bereiche mit erfasst, die gar nicht in die Auswahl gehören.

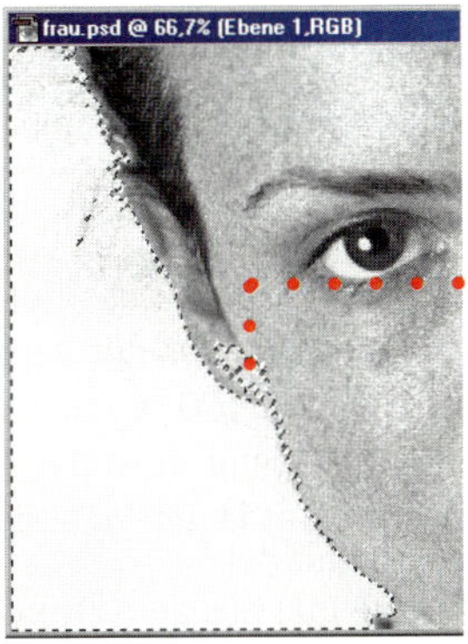

Sie erkennen den Auswahlbereich an einer gestrichelten Linie.

4 Mit dem ersten Mausklick wurden nicht alle Teile des Hintergrunds erfasst – dafür aber auch einige unerwünschte im Ohrbereich. Auswahlbereiche können aber leicht ergänzt oder reduziert werden.

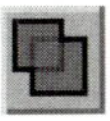

5 Dazu dienen die ersten Symbole der Optionen-Leiste. Wollen Sie dem Auswahlbereich beispielsweise weitere Flächen hinzufügen, aktivieren Sie das links gezeigte Symbol.

Um diesen Modus nur vorübergehend zu aktivieren, können Sie auch einfach die Umschalt-Taste drücken.

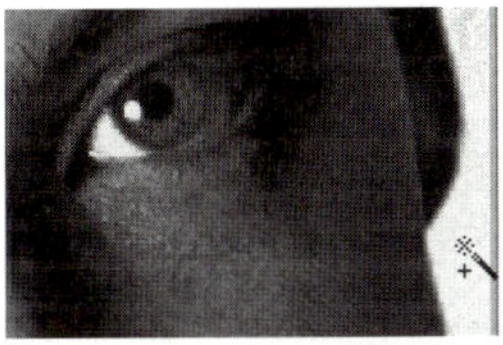

Nach dem Aktivieren wird neben dem Mauszeiger ein kleines Pluszeichen angezeigt. Klicken Sie damit in den rechten Teil des Hintergrunds.

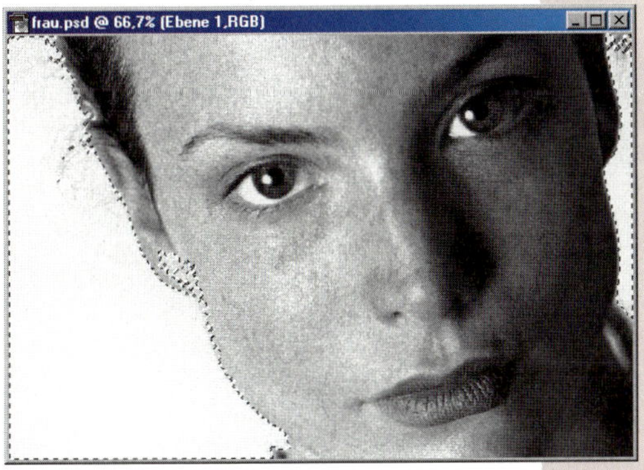

6 Nach dem Anklicken sehen Sie, dass der Auswahlbereich vergrößert wurde.

Auswahlbereiche mit dem Polygon-Lasso verändern

Um den überflüssigen Bereich am Hals zu entfernen, wird ein anderes der Auswahlwerkzeuge benötigt: das Polygon-Lasso.

1 Damit die Korrektur auch gut beurteilt werden kann, sollten Sie nun zuerst die Darstellungsgröße auf *100 %* stellen. Das klappt am schnellsten, wenn Sie in der Werkzeugleiste doppelt auf das Lupen-Werkzeug klicken.

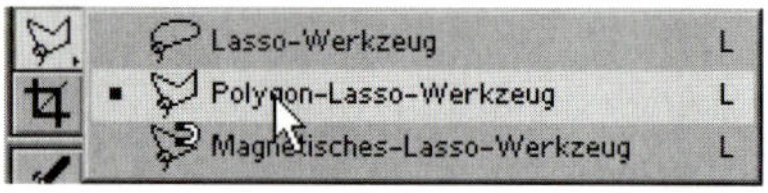

2 Rufen Sie nun aus dem Flyout-Menü das Polygon-Lasso-Werkzeug auf.

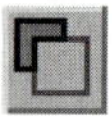

3 Achten Sie darauf, dass jetzt in den Optionen der Subtraktionsmodus eingestellt ist – schließlich soll nun ein Teil aus der Auswahl entfernt werden.

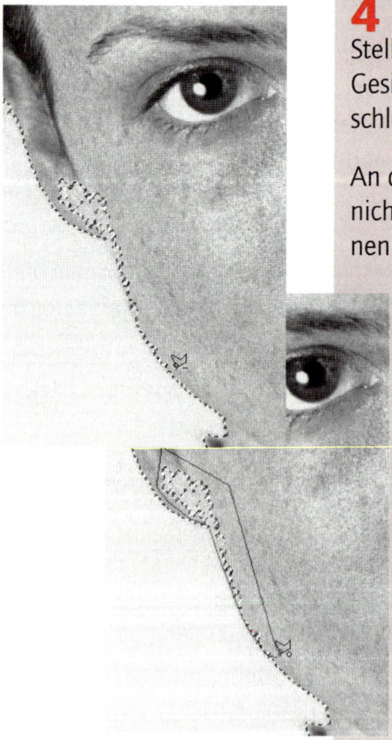

4 Klicken Sie dann auf die links gezeigte Stelle. Klicken Sie nacheinander entlang der Gesichtskontur, bis der fehlerhafte Bereich umschlossen ist.

An der rechten Seite brauchen Sie dagegen nicht so genau „entlangzufahren" – dort können Sie den Bereich ganz grob umschließen.

Um die Form zu schließen, klicken Sie auf den Anfangspunkt oder doppelt etwas entfernt davon. Dann wird die Form automatisch geschlossen.

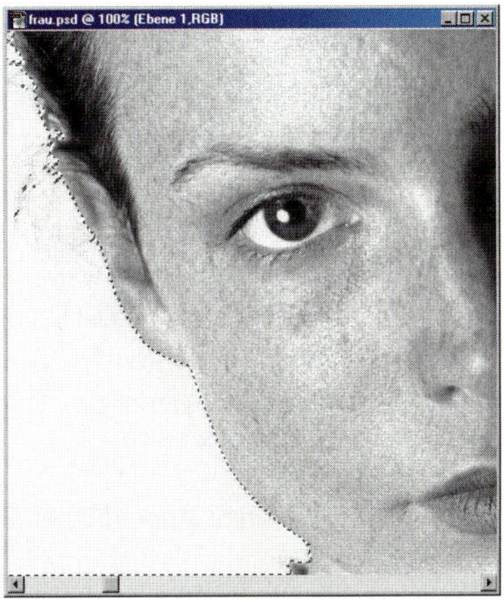

5 Nach dem Klicken sehen Sie, dass der Auswahlbereich nun kleiner ist.

Auswahlbereiche speichern

Im Laufe der Arbeit werden wir verschiedene Maskierungen benötigen. Deshalb sollte die erste fertige Maske nun erst einmal gespeichert werden. Masken sind nämlich nur vorübergehend vorhanden. Erstellen Sie eine neue Auswahl, geht die alte verloren, falls sie nicht gespeichert wurde.

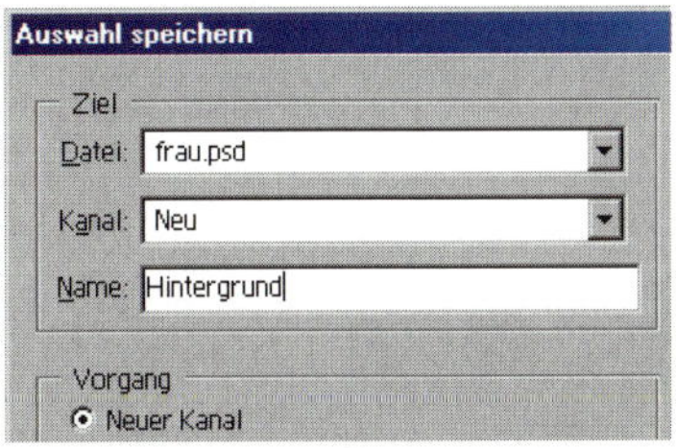

1 Rufen Sie die Funktion *Auswahl/Auswahl speichern* auf. Vergeben Sie in dem abgebildeten Dialogfeld einen aussagekräftigen Namen für die Maskierung.

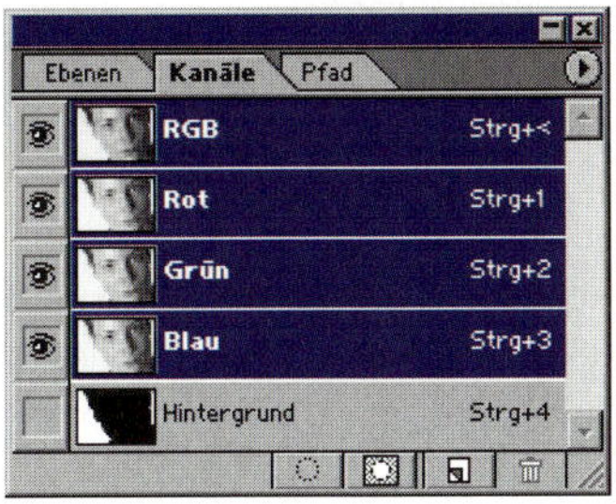

2 Nach dem Bestätigen können Sie einen Blick in das *Kanäle*-Palettenfenster werfen. Dort finden Sie nun einen neuen Eintrag. Masken werden nämlich in den so genannten Alpha-Kanälen gesichert.

Neue Auswahlbereiche

Da wir ja im ersten Arbeitsschritt nur die Haut bemalen wollen, müssen nun noch weitere Bereiche ausgewählt werden: die Augen und der Mund. Da wir diese später auch als eigenständige Masken benötigen, fertigen wir für beide Partien jeweils eine Maske an.

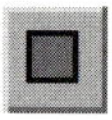

1 Markieren Sie dazu die erste Schaltfläche in den Optionen – damit wird eine neue Auswahl erstellt. Wir verwenden wieder das Polygon-Lasso.

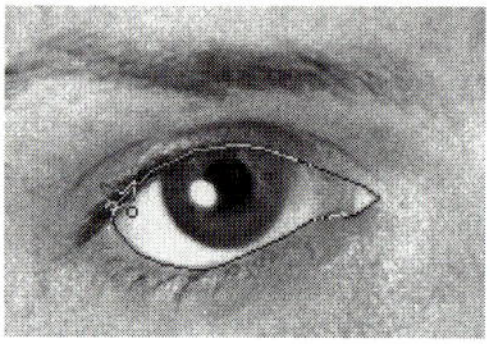

2 „Umfahren" Sie das erste Auge. Dabei sind sehr kleine Schritte nötig, damit die Form „rund" wird. Bei zu großen Abständen zwischen den Punkten entstehen nämlich sichtbare Geraden.

Info

Falsche Punkte entfernen

Sie haben versehentlich einen falschen Punkt gesetzt? Macht nichts: Drücken Sie einfach die Rückwärts-löschen-Taste. Damit wird der zuletzt platzierte Punkt entfernt.

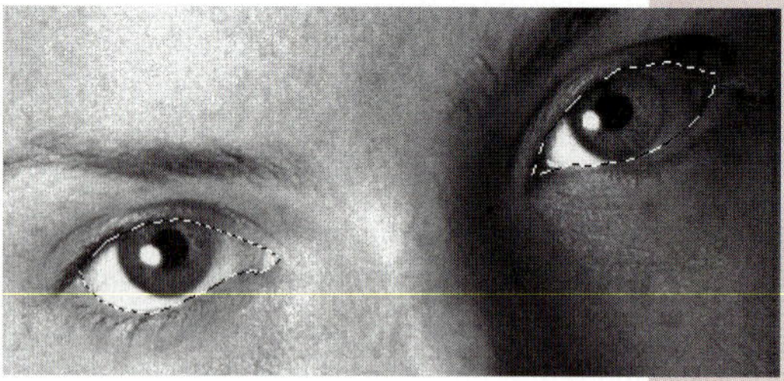

3 Nach dem Wechsel in den Additionsmodus muss noch das zweite Auge in die Auswahl aufgenommen werden – ebenfalls wieder mit dem Polygon-Lasso.

4 Speichern Sie anschließend die Auswahl wieder in einem neuen Kanal. Vergeben Sie wieder einen aussagekräftigen Namen, wie etwa „Augen".

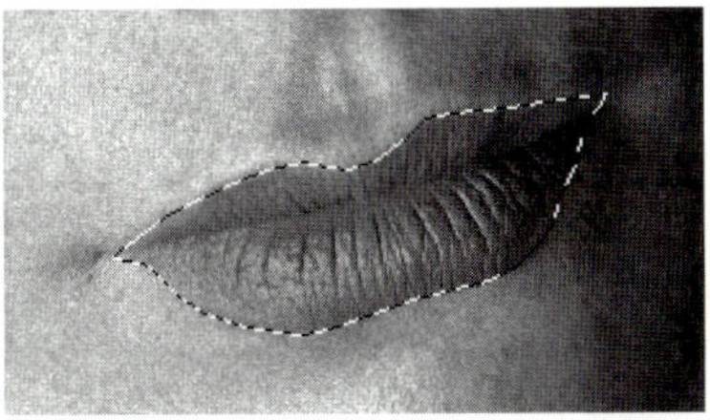

5 Erstellen Sie nach derselben Art nun noch eine neue Auswahl für den Mund. Auch hier ist ein sauberes Umfahren der Form wichtig.

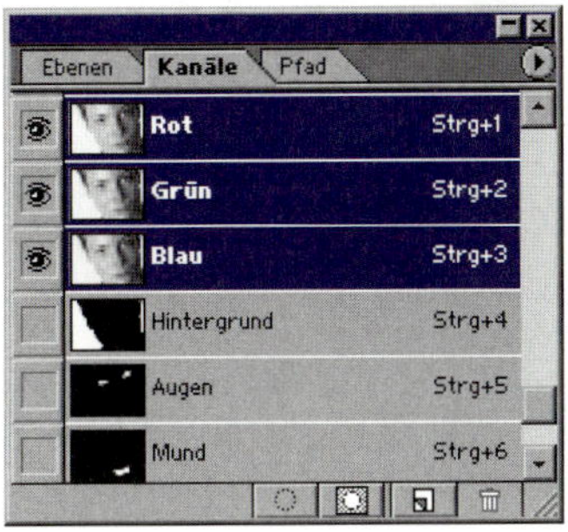

6 Nachdem auch dieser Auswahlbereich gespeichert ist, sollten Sie im *Kanäle*-Fenster die folgenden Maskierungen wieder finden.

Gespeicherte Masken anwenden

Die fertigen Masken sollen nun angewendet werden. Dies ist nicht nur mit jeder Auswahl getrennt möglich – Sie können auch Masken miteinander mischen, wie Sie gleich erfahren werden.

Wir wollen zuerst die Haut des Gesichts bemalen. Dies ist aber mit der Maske des Hintergrunds nicht möglich. Wird diese Maske geladen, kann nur der Hintergrund bearbeitet werden, der Rest des Bilds ist dagegen vor dem Bemalen geschützt. Wir benötigen aber genau die umgedrehte Variante.

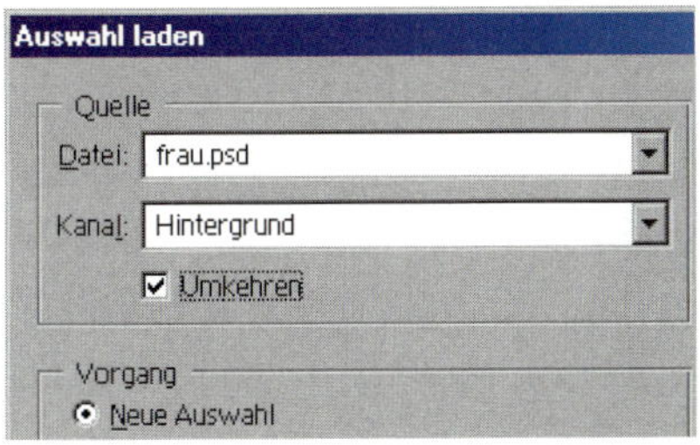

1 Gehen wir der Reihe nach vor. Zuerst muss die Maske des Hintergrunds wieder geladen werden – sie wurde ja zwischenzeitlich wieder aufgehoben.

Rufen Sie die Funktion *Auswahl/Auswahl laden* auf. Wenn Sie die *Umkehren*-Optionen aktivieren, wird der Gegenpart der Maske geladen. Genau, was wir in unserem Fall benötigen.

2 Nach dem Bestätigen sehen Sie die veränderte, gestrichelte Linie – sie umschließt nun das Gesicht.

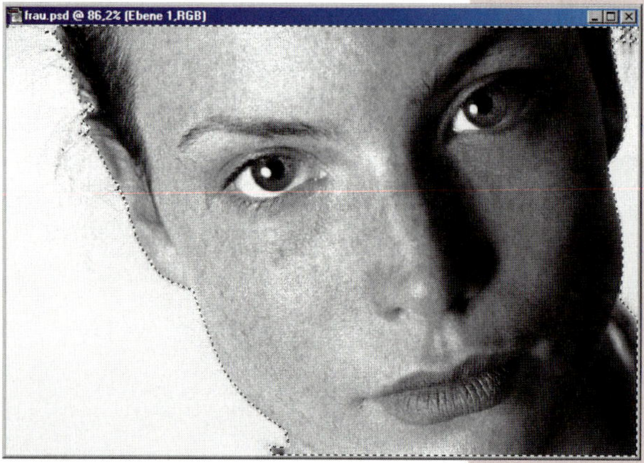

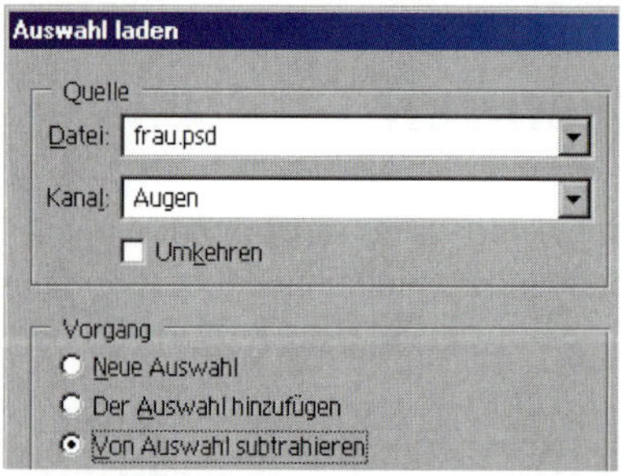

3 Von diesem Bereich sollen nun die beiden anderen Auswahlbereiche abgezogen werden. Rufen Sie deshalb die *Auswahl/Auswahl laden*-Funktion erneut auf und stellen Sie die gezeigte Subtrahieren-Option ein.

Wiederholen Sie diese Aktion mit der Mund-Maske, um das nachfolgend gezeigte Ergebnis zu erhalten. Dort sind beide Partien ausgespart.

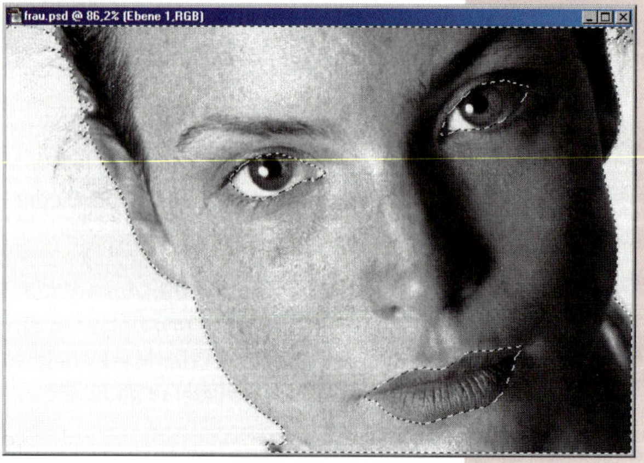

Mit dem Pinsel malen

Lang angekündigt – nun geht es mit dem Malen los, da alle notwendigen Vorarbeiten abgeschlossen sind. Photoshop bietet in der Werkzeugleiste verschiedene Werkzeuge an, um im Bild zu malen.

1 Rufen Sie das Pinsel-Werkzeug auf – beispielsweise mit dem Tastenkürzel [B].

2 In der Optionen-Leiste werden nun wieder andere Optionen angeboten.

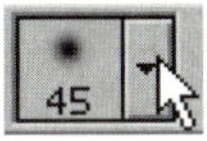

3 Um die Größe des Pinsels einzustellen, klicken Sie auf den Pfeil neben dem Vorschaubild. Damit ...

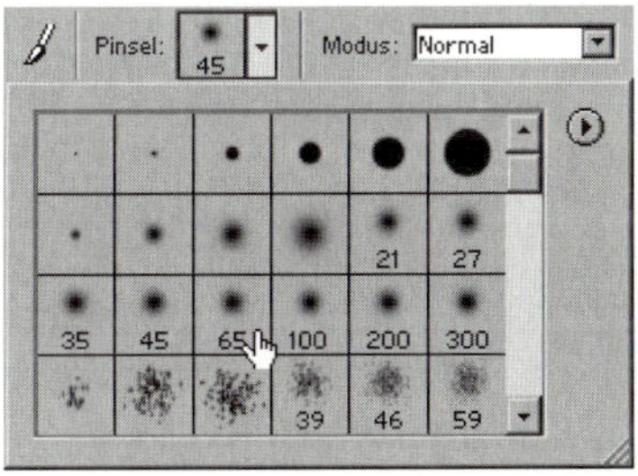

4 ... wird ein Fenster geöffnet, in dem Sie verschiedene Pinselgrößen und -formen finden. Wir haben uns einen Pinsel mit einer Größe von 65 Pixeln und einem weich auslaufenden Rand ausgesucht.

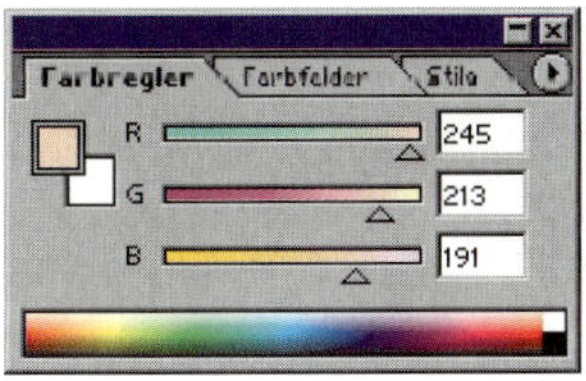

5 Nun muss noch eine Farbe festgelegt werden, mit der Sie malen wollen. Dies können Sie über das *Farbregler*-Palettenfenster erledigen.

Stellen Sie dort die abgebildeten RGB-Werte ein.

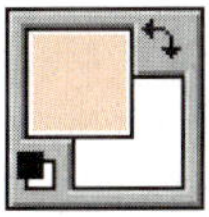

Die aktuelle Malfarbe erkennen Sie auch an dem Farbfeld in der Werkzeugleiste.

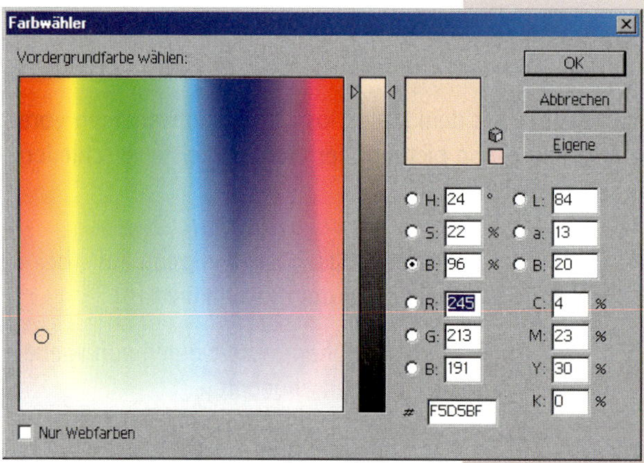

6 Mit einem Klick auf das Farbfeld wird der *Farbwähler* geöffnet. Hier können Sie die gewünschte Farbe ebenfalls einstellen.

Dazu werden verschiedenste Optionen angeboten - so kann die Farbe beispielsweise auch per Anklicken aus dem Farbspektrum ausgesucht werden.

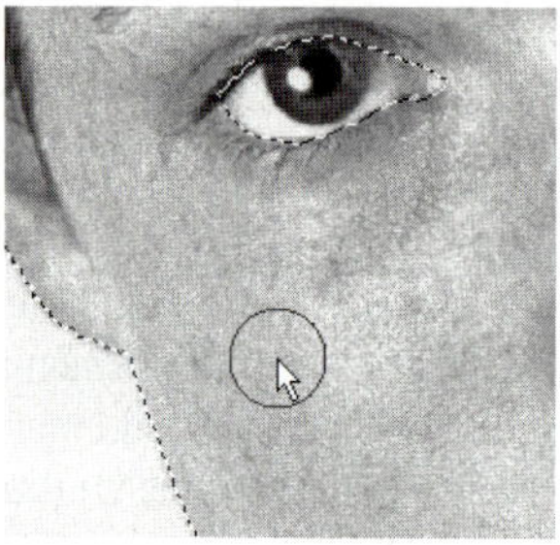

7 Wenn Sie den Mauszeiger in das Bild halten, sehen Sie einen großen Kreis, der die Pinselspitze symbolisiert. Die große Form haben wir absichtlich gewählt.

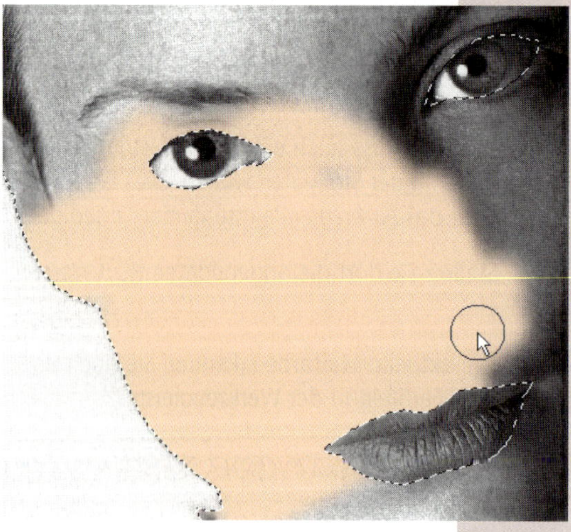

Klicken Sie zum Malen mit der linken Maustaste und halten Sie die Maustaste gedrückt. Wenn Sie dann den Mauszeiger verziehen, wird mit der eingestellten Vordergrundfarbe gemalt.

Sie können die Maustaste zwischendurch ruhig loslassen, um abzusetzen. Wenn Sie anschließend an einer anderen Stelle weitermalen wollen, drücken Sie die linke Maustaste einfach erneut. Vor dem Übermalen der Gesichtskante brauchen Sie keine Angst zu haben - dafür haben wir ja die Maske erstellt.

Info

Pinselstriche zurücknehmen

Es ist durchaus sinnvoll, öfter einmal „abzusetzen". Falls Sie sich nämlich vermalt haben, können Sie mit der Tastenkombination Strg+Z den zuletzt gemalten Pinselstrich zurücknehmen. Haben Sie aber sehr lange nicht abgesetzt, werden auch richtige Striche zurückgenommen.

8 Bemalen Sie nun das gesamte Gesicht. Sparen Sie dabei aber die Augenlider und die Haaransätze aus, da diese Flächen später eine andere Farbe erhalten sollen.

Falls die Farbe nicht gleich deckt, übermalen Sie die betreffende Stelle einfach mehrfach, bis sie deckt.

Sie sollten dann ungefähr das gezeigte Ergebnis erhalten.

Mit Füllmethoden arbeiten

Haben Sie sich vielleicht schon gewundert, dass die bemalte Ebene wohl kaum das gewünschte Ergebnis sein kann, da ja vom Foto gar nichts mehr zu sehen ist?

Das soll auch nicht so bleiben. Wir wollen nämlich nun eine sehr interessante Möglichkeit von Photoshop einsetzen, mit der Sie Ebenen „ineinander fließen" lassen können.

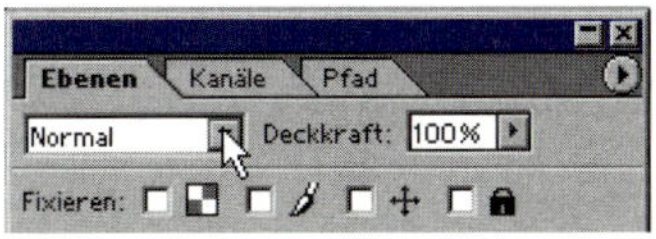

1 Dazu benötigen wir wieder das *Ebenen*-Palettenfenster. Dort finden Sie ein Listenfeld, in dem standardmäßig der Eintrag *Normal* zu sehen ist.

2 Wenn Sie auf die Liste klicken, öffnet sich ein Menü mit einer Vielzahl an Optionen. Damit legen Sie fest, wie die markierte Ebene mit den darunter liegenden vermischt werden soll.

Die von uns ausgewählte Füllmethode *Farbig nachbelichten* lässt den Untergrund durchscheinen und vermischt die Pixel auf interessante Weise mit dem Farbauftrag.

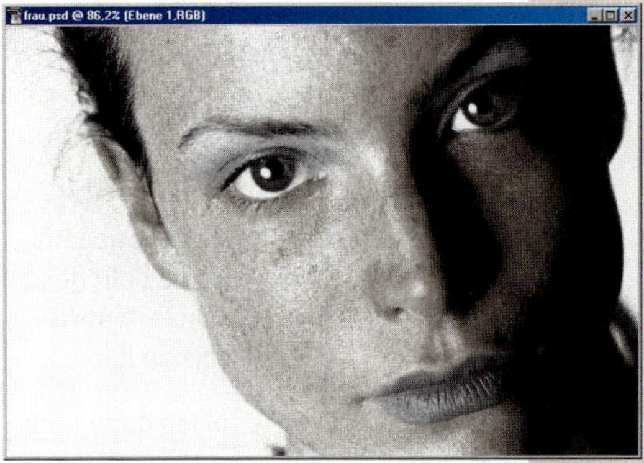

3 So entsteht ein lasurartiger Farbauftrag, der dem Bild eine gewisse Eleganz vermittelt. Es ist durchaus gewollt, dass der Charakter eines Schwarzweißbilds erhalten bleibt.

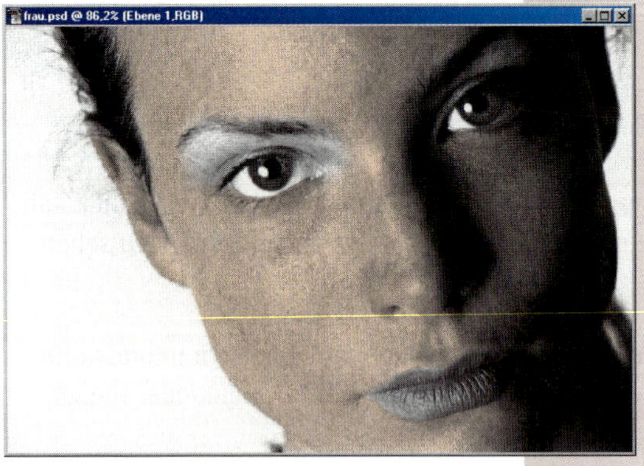

4 Es lohnt sich übrigens, die Wirkungen der verschiedenen Füllmethoden einmal auszuprobieren.

So erzeugt die links abgebildete Option *Multiplizieren* beispielsweise eine völlig andere - weniger interessante - Bildwirkung.

Bemalen der anderen Flächen

Auf dieselbe Art sollen nun auch die anderen Flächen des Bilds bemalt werden. Als Nächstes wollen wir uns dazu den Augenlidern widmen.

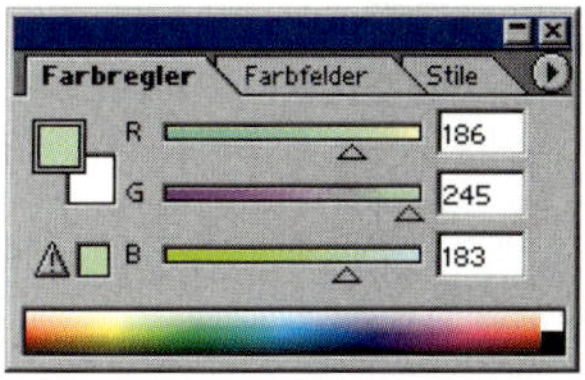

1 Dazu stellen Sie eine hellgrüne Farbe in dem *Farbregler*-Palettenfenster ein. Die dazugehörenden RGB-Farbwerte sehen Sie links abgebildet.

2 Da bei der *Farbig nachbelichten*-Füllmethode die Farbe nur sehr zart aufgetragen wird, ist es sinnvoll, zum Einfärben der anderen Bildteile vorübergehend wieder in den normalen Modus zu wechseln. So lässt sich besser erkennen, wo Sie gerade malen.

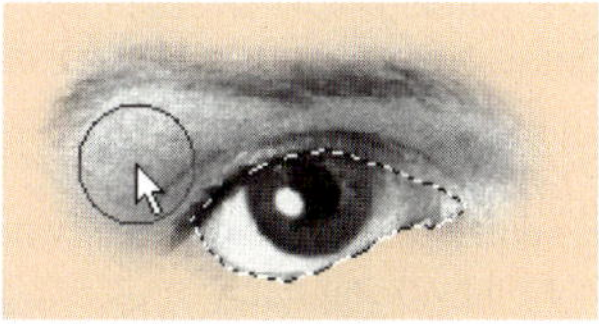

3 Die Größe des Pinsels braucht nicht geändert zu werden – er deckt das Lid fast komplett ab.

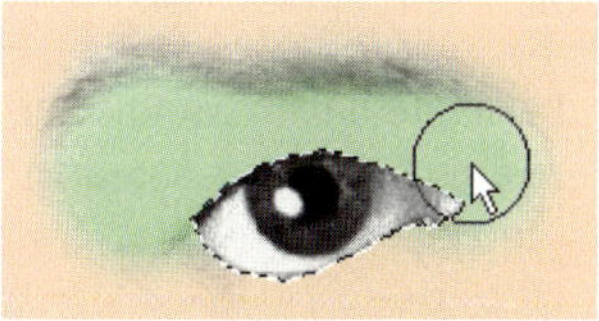

Die Augenbraue soll ausgespart werden. Daher bietet es sich an, die Stellen zu „tupfen". Klicken Sie dazu einfach mehrmals auf dieselbe Stelle, bis die gewünschte Deckkraft erreicht ist. Links sehen Sie das Ergebnis.

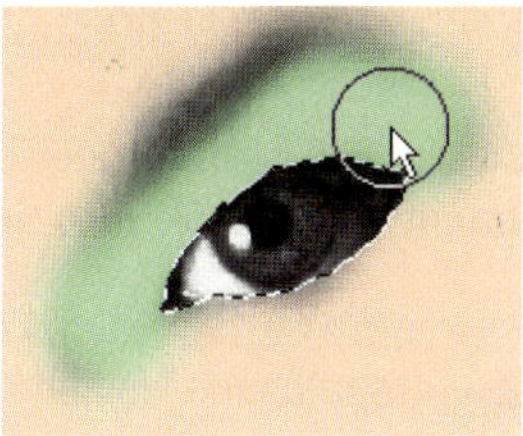

Das rechte Augenlid wird auf dieselbe Art und Weise bemalt. Das ungefähre Ergebnis sehen Sie links.

Auf die absolute Perfektion kommt es dabei nicht an – durch den zarten Farbauftrag der späteren Füllmethode fallen kleinere Ungenauigkeiten nicht auf.

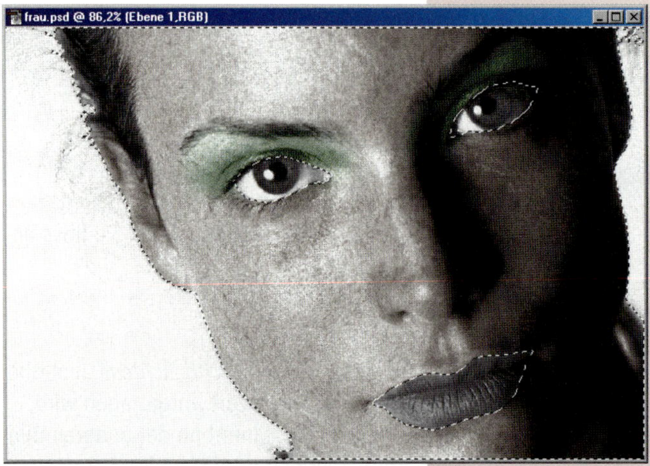

4 Mit der *Farbig nachbelichten*-Füllmethode ergibt sich dann das folgende Zwischenergebnis.

Info

Häufiger Wechsel der Füllmethoden

Es ist völlig normal, dass während der Arbeit immer wieder zwischen den verschiedenen Füllmethoden gewechselt werden muss. Nur so ist gewährleistet, dass Sie einerseits die Kontrolle darüber haben, wo und wie Sie malen. Andererseits können Sie aber auch immer kontrollieren, ob die gewünschte Bildwirkung erreicht ist. Gegebenenfalls könnten Sie so beispielsweise einen anderen Farbton auswählen, wenn der verwendete nicht die gewünschte Bildwirkung hat.

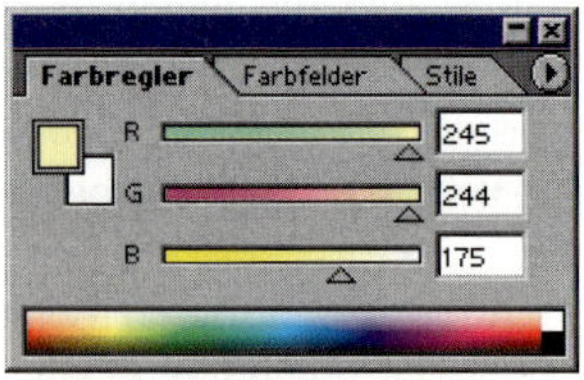

5 Für die Haare haben wir uns den nebenstehend gezeigten Gelbton ausgesucht.

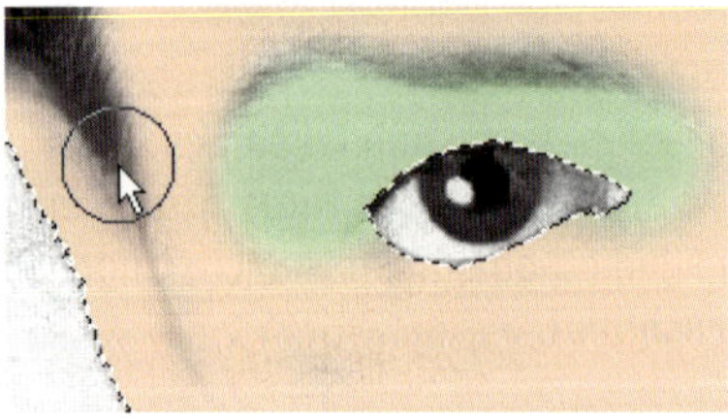

6 In diesem Fall ist der eingestellte Pinsel zu groß – damit kommen Sie nicht in die Spitzen hinein.

Stellen Sie deshalb eine kleinere Werkzeugspitze ein – beispielsweise 35 Pixel.

7 Bemalen Sie damit rechts und links die Haare - auch hier kommen Sie mit Tupfen vermutlich schneller zum Ziel - um einen passenden Strich zu malen bedarf es schon einiger Übung.

Um die Augenbrauen zu bemalen, haben wir die Werkzeugspitze nochmals reduziert - auf 21 Pixel. Tupfen Sie auch hier die Fläche zu.

Da die Pinsel an den Rändern jeweils weich auslaufen, ergeben sich an den Übergängen zur Gesichtsfarbe weiche Übergänge. Das ist auch so gewollt.

Eine harte Kante wie bei der Gesichtsform ist nicht erwünscht, da es bei den Haaransätzen ja keine klare Trennlinie gibt.

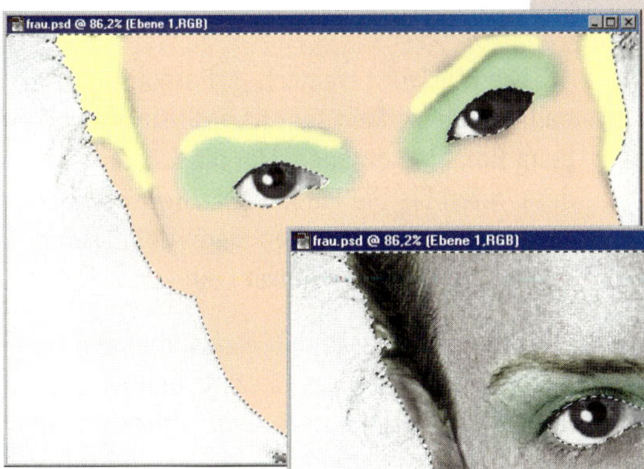

Sie sollten nun das folgende neue Zwischenstadium erhalten. Sie sehen beide Füllmethoden abgebildet.

Masken über das Kanäle-Palettenfenster laden

Nun müssen noch Augen und Mund bemalt werden. Dabei hilft uns natürlich die momentane Maske nicht weiter, da diese ja beide Bereiche schützt. Sie benötigen zum Laden einer Maske nicht unbedingt die *Auswahl/Auswahl laden*-Funktion – es geht auch leichter:

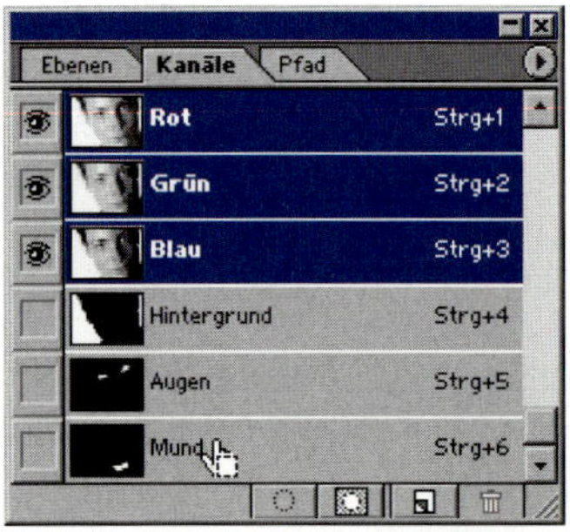

1 Wechseln Sie zum *Kanäle*-Palettenfenster. Dort ist für jede Maske, die wir zu Beginn des Workshops gespeichert haben, ein Eintrag vorhanden.

Klicken Sie mit gedrückter [Strg]-Taste auf den Kanal, in dem die Maske des Munds gespeichert ist. Sie sehen dann ein Auswahlsymbol neben dem Mauszeiger.

Damit wird die bestehende Maskierung gelöscht und die neue Maske geladen.

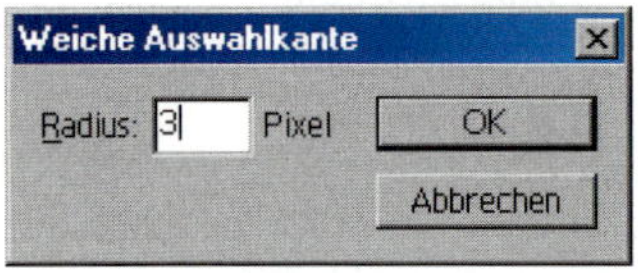

2 Die Maske ist ziemlich „scharfkantig". Deshalb würde sich ein sehr harter Übergang beim Bemalen ergeben. Um dies zu verhindern, rufen Sie die Funktion *Auswahl/Weiche Auswahlkante* auf. Stellen Sie in dem Dialogfeld einen Wert von *3* Pixeln ein.

3 Damit die Maske nun etwas über den bereits bemalten Teil des Gesichts herüberragt, rufen Sie die Funktion *Auswahl/Auswahl verändern/Ausweiten* auf.

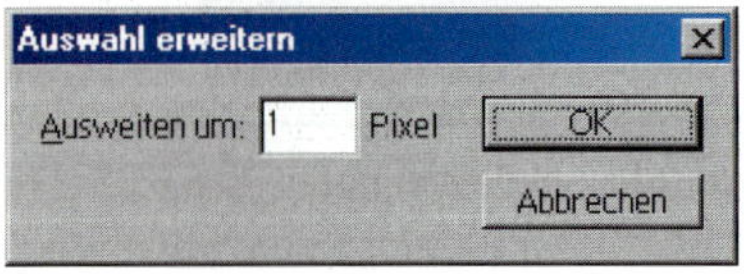

Stellen Sie in dem Dialogfeld einen Wert von *1* Pixel ein. Damit wird der Auswahlbereich um einen Pixel vergrößert.

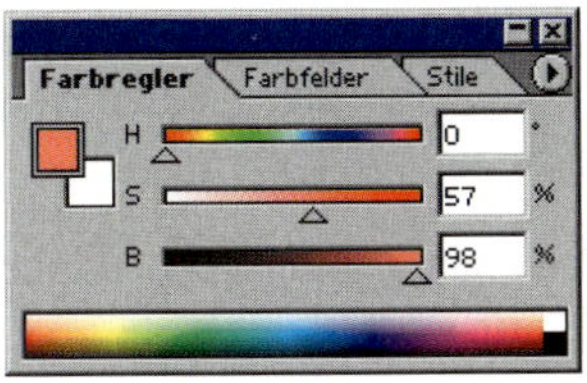

4 Zum Bemalen des Munds haben wir uns einen Rotton mit den abgebildeten Werten ausgesucht.

Info

Auswahlmarkierungen ausblenden

Manchmal kann die Bildwirkung durch die Markierungslinien des Auswahlbereichs schlecht beurteilt werden. In solchen Fällen können Sie die Markierungslinie mit der Funktion *Ansicht/Einblenden/Auswahlkanten* ausblenden. Auch wenn die Maske ausgeblendet ist, wirkt sie dennoch.

5 Die fertig bemalten Lippen sollten wie folgt aussehen.

6 Das Verfahren für die Augen ist ähnlich: Laden Sie über das *Kanäle*-Palettenfenster zunächst die dazugehörende Maske.

Eine neue Werkzeugspitze einstellen

Zum Bemalen der Augen benötigen wir eine andere Werkzeugspitze. Sie muss einen deutlich schärferen Rand haben und ziemlich groß sein: Nämlich 60 Pixel. Und genau eine solche Werkzeugspitze fehlt in der Liste. Klar, dass Photoshop auch eine Option anbietet, um eigene Werkzeugspitzen zu erstellen und zu verwenden.

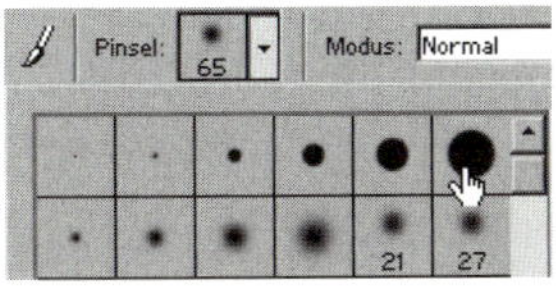

1 Wählen Sie in der Liste eine Werkzeugspitze aus, die gewisse Ähnlichkeit mit der hat, die Sie neu erstellen wollen.

2 Öffnen Sie die Optionen über das Pfeilmenü. Rufen Sie dort die Funktion *Neue Werkzeugspitze* auf.

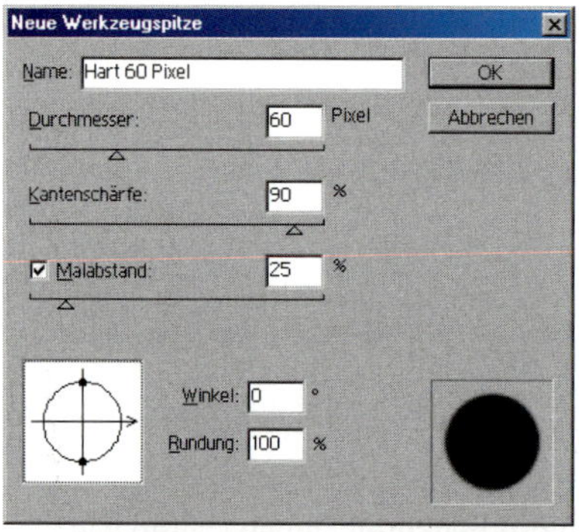

3 Geben Sie in dem Dialogfeld die abgebildeten Werte ein.

Wir haben hier den Durchmesser und die Kantenschärfe angepasst. Außerdem haben wir einen neuen Namen eingetragen.

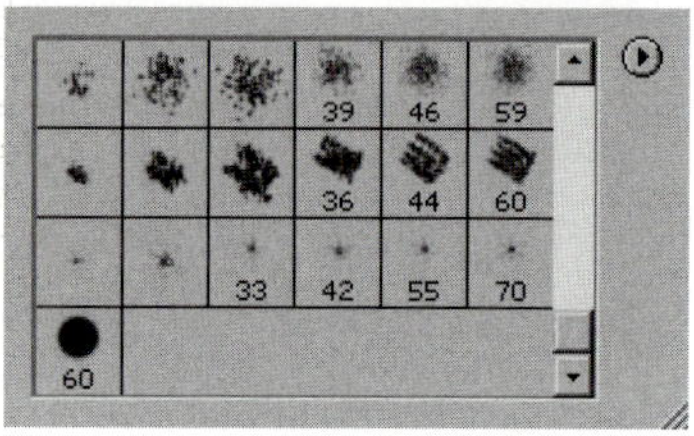

4 Nach dem Bestätigen wird die neue Werkzeugspitze am Ende der Liste eingefügt. Wählen Sie diese nun zum Malen aus.

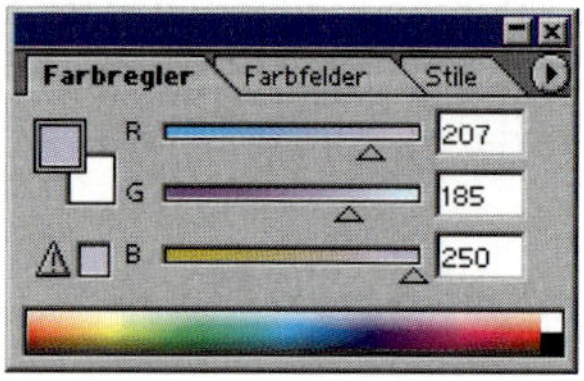

5 Als Augenfarbe verwenden wir einen violetten Farbton, damit das Bild etwas „avantgardistisch" wirkt.

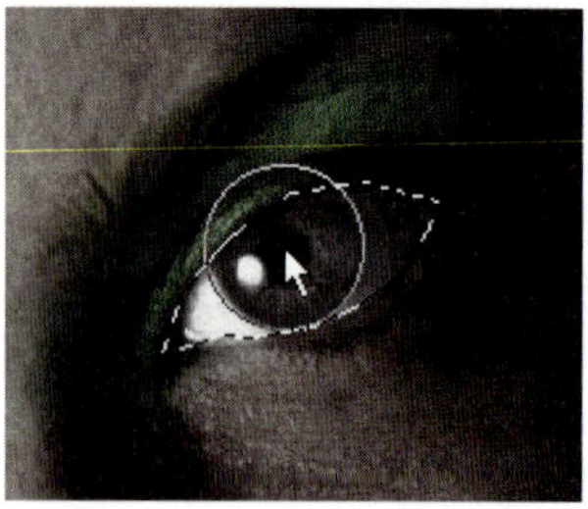

6 Da wir die Pinselgröße ziemlich exakt angepasst haben, reicht ein einziger Klick auf jedes Auge aus, um es zu füllen.

7 Sie sollten dann abschließend dieses Zwischenstadium sehen.

Was nun noch fehlt, ist der Hintergrund.

Einen Verlaufshintergrund erstellen

Für den Hintergrund wollen wir Ihnen gleich noch ein weiteres Werkzeug vorstellen, mit dem Sie einen Verlauf erstellen können.

1 Rufen Sie das Verlaufswerkzeug aus der Werkzeugleiste auf.

In den Optionen können Sie den Verlaufstyp einstellen. Standardmäßig wird davon ausgegangen, dass es ein linearer Verlauf von der Hinter- zur Vordergrundfarbe sein soll. Den benötigen wir auch – nur dass wir andere Farben verwenden wollen.

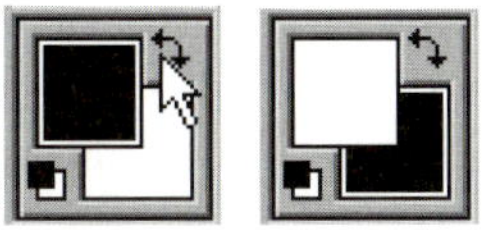

2 Standardmäßig ist Schwarz die Vorder- und Weiß die Hintergrundfarbe. Um beide Farben zu tauschen, brauchen Sie nur auf den Doppelpfeil oben rechts in der Ecke zu klicken.

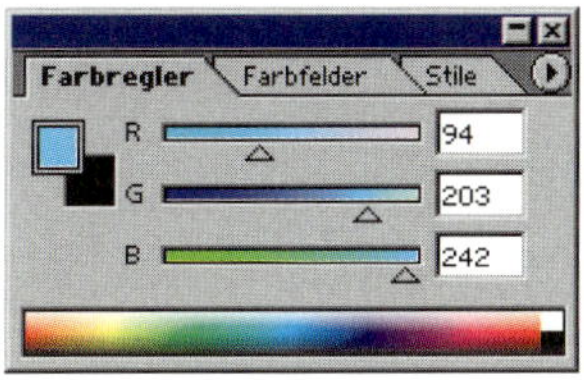

3 Die nunmehr schwarze Hintergrundfarbe soll bleiben – für den Vordergrund benötigen wir die links gezeigten Werte. Klicken Sie dazu im *Farbregler*-Palettenfenster auf das linke Farbfeld. Es wird dann zur Hervorhebung doppelt umrahmt.

Die neuen Farbzusammenstellungen werden dann auch gleich in der Optionen-Leiste angezeigt.

Eine neue Ebene für den Verlauf

Da wir für den Verlauf keine Füllmethode benötigen, muss nun eine neue Ebene erstellt werden. Außerdem ist die Trennung der Ebenen flexibler: So können Sie nämlich den Hintergrund später auch noch austauschen.

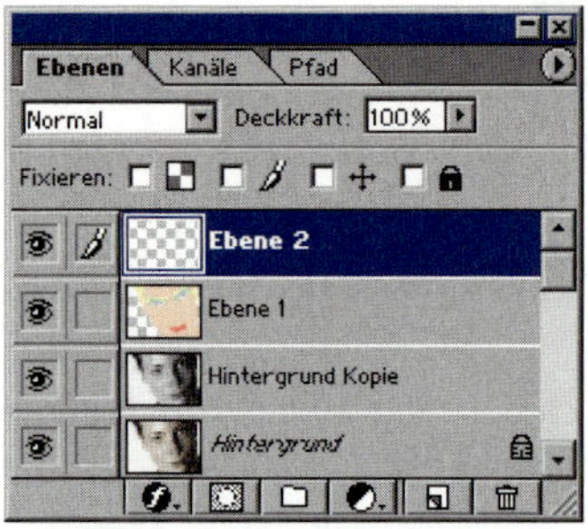

1 Klicken Sie auf das vorletzte Symbol in der Fußleiste, um eine neue Ebene einzufügen. Sie wird über der aktuell markierten Ebene eingefügt – also der bisherigen Malebene.

2 Laden Sie wieder die Maske des Hintergrunds und erstellen Sie mit *Auswahl/Weiche Auswahlkante* einen weichen Übergang von *2* Pixeln ein. Sie können diese Funktion auch mit dem Tastenkürzel [Alt]+[Strg]+[D] aufrufen.

3 Danach wird die Auswahl mit *Auswahl/Verändern/Ausweiten* um zwei Pixel vergrößert.

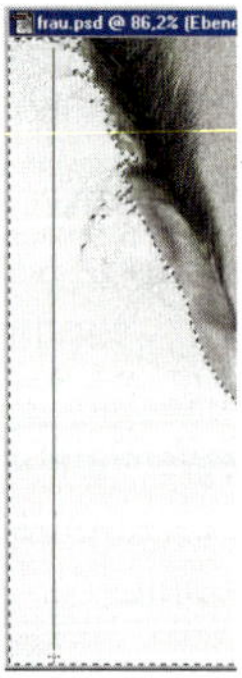

4 Nun sind alle Vorbereitungen getroffen: Klicken Sie oben in das Bild und ziehen Sie den Mauszeiger mit gedrückter [Umschalt]-Taste nach unten – damit entsteht eine genau senkrechte Vorschaulinie.

5 Im Prinzip sind wir damit schon fertig. Wir wollen aber noch eine Verbesserung einbringen:

Der Hintergrund sieht nämlich „aalglatt" aus – das wirkt unecht und wenig attraktiv.

Strukturen in Ebenen einfügen

Um das „computersteife" Aussehen zu verändern, wollen wir auf einen der vielen Photoshop-Effekte zurückgreifen.

1 Rufen Sie die Funktion *Filter/Störungsfilter/Störungen hinzufügen* auf. Stellen Sie in dem Dialogfeld die abgebildeten Werte ein.

Damit werden willkürliche Punkte in das Bild eingefügt, die den Hintergrund harmonischer erscheinen lassen.

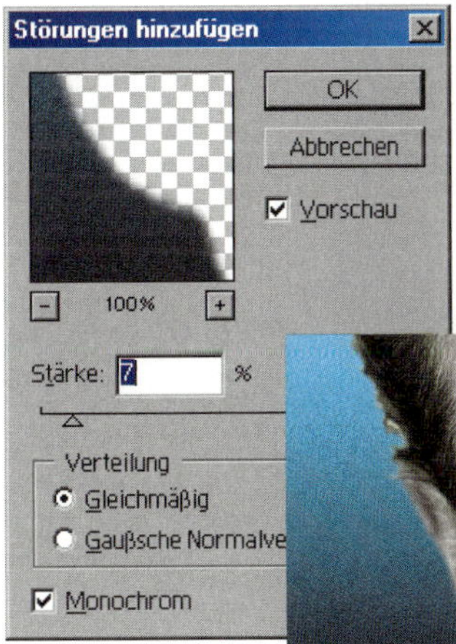

2 Zum Abschluss haben wir nun noch eine Variationsmöglichkeit für Sie: Das letzte Bild hätte schon das Endergebnis sein können. Sie können aber den Effekt noch weiter verstärken, wenn Sie die Malebene duplizieren.

3 Ziehen Sie dazu die Malebene einfach auf das zweite Symbol – sie wird damit kopiert.

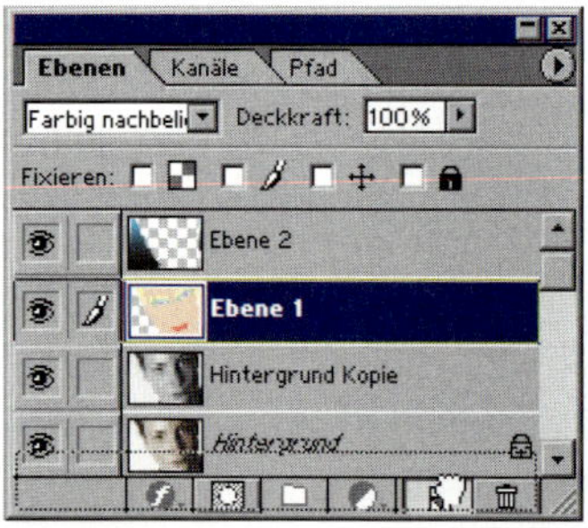

Das neue Endergebnis zeigt kräftigere Farben. Wählen Sie als Abschluss die Variante, die Ihnen besser gefällt …

Faszinierende Texteffekte

Überall begegnen sie einem: Ob auf Webseiten, Prospekten, Anzeigen oder anderen Druckerzeugnissen - ausgefeilte Schriftzüge sind immer dabei. Viele dieser meist hübsch gestalteten Texte stammen sicherlich aus Photoshop.

Früher war die Textgestaltung in Photoshop recht aufwändig. In der aktuellen Photoshop-Version wurden die Textmöglichkeiten weiter verfeinert. So ist es jetzt ein Kinderspiel, Texteffekte zu erzeugen. Fast alles, was in aufwändigen Satzprogrammen möglich ist, lässt sich nun auch mit Photoshop erledigen.

Flexibilität dank der Textebenen

Dank der Ebenentechnik haben Sie sehr große Gestaltungsfreiheit. Haben Sie sich vertippt, oder soll später ein anderer Text eingefügt werden, dann ist dies ohne Probleme möglich.

Selbst dann, wenn Sie einen der Ebenenstile angewendet haben oder der Text „verbogen" wurde, sind spätere Textänderungen noch möglich. All diese Varianten wollen wir Ihnen nun an Beispielen vorstellen.

Einen Hintergrund für das Bild gestalten

Bevor wir uns den Textmöglichkeiten widmen, wollen wir erst einmal einen interessanten Hintergrund gestalten.

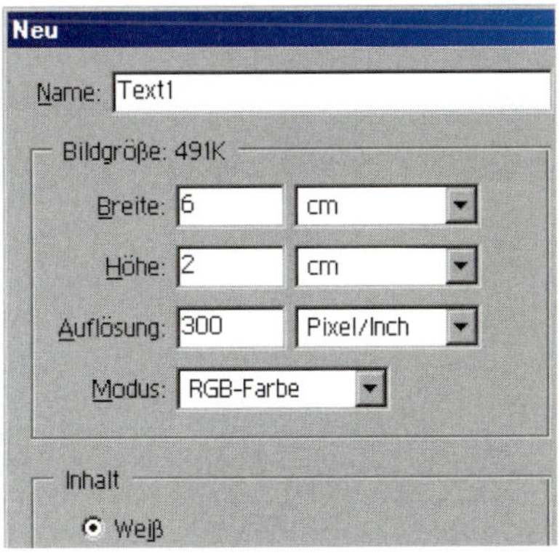

1 Erstellen Sie mit *Datei/Neu* oder der Tastenkombination Strg+N ein neues Dokument.

Unser Dokument soll 6 x 2 cm groß werden. Um es perfekt drucken zu können, stellen wir eine Auflösung von 300 Pixeln/Inch ein.

2 Der Effektfilter, den wir nun für den Hintergrund verwenden wollen, arbeitet mit Vorder- und Hintergrundfarbe – daher müssen die beiden Farben nun eingestellt werden.

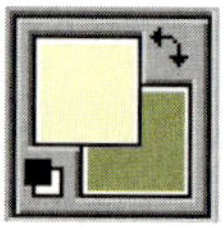

Wir haben uns dafür einen helleren und einen dunkleren, gelblichen Farbton ausgesucht. Sie haben die RGB-Werte 243, 247, 198 und 169, 176, 95.

3 Rufen Sie die Funktion *Filter/Rendering-Filter/Wolken* auf. Das wolkige Ergebnis besteht dann aus den beiden eingestellten Farben.

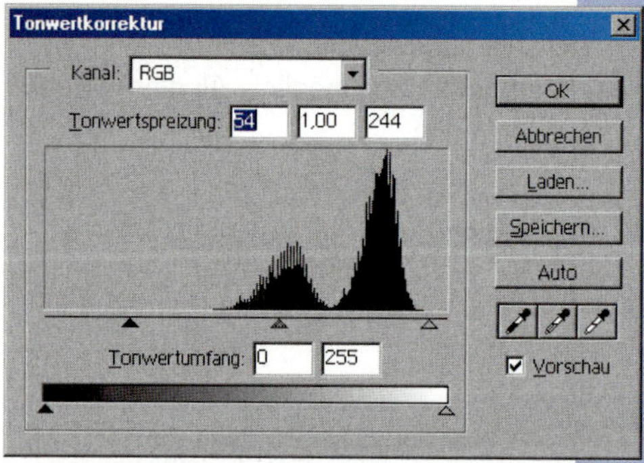

4 Das Ergebnis ist zwar gut – wir wollen es aber dennoch verfeinern. Rufen Sie dazu die Funktion *Ebene/Neue Einstellungsebene/Tonwertkorrektur* auf.

Um den Kontrast etwas zu erhöhen, stellen Sie die abgebildeten Werte ein.

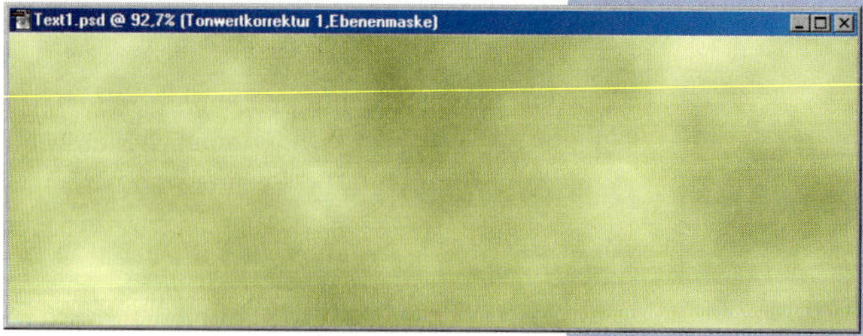

5 Durch den stärkeren Kontrast kommen die wolkigen Strukturen besser zur Geltung.

Die passenden Textoptionen einstellen

Nun geht es an die Texteingabe. Bevor Sie aber damit loslegen können, sollten Sie erst die Attribute für die Schrift einstellen. Dieser Weg ist leichter, als wenn Sie die Eigenschaften nachträglich ändern.

1 In der Werkzeugpalette finden Sie das Textwerkzeug. Sie können es alternativ auch mit dem [T]-Tastenkürzel aufrufen.

2 In den ersten Feldern der Optionen-Leiste können Sie einstellen, ob der Text als Ebene oder als Auswahlbereich erstellt werden soll. Außerdem lässt sich vorgeben, ob er horizontal oder vertikal verlaufen soll.

Die Listenfelder enthalten die auf Ihrem System installierten Schriften. Wenn für die Schrift fette oder kursive Schriftschnitte vorhanden sind, werden diese in einem eigenen Listenfeld angeboten.

3 Die Schriftgröße wird im folgenden Listenfeld ausgesucht. Ist die gewünschte Größe nicht in den Vorgaben vorhanden, tippen Sie die betreffende Größe in das Eingabefeld ein.

Mit der folgenden Optionen geben Sie die Art der Kantenglättung vor. Die darauf folgenden Felder werden zur Ausrichtung des Textes verwendet Mit einem Klick auf das Farbfeld öffnen Sie den Farbwähler, in dem wir die bisherige Hintergrundfarbe eingestellt haben.

Info

Treppenstufen vermeiden

Mit der Kantenglättung vermeiden Sie die hässlichen Treppenstufen, die an schrägen Kanten entstehen. Je nach Größe der Schrift kann eine andere der Optionen besser wirken. Probieren Sie die unterschiedlichen Varianten einmal aus, um deren Wirkung zu testen.

4 Die verbleibenden Optionen lernen wir zu einem späteren Zeitpunkt kennen.

5 Wenn Sie den Mauszeiger in das Bild halten, sehen Sie eine Einfügemarke. Klicken Sie mit der linken Maustaste auf die Stelle, an der der Schriftzug beginnen soll.

Ein senkrechter Strich zeigt an, dass Photoshop nun auf Ihre Eingabe wartet.

6 Tippen Sie nun den gewünschten Text ein – ganz so, wie Sie es aus Ihrem Textbearbeitungsprogramm kennen. Der eingegebene Text wird gleich im Bild angezeigt.

Schriftattribute verändern

Nun können wir uns dem „Feinschliff" widmen und die Attribute des Textes ändern. Einige der Einstellungen sind nämlich nicht über die Optionen-Leiste zu erreichen – warum eigentlich nicht **;-(** ?

1 Da die Texteingabe abgeschlossen ist, rufen Sie das Verschieben-Werkzeug auf – beispielsweise mit der [V]-Taste.

Info

Gesamten Text ändern

Nach der Auswahl des Verschieben-Werkzeugs werden alle Buchstaben des Textes gleichermaßen geändert. Wollen Sie einzelne Buchstaben anpassen, müssen Sie diese mit dem Textwerkzeug markieren und die Eigenschaften verändern.

2 Die zusätzlichen Optionen erreichen Sie mit einem Klick auf die *Paletten*-Schaltfläche in der Optionen-Leiste.

Damit öffnen Sie eine weitere Palettenfenstergruppe, in der es zwei Palettenfenster gibt: Eines für die Zeichen- und eines für die Absatzformatierungen.

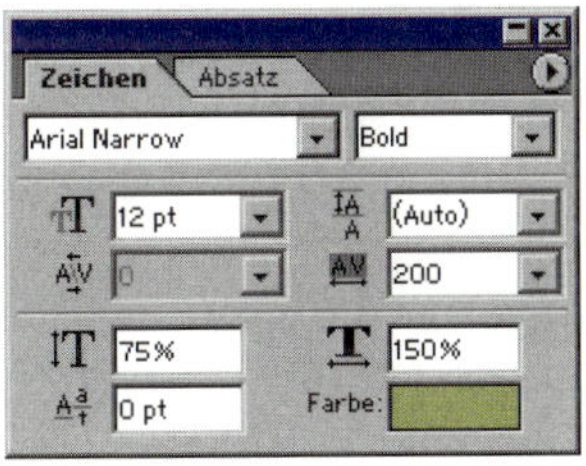

3 Für unser Beispiel haben wir den Zeichenabstand auf den hohen Wert *200* gesetzt. Außerdem wurde die Höhe der Buchstaben auf *75 %* reduziert und die Breite auf *150 %* erhöht.

So entsteht ein stark gedehnter Schriftzug. Sie sehen ihn nachfolgend abgebildet:

Texte krümmen

Eine weitere Besonderheit, die es in dieser Photoshop-Version gibt, wollen wir jetzt einsetzen. Sie können nämlich Schriftzüge verbiegen. Dafür gibt es unterschiedliche Vorgabewerte.

1 Verwenden Sie in den Optionen des Textwerkzeugs die abgebildete Schaltfläche oder rufen Sie die Funktion *Ebene/Text/Text verkrümmen* auf.

2 In dem Dialogfeld ist zunächst nur das Listenfeld aktivierbar.

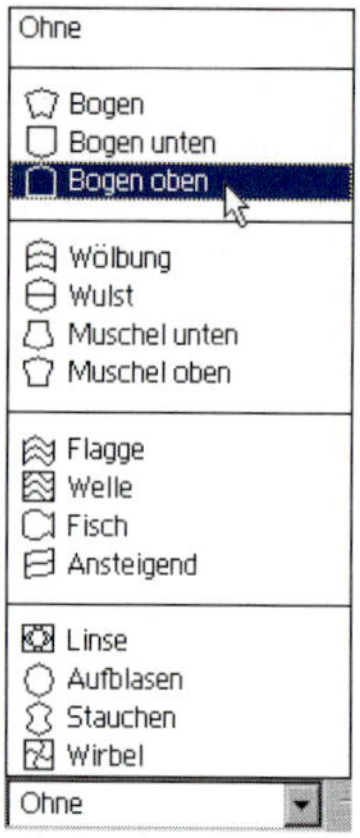

Klicken Sie auf das Listenfeld, um die Liste der verfügbaren Verkrümmungen anzuzeigen. Wir haben uns die *Bogen oben*-Option ausgesucht.

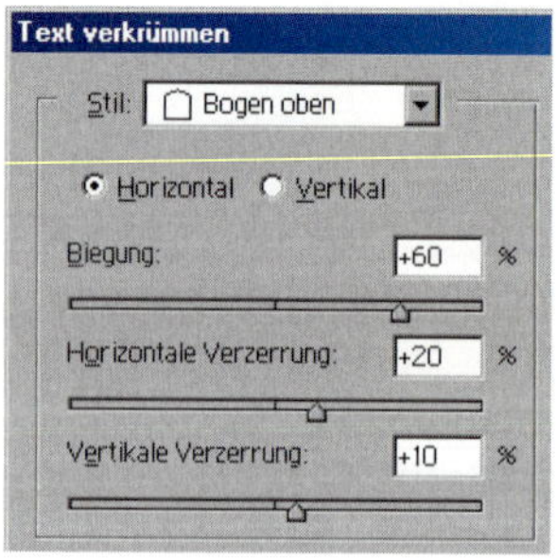

3 Nach der Auswahl werden weitere Optionen sichtbar. Wir haben hier die gezeigten Werte eingestellt.

Nach der Eingabe können Sie im Bild gleich die Veränderungen begutachten. Sie werden nach jeder Änderung sofort aktualisiert.

4 So ergibt sich das folgende neue Zwischenstadium. Die Einstellungen können Sie übrigens mit einem erneuten Aufruf der Funktion jederzeit wieder verändern – ebenso, wie auch der Text noch immer editiert werden kann. Dabei bleiben die Verzerrungen weiterhin erhalten.

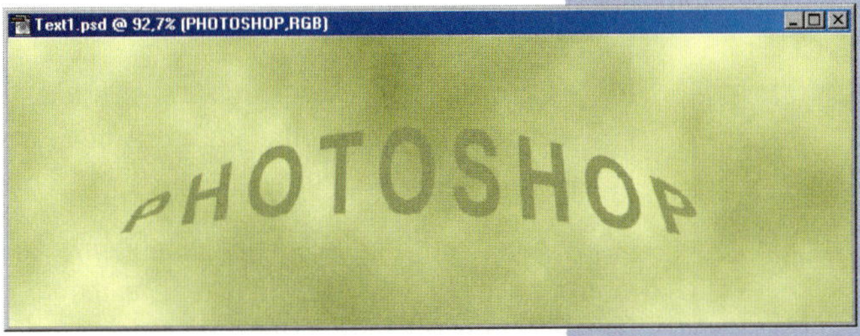

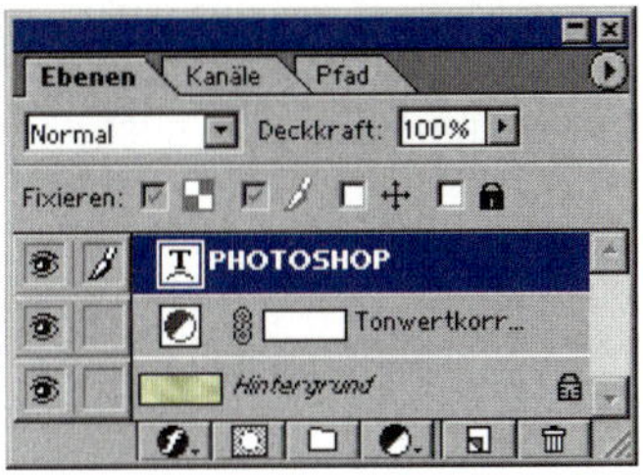

5 Im *Ebenen*-Palettenfenster hat sich nun das Symbol für die Textebene verändert. So erkennen Sie gleich, dass dort eine Verkrümmung verwendet wurde.

Ein ganz schnelles, chices Ergebnis

Hört sich doch gut an, die Überschrift, oder? Aber es ist wirklich so. Viel gehört nicht dazu, um aus dem noch trist wirkenden Schriftzug ein schönes Ergebnis zu machen.

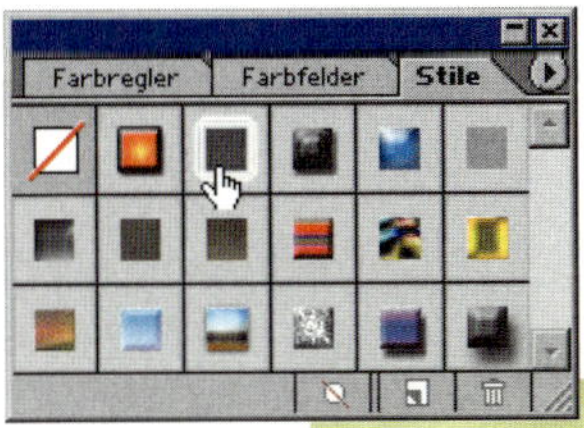

1 Wechseln Sie zum *Stile*-Palettenfenster. Dort haben wir uns den gezeigten Stil ausgesucht.

Ein einfacher Mausklick reicht aus, um die Effekte dieses Stils zuzuweisen.

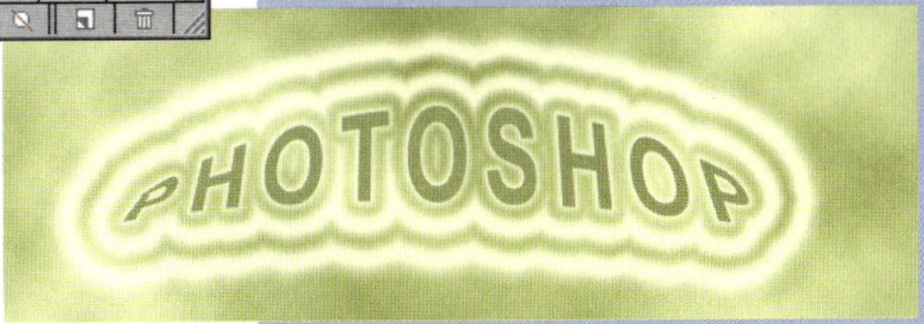

Ebenen zueinander ausrichten

Momentan haben wir ja die Textebene einfach willkürlich platziert. Nun wollen wir sie aber noch präzise zum Dokument ausrichten.

1 Bevor Sie Ebenen aneinander ausrichten können, müssen zwei vorbereitende Arbeitsschritte erledigt werden.

Zum einen müssen die Ebenen miteinander verbunden werden. Dies erledigen Sie, indem zunächst der Hintergrund markiert wird. Anschließend klicken Sie auf das zweite Feld der Textebene. Dann erscheint ein Kettensymbol, das die Verknüpfung kennzeichnet.

2 Als Nächstes muss der Hintergrund in eine Ebene umgewandelt werden. Klicken Sie dazu doppelt auf die Hintergrundebene.

In dem Dialogfeld können Sie für die neue Ebene einen Namen angeben oder eine Farbe vorgeben. Außerdem lässt sich hier die Füllmethode und die Deckkraft der Ebene auswählen.

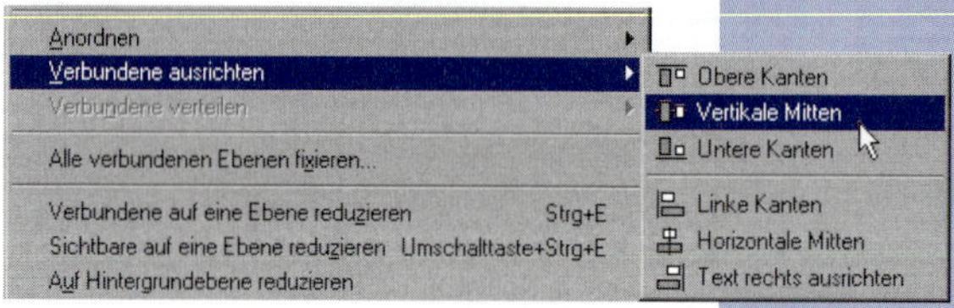

3 Nun können Sie die Funktion *Ebene/Verbundene ausrichten/Vertikale Mitten* verwenden, damit die beiden Ebenen in der Senkrechten zentriert werden.

Anschließend werden die Ebenen auch in der Horizontalen ausgerichtet. Dazu dient die Funktion *Ebene/Verbundene ausrichten/Horizontale Mitten*.

Info

Aktive Ebene beachten

Die Ausrichtung erfolgt immer zur markierten Ebene. Beachten Sie deshalb, dass die Hintergrundebene vor dem Funktionsaufruf markiert ist. Ansonsten würde der Hintergrund verschoben und nicht der Text.

Ebenen transformieren

Nun soll noch die Größe der Textebene verändert werden. Heben Sie dazu die Verknüpfung mit einem Klick auf das Kettensymbol wieder auf – schließlich soll ja nur die Textebene verändert werden. Ansonsten werden alle verknüpften Ebenen transformiert.

1 Markieren Sie das Verschieben-Werkzeug. Achten Sie darauf, dass hier die Option *Begrenzungsrahmen einblenden* aktiviert ist.

Übrigens sehen Sie, dass hier ebenfalls die Symbole zum Ausrichten von Ebenen vorhanden sind – der Umweg über das Menü ist also nicht unbedingt nötig.

2 Ist diese Option eingeschaltet, sehen Sie einen Rahmen um die aktive Ebene herum.

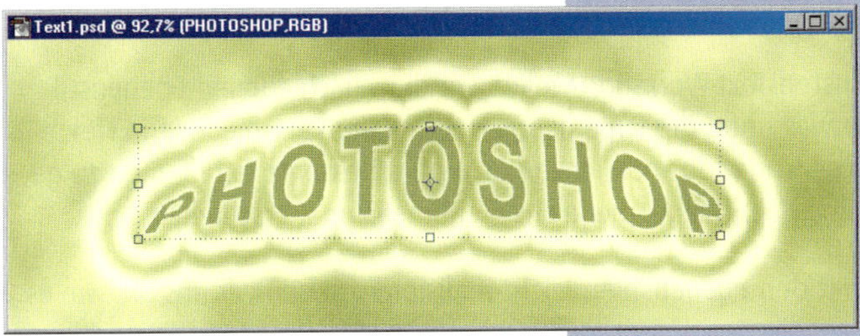

Die Markierungspunkte dieses Rahmens können Sie verwenden, um die Textebene zu dehnen oder zu skalieren.

3 Klicken Sie dazu einen der Markierungspunkte an und verziehen Sie ihn mit gedrückter linker Maustaste. Während des Verziehens zeigt eine Vorschaulinie die neue Größe an.

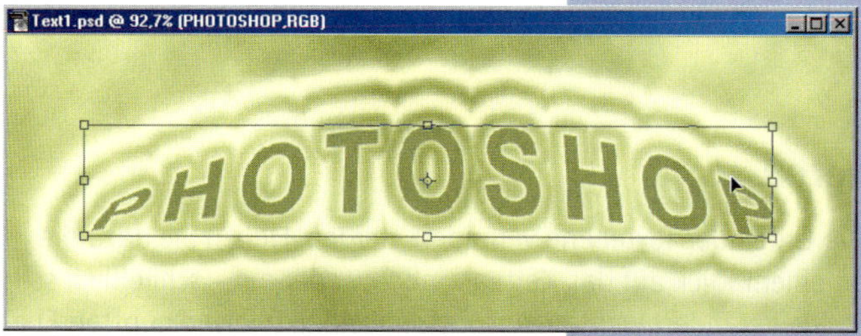

Wir haben die Ebene in der Breite gedehnt. Sie sehen das Ergebnis links abgebildet.

Speichern Sie zum Abschluss das Ergebnis. Das geht am schnellsten mit der Tastenkombination [Strg]+[S]. Damit ist das Endergebnis dieses Workshops erreicht. Sieht doch ganz interessant aus, oder?

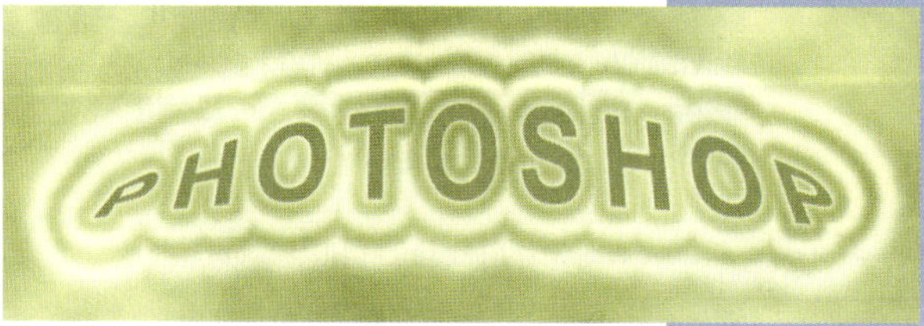

Einen plastischen Schriftzug erstellen

In unserem nächsten Text-Workshop wollen wir die verschiedenen Ebenenstil-Möglichkeiten etwas unter die Lupe nehmen. Dank der verschiedenen Effekte haben Sie zahllose Variationsmöglichkeiten, um interessante Schriftzüge zu gestalten. Schön sind Schriftzüge, die leicht dreidimensional erscheinen.

Dies lässt sich mit den Ebenenstilen leicht realisieren. Sehen wir uns an, wie es funktioniert.

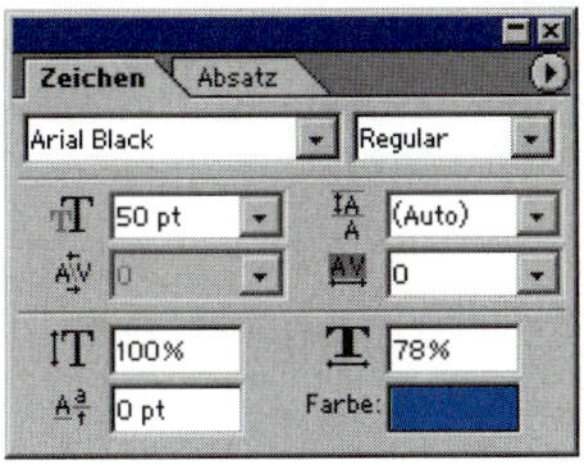

1 Der Hintergrund kann bleiben, wie er ist – ebenso wie die Größe des Dokuments. So können Sie einfach die Textebene löschen und einen neuen Schriftzug erstellen.

Die dafür verwendeten Schriftattribute sehen Sie links.

Info

Ebenen löschen

Um eine Ebene zu löschen, markieren Sie diese im *Ebenen*-Palettenfenster und klicken auf das Papierkorbsymbol. Auf diese Art können Sie jeden Eintrag in der *Ebenen*-Palette löschen – egal, ob es sich dabei um Einstellungsebenen oder auch Ebenenstile handelt.

2 Tippen Sie dann wie gehabt den neuen Text ein und richten Sie die Textebene zum Untergrund aus. Unsere Vorlage sehen Sie links abgebildet.

Schriftzüge mit Fotos versehen

Als Erstes möchten wir Ihnen nun zeigen, wie Sie einen Schriftzug mit einem Foto „belegen" können. Dafür haben wir uns ein recht tristes Bild ausgesucht: Es zeigt Steine.

Wir haben das Bild ganz grob auf dieselbe Größe gebracht wie das andere Dokument. Auf den Millimeter kommt es dabei aber nicht an.

1 Das Foto können Sie nun per Drag & Drop in das Textdokument ziehen. Verwenden Sie dazu das Verschieben-Werkzeug.

Ziehen Sie die Ebene mit gedrückter linker Maustaste in das Textdokument und legen Sie die Ebene dort ab.

Ein Symbol neben dem Mauszeiger signalisiert diesen Kopiermodus. Nach dem Loslassen der Maustaste wird nämlich eine Kopie in das Dokument eingefügt.

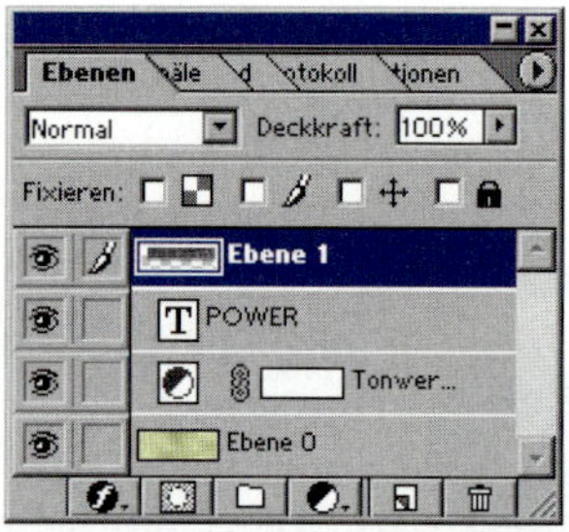

2 Im *Ebenen*-Palettenfenster sehen Sie anschließend die automatisch neu erstellte Ebene, die über der Textebene platziert ist – deshalb wird die Textebene verdeckt.

3 Verschieben Sie diese neue Ebene mit dem Verschieben-Werkzeug so, dass der Schriftzug vollständig verdeckt wird.

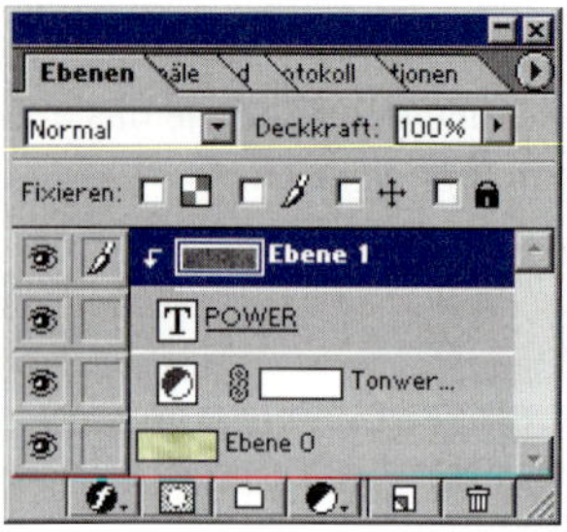

4 Nun brauchen Sie nur noch die Tastenkombination [Strg]+[G] zu drücken, um eine so genannte Gruppe zu erzeugen.

Diese Gruppierung wird im *Ebenen*-Palettenfenster mit einem eingerückten Eintrag angezeigt. Zusätzlich sehen Sie ein Pfeilsymbol.

Info

Wirkung einer Gruppierung

Bei einer Gruppierung wird die obere Ebene nur dort angezeigt, wo auf der darunter liegenden Ebene Flächen sind. Transparente Teile der unteren Ebene werden von der darüber liegenden Ebene ignoriert.

5 So ergibt sich nun genau die gewünschte Wirkung. Der Schriftzug hat sozusagen eine „Textur" erhalten.

Einen weichen Schatten platzieren

Abschließend soll die Textebene noch einen weichen Schatten erhalten, damit sich der Schriftzug vom Hintergrund abhebt.

1 Markieren Sie im *Ebenen*-Palettenfenster die Textebene und rufen Sie die Funktion *Ebene/Ebenenstil/Schlagschatten* auf.

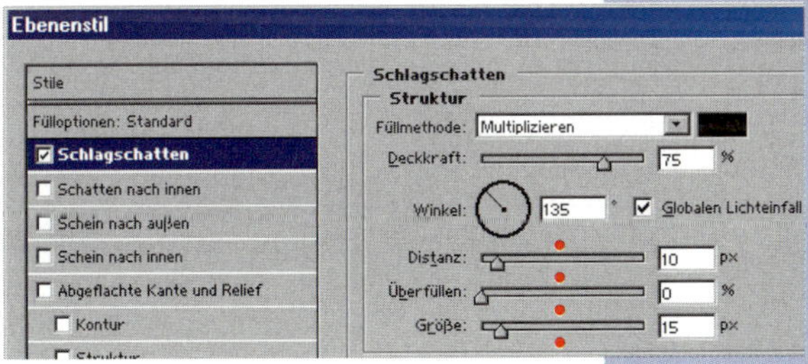

2 Klicken Sie links auf den *Schlagschatten*-Eintrag. Der Haken vor dem Eintrag zeigt an, dass dieser Effekt nun aktiviert ist.

3 Auf der rechten Seite werden die Einstellungen für diesen Effekt bereitgestellt. Unsere verwendeten Werte sehen Sie links abgebildet. Hier können Sie beispielsweise die Weichheit des Schattens und den Abstand zum Text einstellen.

Außerdem kann die Farbe des Schattens und der Winkel eingestellt werden, in dem das imaginäre Licht einfallen soll.

4 Das war es schon. Unser erstes Ergebnis sehen Sie links.

Muster deklarieren und einsetzen

Bei dieser einen Variante soll es natürlich nicht bleiben. Wir wollen von diesem Schriftzug nämlich nun verschiedene andere interessante Abwandlungen erstellen. Als Nächstes wollen wir Ihnen eine ganz nützliche und sinnvolle Funktion von Photoshop vorstellen: die Muster.

Was sind denn Muster, und wozu werden sie benötigt? Schauen wir es uns an.

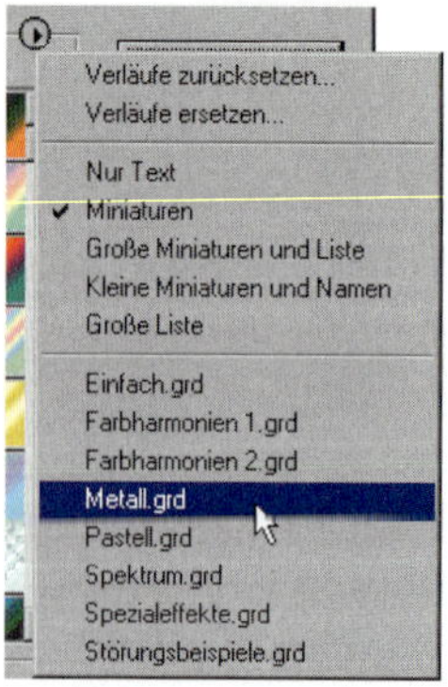

1 Bei den Stilen haben Sie es schon bemerkt: Photoshop liefert verschiedene vorgefertigte Vorlagen mit, die Sie gleich verwenden können. Dasselbe gilt beispielsweise auch für Verläufe oder Werkzeugspitzen.

2 Diese Vorlagen können Sie en bloc verwalten. Rufen Sie dazu die Funktion *Bearbeiten/Vorgaben-Manager* auf. Wenn Sie das Listenfeld aufklappen, sehen Sie alle verfügbaren Vorlagentypen.

3 Für die meisten Typen gibt es verschiedene Vorlagensätze, die Sie über das Pfeilmenü hinzufügen können. Standardmäßig ist immer nur einer der Sätze in der Liste vorhanden. Für Verläufe gibt es beispielsweise acht verschiedene Sätze.

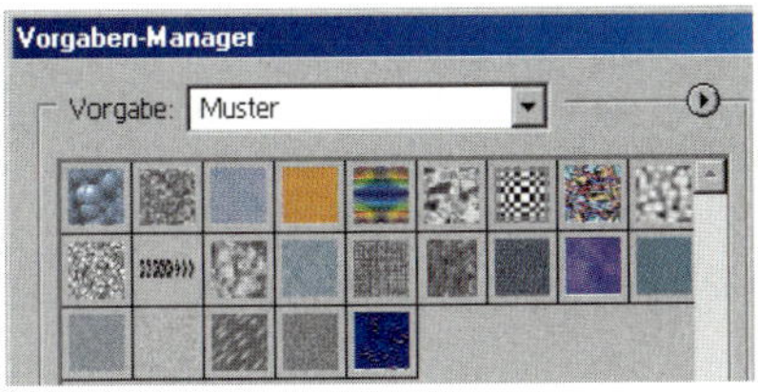

4 Für die Muster, die wir nun einsetzen wollen, gibt es zwei Sätze.

Ein eigenes Muster

Sie können die Bibliotheken um eigene Einträge ergänzen. So wollen wir unser Steinfoto nun in die Musterbibliothek aufnehmen. Dazu sind folgende Arbeitsschritte notwendig:

1 Wechseln Sie zum Steinfoto. Rufen Sie die Funktion *Auswahl/Alles auswählen* auf, die Sie auch über die Tastenkombination Strg+A erreichen.

Danach wird das gesamte Bild von einer gestrichelten Linie umgeben – alles ist ausgewählt. Kopieren Sie die Auswahl mit Strg+C oder der Menüfunktion *Bearbeiten/Kopieren* in den Zwischenspeicher.

2 Rufen Sie die Funktion *Bearbeiten/Muster festlegen* auf. In dem Dialogfeld können Sie einen Namen für das Muster angeben.

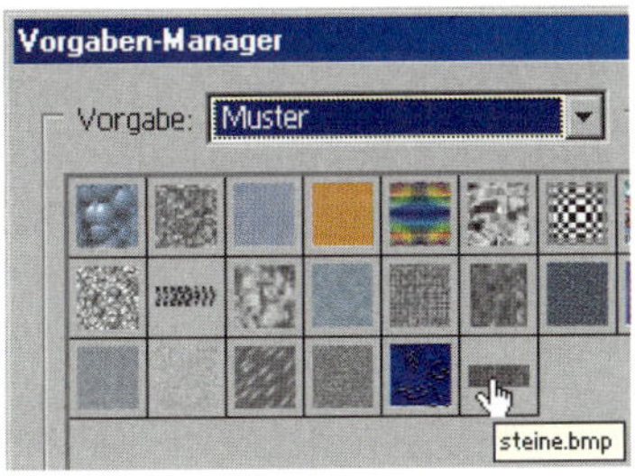

3 Ein erneuter Blick in den *Vorlagen-Manager* zeigt, dass in den Mustern nun auch der neue Eintrag zu finden ist.

Wenn Sie wollen, können Sie den neuen Vorlagensatz mit der *Satz speichern*-Schaltfläche sichern.

Info

Vorlage zurücksetzen

Das Speichern eines neuen Satzes ist durchaus sinnvoll: In jedem Menü einer Vorlagensammlung gibt es nämlich die *Zurücksetzen*-Option. Damit werden die Vorlagen auf die Standardvorlagen zurückgesetzt. Nicht gesicherte Vorlagen gehen dann verloren.

Eigene Muster einsetzen

Das eigene Muster soll nun natürlich auch gleich zum Einsatz kommen. Wir wollen es an unserem Schriftzug ausprobieren. Löschen Sie dafür zunächst die Ebene mit dem Steinfoto und speichern Sie das Ergebnis unter einem neuen Namen.

1 Wir wollen nun erst einmal einen Ebeneneffekt zuweisen, der den Schriftzug plastisch erscheinen lässt. Rufen Sie dazu nach dem Markieren der Textebene die Funktion *Ebenen/Ebenenstil/Abgeflachte Kante und Relief* auf.

Die von uns verwendeten Einstellungen sehen Sie in der folgenden Abbildung.

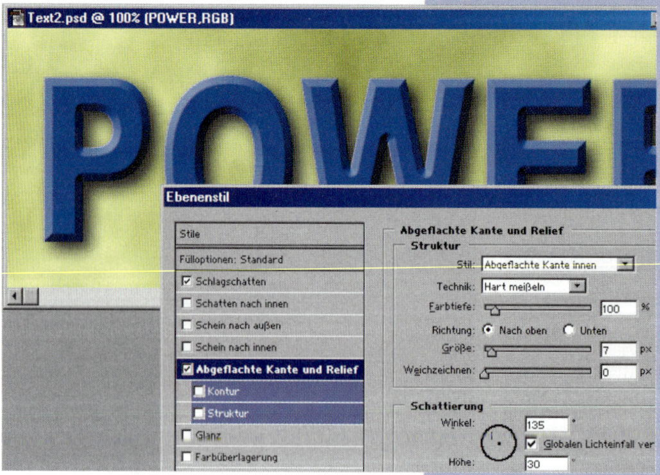

Leider nimmt das Effekt-Dialogfeld so viel Platz auf der Arbeitsfläche ein, dass vom Bild kaum etwas zu sehen ist.

Verschieben Sie das Dialogfeld so, dass vom Bild etwas zu sehen ist – so können Sie nämlich die Wirkung eines Effekts gleich begutachten. Nach jeder Wertänderung wird das Bild angepasst.

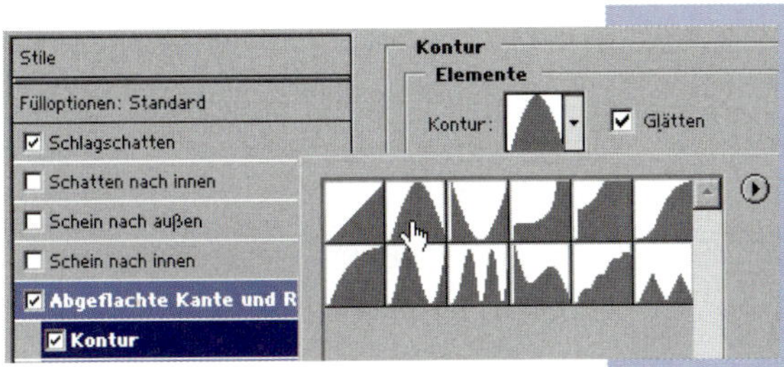

2 Die vielen Optionen laden zum Spielen ein. Aktivieren Sie beispielsweise zusätzlich die *Kontur*-Option. Hier können Sie die Randart einstellen. Wir haben uns aus der Liste der Vorlagen die folgende Einstellung ausgesucht.

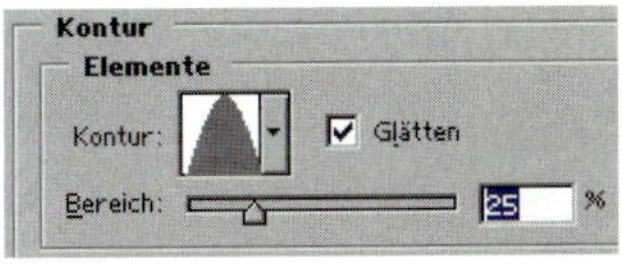

3 Zusätzlich stellen wir den Bereichswert auf *25 %* ein.

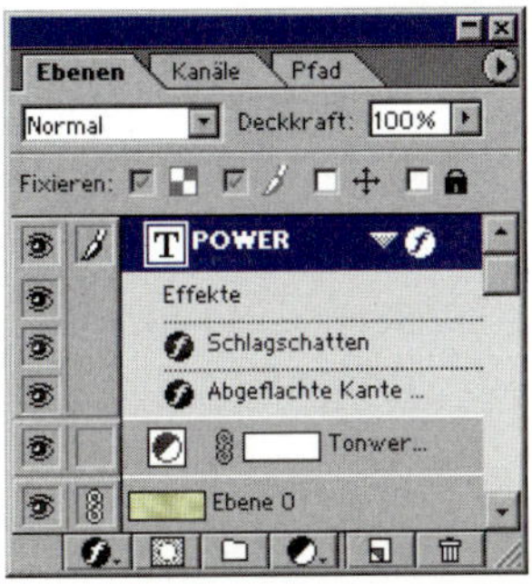

4 Nach dem Bestätigen sehen Sie den neuen Effekt auch im *Ebenen*-Palettenfenster.

5 Das Ergebnis sieht doch schon ganz schick aus, nicht wahr?

6 Nun kommt unser Muster zum Einsatz. Dafür speichern wir das Dokument erneut unter einem neuen Namen. So bleiben uns die verschiedenen Varianten erhalten.

Um einen Effekt zu ändern, brauchen Sie im *Ebenen*-Palettenfenster nur doppelt auf den zu ändernden Effekteintrag zu klicken – damit wird das Effekt-Dialogfeld wieder geöffnet.

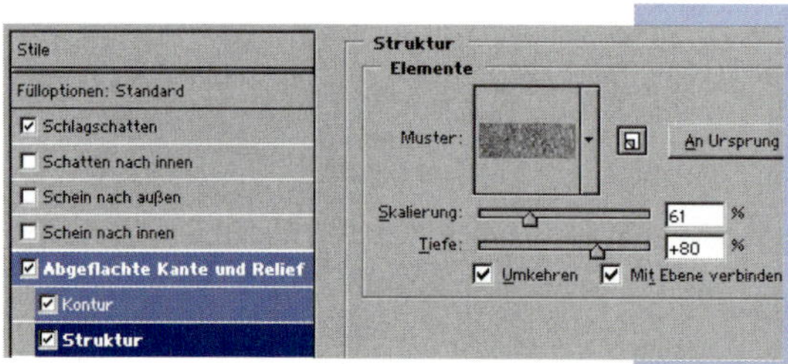

7 Markieren Sie die *Struktur*-Option und wählen Sie aus dem Listenfeld das zuvor gespeicherte Muster aus.

Die anderen Werte sehen Sie ebenfalls abgebildet.

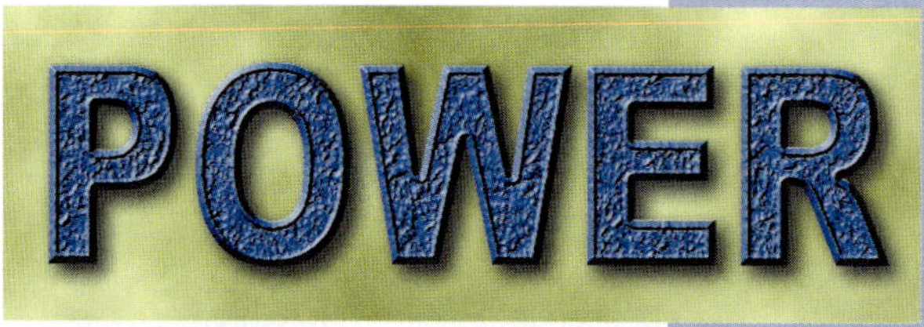

Es entsteht ein Ergebnis, das „wie in Stein gehauen" aussieht.

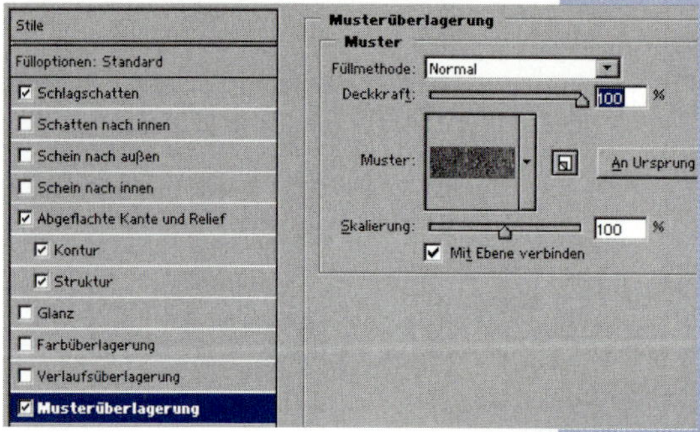

8 Noch eine Variante zum Abschluss gefällig?

Wenn Sie die Farbe des Textes nicht verwenden wollen, können Sie die *Musterüberlagerung*-Option aktivieren und die gezeigten Werte einstellen.

Wenn Sie die Deckkraft reduzieren, können Sie die Textfarbe durchscheinen lassen.

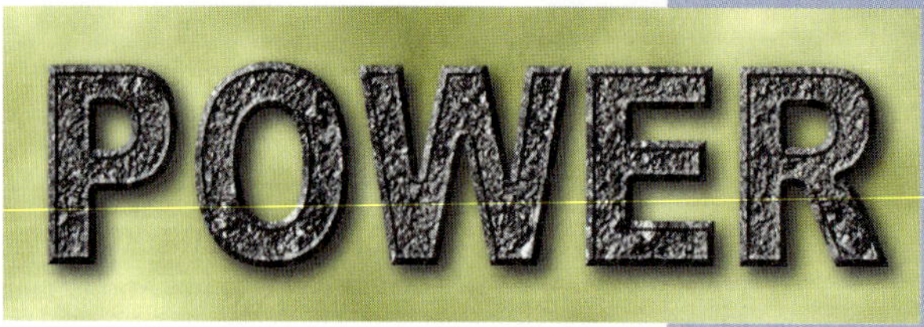

Mit voller Deckkraft entsteht das abgebildete Endergebnis. Soll die erhabene Ansicht nicht sein, deaktivieren Sie einfach die *Struktur*-Option.

Filter im praktischen Einsatz

Für viele Anwender sind es sicherlich die ersten Funktionen, die sie ausprobieren: Effektfilter. Alle Bildbearbeitungsprogramme bieten unterschiedliche Filter an, mit denen Sie Bilder verfremden können.

Aber seien Sie vorsichtig! Ebenso wie die Ebeneneffekte machen Filter süchtig. Hat man erst einmal mit dem Herumspielen angefangen, fällt das Aufhören oft schwer. So kann es schnell passieren, dass einige Stunden vergehen und unzählige Varianten eines Bilds entstanden sind.

Welcher Effekt ist der richtige?

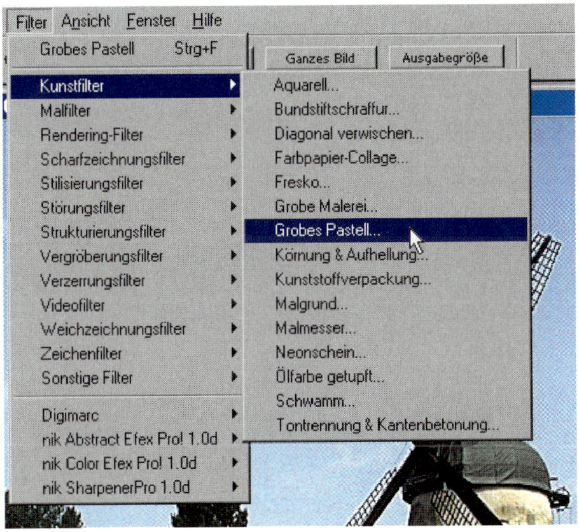

Damit Sie eine bessere Orientierung haben, wurden die verfügbaren Filter in verschiedenen Untermenüs untergebracht. Sie erreichen die Filter über das gleichnamige Menü.

An den jeweiligen Namen der Hauptmenüs erkennen Sie schon, was die Filter der Kategorie bewirken.

So finden Sie zum Beispiel im Menü *Filter/Kunstfilter* 15 Funktionen, mit denen Bilder entstehen, die an Gemälde erinnern.

Info

Was die Filter wirklich können

Setzen Sie die Erwartungen nicht zu hoch: Einige Filter halten nicht, was ihr Name verspricht. Das Ergebnis des Kunstfilters *Ölfarbe getupft* erinnert zum Beispiel nur sehr schwach an ein Ölbild, wie Sie es wahrscheinlich von herkömmlichen Techniken gewohnt sind.

Der richtige Umgang mit den Effektfiltern

Probieren wir anhand eines der Kunstfilter einmal aus, auf welche Punkte Sie beim Umgang mit den Filtern achten müssen.

1 Öffnen Sie das Bild, das Sie verfremden wollen.

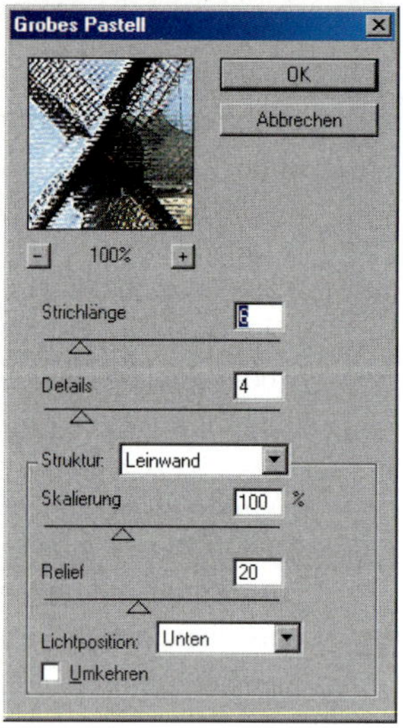

2 Rufen Sie den gewünschten Filter auf – bei unserem Beispiel verwenden wir den Kunstfilter *Grobes Pastell*.

Info

Vorschau im Bild

Bei einigen wenigen Filtern ist es möglich, die Auswirkungen am Originalbild zu begutachten. Ein Beispiel ist der *Gaußsche Weichzeichner.* Wenn im Dialogfeld kein *Vorschau*-Optionsfeld vorhanden ist, müssen Sie sich mit dem Vorschaubildchen im Dialogfeld begnügen.

3 Das Vorschaubild lässt sich vergrößern oder verkleinern, indem Sie auf die Plus- oder Minussymbole klicken.

Blinkt unter der Anzeige der Darstellungsgröße ein Balken, wird die Filterwirkung für das Vorschaubild gerade neu berechnet.

4 Um den sichtbaren Bildausschnitt zu verändern, halten Sie den Mauszeiger in das Vorschaubild. Sie sehen dann ein Handsymbol.

Wenn Sie nun die Maustaste gedrückt halten, können Sie den Ausschnitt hin- und herschieben.

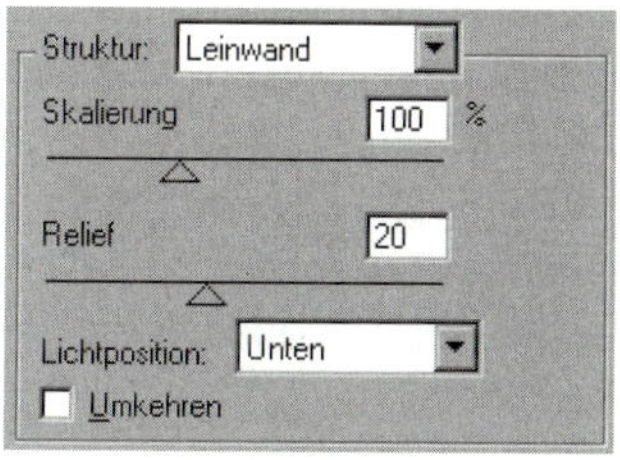

5 Je nach Filter gibt es unterschiedliche Optionen, um die Wirkung zu verändern. Die Einstellungen können wahlweise über die Eingabefelder oder die Schieberegler verändert werden.

Info

Beste Beurteilung bei 100 Prozent

Es ist nicht empfehlenswert, die Größe des Vorschaubilds zu verändern, da die meisten Filter nur dann optimal beurteilt werden können, wenn die Vorschaugröße auf 100 % eingestellt ist. Andernfalls entstehen verfälschte Bilder, die nur schwer beurteilt werden können.

6 Wenn Sie mit verschiedenen Werten herumexperimentiert haben, können Sie den Filter durch Anklicken der *OK*-Schaltfläche zuweisen.

Je nachdem, welchen Filter Sie verwenden, kann es eine Weile dauern, bis der Filter fertig berechnet ist. Freunden Sie sich also schon einmal mit der Fortschrittsanzeige in der Statuszeile an.

7 Wenn alles geklappt hat und Sie die geeigneten Werte eingestellt haben, werden Sie nach dem Berechnen mit einem schönen Ergebnis belohnt.

Auch wenn das Berechnen - besonders bei großen Bildern - etwas dauert: Denken Sie daran, dass das Malen eines solchen Bilds deutlich länger gedauert hätte **:-)**.

Etwas weniger Effekt – Effekte verblassen

Wenn Sie noch keine weitere Aktion nach dem Anwenden des Effekts durchgeführt haben - das Ändern der Darstellungsgröße zählt aber nicht dazu -, ist im *Bearbeiten*-Menü die *Verblassen*-Funktion aktivierbar.

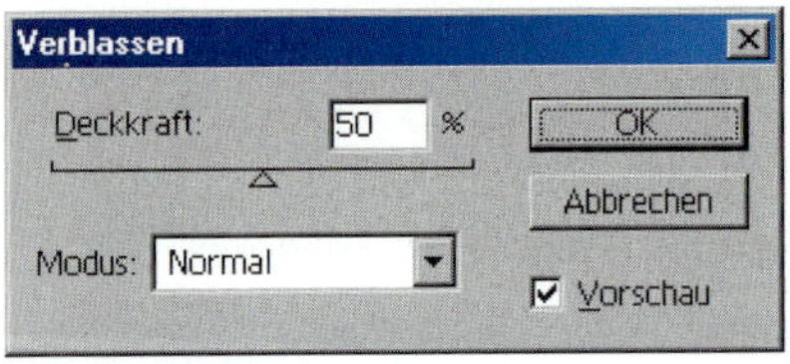

1 Hier können Sie einerseits die Deckkraft des Effekts verändern, andererseits den Überblendungsmodus.

Beim Reduzieren der Deckkraft schimmert also das Ursprungsbild durch.

2 Beim Reduzieren der Deckkraft auf *50 %* sind die Details des Ausgangsbilds zu erkennen.

Ein Versuch, um mit dieser Funktion die Filterwirkung zu optimieren, lohnt sich allemal.

Immer wieder: Filter wiederholen

Es muss nicht bei einem Mal bleiben – Sie können Filter mit denselben oder unterschiedlichen Werten auch mehrmals nacheinander am Bild anwenden.

Besonders leicht ist es, wenn Sie den Filter mit denselben Werten nochmals am selben oder einem anderen Bild anwenden wollen.

1 Rufen Sie dann einfach den ersten Eintrag im *Filter*-Menü auf – dort wird der zuletzt verwendete Filter angezeigt.

Oder verwenden Sie zum Aufruf einfach die Tastenkombination Strg+F.

2 So haben wir nebenstehend den zuletzt verwendeten Filter einfach noch einmal eingesetzt.

Allerdings wirkt dieses Verfahren nicht bei allen Filtern. So wird die Bildwirkung beispielsweise beim mehrfachen Anwenden eines Schärfefilters immer schlechter.

Die verschiedenen Filter im Einsatz

Nun wollen wir Ihnen aus den unterschiedlichen Bereichen einige interessante Filter und deren Bildwirkung an verschiedenen Bildern zeigen.

Dabei haben wir uns einige Filter ausgesucht, die uns persönlich gut gefallen. Durch die vielen verschiedenen Filter ließe sich ein eigenes Buch füllen – deshalb müssen wir uns auf eine kleine Auswahl beschränken.

Nicht jeder Filter wirkt bei jedem Bild. Wir haben die Beispielbilder so ausgesucht, dass die Effekte gut zur Geltung kommen. Sie können die Filter dann auch bei ähnlichen Bildtypen anwenden.

Der Malfilter Konturen nachzeichnen

Wollen Sie ganz auf die Schnelle ein Bild zeichnen? Kein Problem: Probieren Sie doch einmal den Filter *Malfilter/Konturen nachzeichnen* aus.

Als Vorlage sollten Sie ein Bild verwenden, das einen guten Kontrast und viele Details zeigt. Ohne Details hat der Filter nämlich nichts, was er nachzeichnen könnte.

1 Wir haben uns das nebenstehend gezeigte Bild ausgesucht. Es ist einerseits kontrastreich und enthält andererseits genügend Details zum Nachzeichnen.

2 Die von uns verwendeten Filter-Einstellungen sehen Sie nachfolgend links – das Ergebnis rechts.

Das Bild sieht wirklich wie gezeichnet aus.

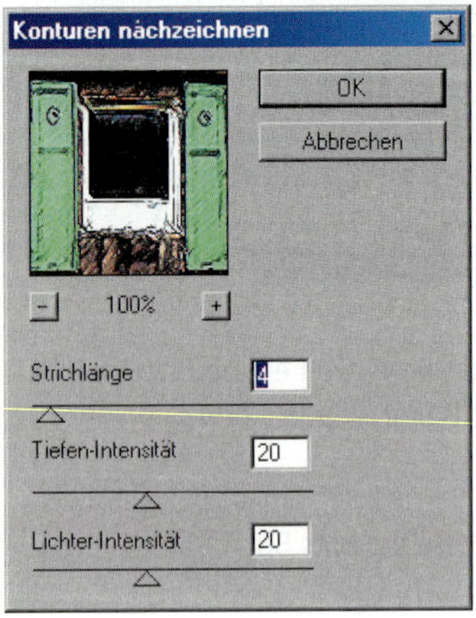

Der Rendering-Filter Beleuchtungseffekte

Hinter diesem Filter verbirgt sich eine sehr komplexe Funktion, die wir Ihnen an einem kleinen Beispiel vorstellen wollen.

Dazu verwenden wir als Ausgangsbild wieder einen Schriftzug, den wir mit anderen Farben und Ebeneneffekten verändert haben - es soll ja nicht langweilig werden.

Die Arbeitsschritte, die dazu notwendig sind, brauchen wir nicht mehr zu erläutern - die kennen Sie ja schon aus dem vorangegangenen Kapitel.

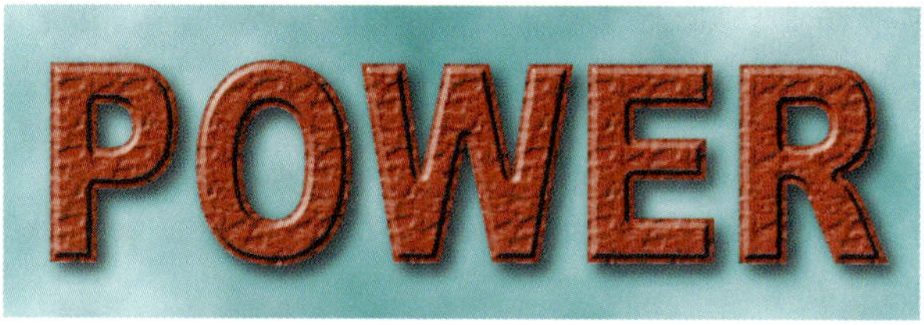

An diesem Bild wollen wir nun mithilfe des Filters *Beleuchtungseffekt* den Hintergrund etwas interessanter gestalten.

1 Da bei den Arbeitsschritten die Ebene des Hintergrunds verändert wird, stellen wir zunächst ein Duplikat her - so haben wir nach den Änderungen noch Zugriff auf die alte Fassung. Das ist nützlich, wenn Sie zum Beispiel verschiedene Beleuchtungsvarianten ausprobieren wollen.

Das Duplikat stellen Sie am schnellsten her, wenn Sie die Ebene im *Ebenen*-Fenster anklicken und sie auf das Papiersymbol ziehen.

Damit wird automatisch ein Duplikat erstellt, das über dem Original angeordnet ist. Photoshop vergibt dabei einen Namen, an dem die Kopie zu erkennen ist.

2 Mit der markierten Duplikatebene wird nun die Funktion *Rendering-Filter/Beleuchtungseffekte* aufgerufen.

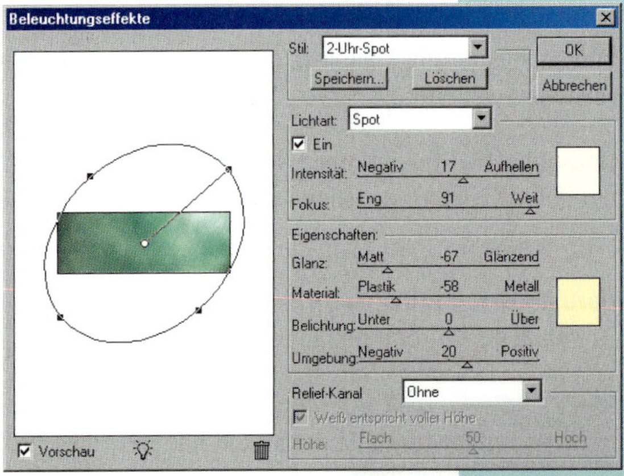

Es wird ein sehr komplexes Dialogfeld geöffnet, in dem es eine ganze Menge zu verstellen gibt.

Die vorgegebenen Standardeinstellungen sollen nun verändert werden.

Die Einstellungen werden in dem Vorschaubild vorgenommen. Dort sehen Sie ein Oval – das ist die symbolisierte Reichweite der fiktiven Lichtquelle.

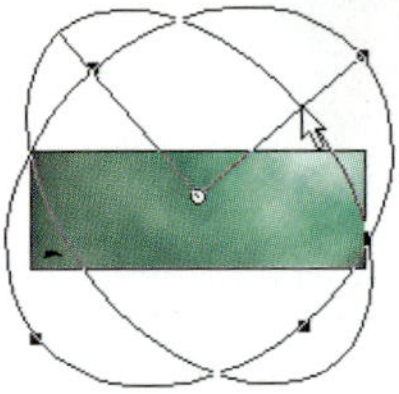

3 Klicken Sie auf einen der Markierungspunkte und halten Sie die Maustaste gedrückt.

4 Verziehen Sie die Außenform der Lichtquelle so, wie Sie es in der Abbildung sehen.

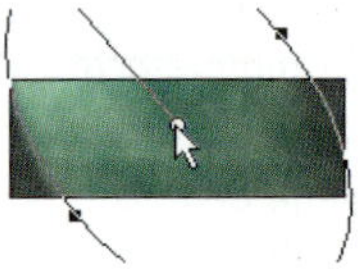

5 Um die Position der gesamten Lichtquelle zu verschieben, klicken Sie auf den Punkt in der Mitte.

Halten Sie dann die Maustaste gedrückt und verschieben Sie das Licht an die gewünschte Position.

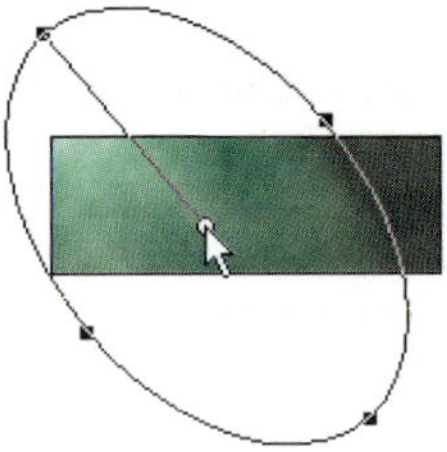

6 Wir haben die Lampe so verschoben, dass das Licht von oben links in das Bild hineinscheint.

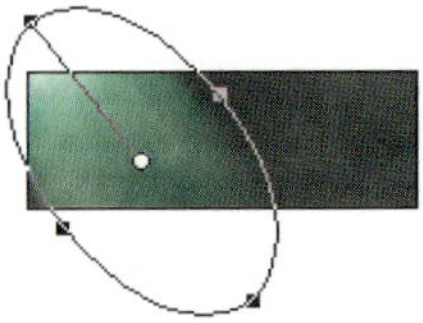

Nachdem die Lampe korrekt platziert ist, wird der Lichtkegel nochmals angepasst.

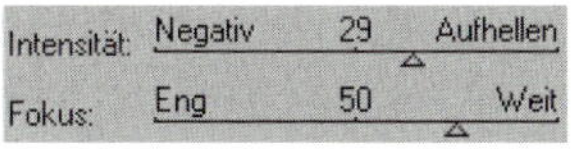

7 Neben der Position der Lampe kann auch die Art der Lichtquelle verstellt werden – und zwar über das Listenfeld *Lichtart* und über die beiden Schieberegler darunter.

Über das Feld *Intensität* stellen Sie die Helligkeit des Lichts ein. Mit dem *Fokus*-Regler geben Sie vor, wie weich das Licht an den Rändern auslaufen soll.

Neue Lampen platzieren

Sie sind bei dieser Funktion nicht auf eine Lampe festgelegt – es können sich auch mehrere Lampen mit unterschiedlichen Einstellungen im Bild befinden.

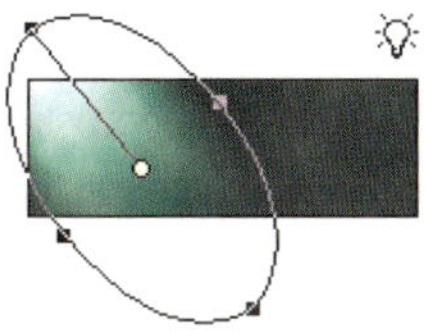

1 Unter dem Vorschaubild sehen Sie ein Lampensymbol. Klicken Sie darauf und ziehen Sie bei gedrückter Maustaste das Symbol in das Vorschaubild. Wenn Sie die Maustaste loslassen, wird die neue Lampe platziert.

2 Die Eigenschaften der neuen Lampe werden auf die bereits beschriebene Art verändert.

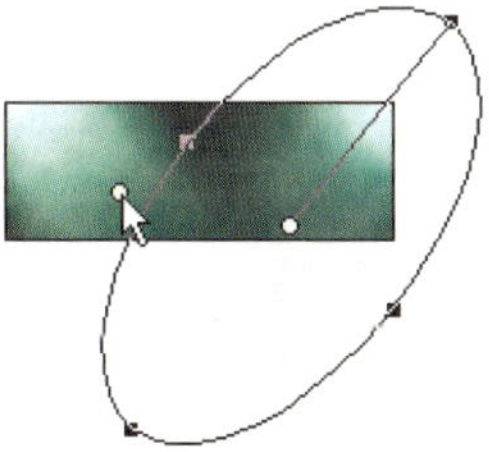

3 Von der ersten Lampe ist nun nur noch der Mittelpunkt zu sehen. Wenn Sie Eigenschaften dieser Lampe nochmals ändern wollen, müssen Sie diese erst einmal aktivieren. Klicken Sie dazu einfach auf den Mittelpunkt. Danach wird auch wieder der Lichtkegel angezeigt, sodass die jeweils aktive Lampe leicht erkennbar ist.

Allgemeine Lichtparameter verstellen

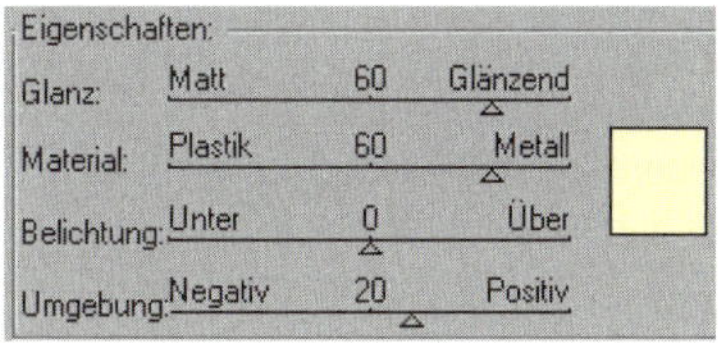

Neben den Lichtoptionen gibt es weitere Schieberegler in dem Dialogfeld. Mit diesen können Sie die allgemeinen Umgebungsvariablen ändern. Diese Werte beziehen sich nicht auf einzelne Lampen, sondern auf das Gesamtbild. Über das Farbfeld können Sie dem Bild einen Farbstich verpassen.

Außerdem lässt sich hier einstellen, wie die Oberfläche beschaffen sein soll – glänzendes oder metallisches Aussehen ist so kein Problem.

Plastizität durch den Relief-Kanal

Wollen Sie den Hintergrund plastisch erscheinen lassen, ist die letzte Option interessant.

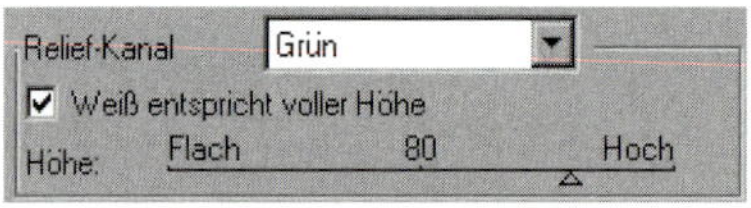

Im Listenfeld können Sie einstellen, welcher der Kanäle als Relief-Kanal verwendet werden soll. Über den Schieberegler wird die Höhe vorgegeben.

Einstellungen speichern und laden

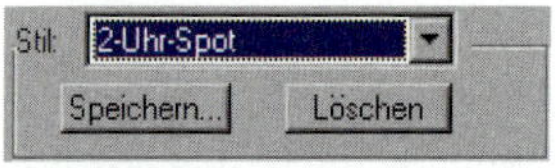

Am Kopf des Dialogfelds sehen Sie das Feld *Stil*. Dort finden Sie einige Voreinstellungen, die Photoshop mitliefert. Hier finden Sie einige interessante Lichteinstellungen. Probieren Sie doch einmal einige davon aus!

Wenn Sie Ihre vorgenommenen Änderungen sichern wollen, klicken Sie die *Speichern*-Schaltfläche an. In einem Dialogfeld können Sie den Namen einstellen. Nach dem Speichern wird der neue Eintrag in die Liste aufgenommen.

Nun wollen wir Ihnen aber auch nicht das Ergebnis vorenthalten, das durch die gezeigten Einstellungen erreicht wurde.

Info

Ungenaue Vorschauoption

Wundern Sie sich nicht, falls das Ergebnis etwas anders aussieht als im Vorschaufeld – die Berechnung im Vorschaubild ist gelegentlich ungenau. So bleibt Ihnen nichts anderes übrig, als die optimale Wirkung durch mehrmaliges Ausprobieren zu ermitteln.

Mit Verzerrungsfiltern arbeiten

Die zwölf Funktionen im Untermenü *Verzerrungsfilter* dienen dazu, Bilder zu verformen. So könnten Sie zum Beispiel eine wehende Fahne erstellen. Die Filter dienen ansonsten eher dazu, abstrakte Ergebnisse zu erzielen.

Sehen wir uns eine Spielerei an, die Sie mit einem solchen Filter anstellen können.

1 Stellen Sie beim linearen Verlaufswerkzeug den *Spektrum*-Verlauf in der Optionen-Leiste ein.

2 Ziehen Sie in einem neuen Dokument einen Verlauf von oben nach unten auf.

Halten Sie dabei die [Umschalt]-Taste gedrückt, damit ein exakt waagerechter „Horizont" entsteht.

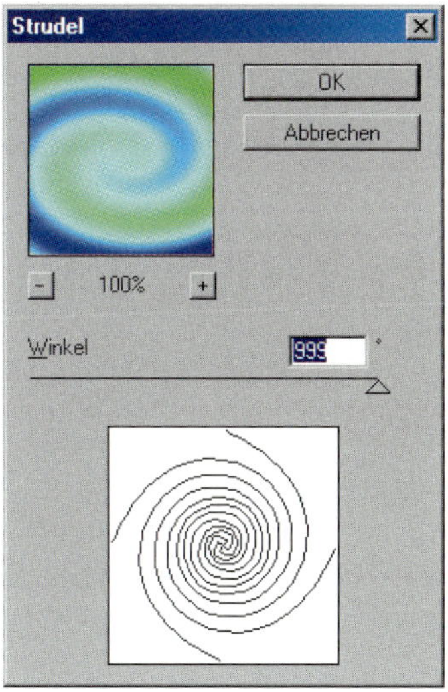

3 Erstellen Sie ein Duplikat dieser Ebene, um später noch auf das Ausgangsbild zurückgreifen zu können - das Verfahren kennen Sie ja bereits.

Rufen Sie die Funktion *Filter/Verzerrungsfilter/Strudel* auf. Wir verwenden hier den maximal möglichen Wert - auch wenn das einige Berechnungszeit in Anspruch nimmt.

Wie sich die Verzerrung auf das Bild auswirkt, erkennen Sie an dem „Gitter"-Vorschaubild. Ohne Änderung ist dort ein waagerechter und ein senkrechter Strich zu sehen.

4 Mit dieser Einstellung entsteht ein „Wirbel".

Duplizieren Sie die Ebene mit diesem Zwischenergebnis.

5 Wenden Sie auf der duplizierten Ebene mit der Tastenkombination Strg+F den Filter erneut an. Damit wird der Wirbel verstärkt.

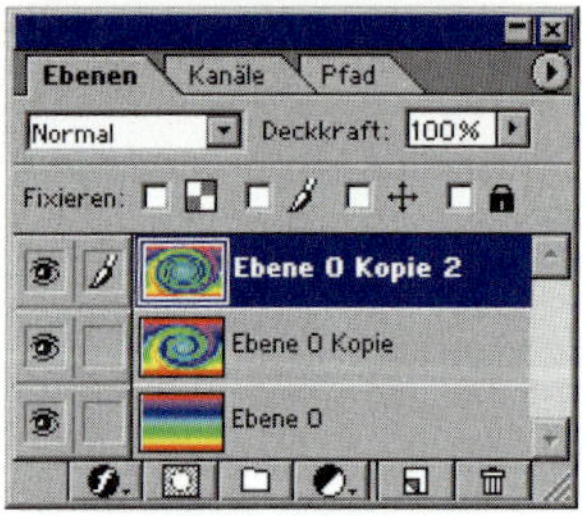

6 Durch die duplizierten Ebenen müssten nun drei Ebenen im *Ebenen*-Fenster zu sehen sein.

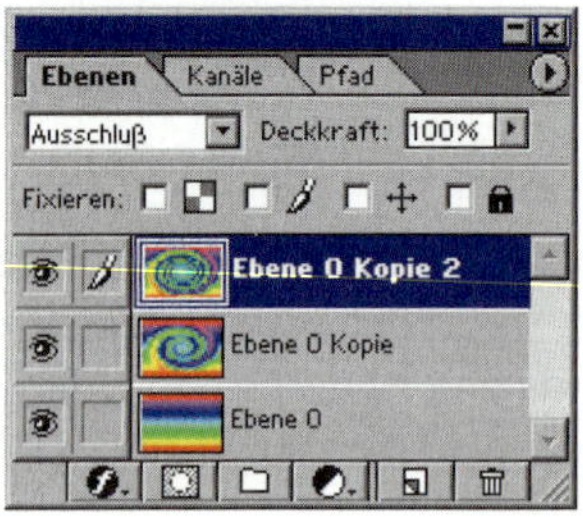

7 Nun können Sie mit den Überblendungsmodi der Ebenen experimentieren.

So haben wir bei der obersten Ebene den Überblendungsmodus *Ausschluß* eingestellt, ...

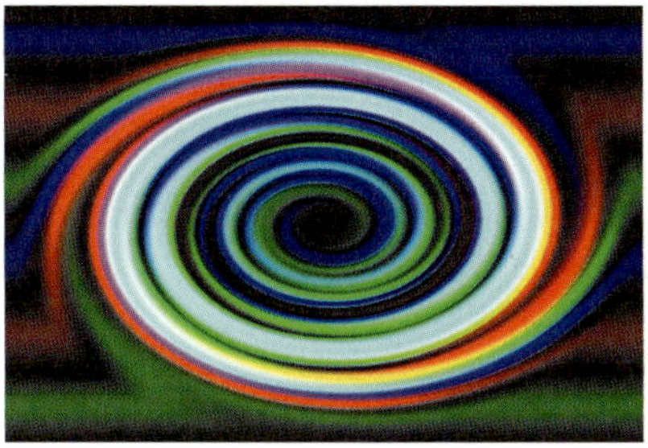

... um dieses interessante Ergebnis zu erhalten.

8 Weitere Varianten sind möglich, wenn Sie eines der Bilder verändern.

Wir haben für einen Versuch die oberste Ebene markiert und die Tastenkombination Strg+I verwendet - damit wird das Bild auf dieser Ebene invertiert.

Alternativ dazu könnten Sie zum Beispiel auch Änderungen über die Tonwertkorrektur vornehmen. Hier sind Ihrer Kreativität keine Grenzen gesetzt. Probieren Sie doch einfach mal die verschiedensten Varianten aus!

Effektfilter mischen

Sie können Effekte auf eine interessante Art und Weise mischen. Dazu lernen Sie ein neues Palettenfenster kennen: Das *Protokoll*-Palettenfenster.

Dafür haben wir uns ein Foto mit vielen Details und verschiedenen Farben ausgesucht.

Dort kommen die eingesetzten Filter gut zur Geltung.

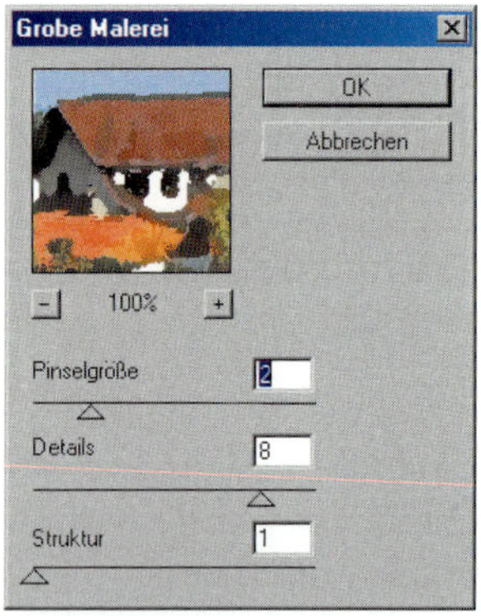

1 Erstellen Sie von der Hintergrundebene ein Duplikat und wenden Sie an dieser neuen Ebene den Filter *Kunstfilter/Grobe Malerei* an.

Die von uns verwendeten Einstellungen sehen Sie nebenstehend abgebildet.

2 Dies führt zu folgendem interessanten Ergebnis. Sieht schon etwas wie gemalt aus, nicht wahr?

3 Wenn Sie nun zum *Protokoll*-Palettenfenster wechseln, sehen Sie, dass dort alle vorgenommenen Arbeitsschritte festgehalten sind.

Mit einem Klick auf einen der Einträge wechseln Sie zu einem vorherigen Stadium.

Wenn Sie auf das Papiersymbol klicken, wird das aktuelle Stadium in einem so genannten Schnappschuss festgehalten. Die Schnappschüsse werden mit einem Vorschaubild im oberen Bereich des Palettenfensters angezeigt.

Mit der ersten Schaltfläche können Sie übrigens ein neues eigenständiges Dokument erstellen.

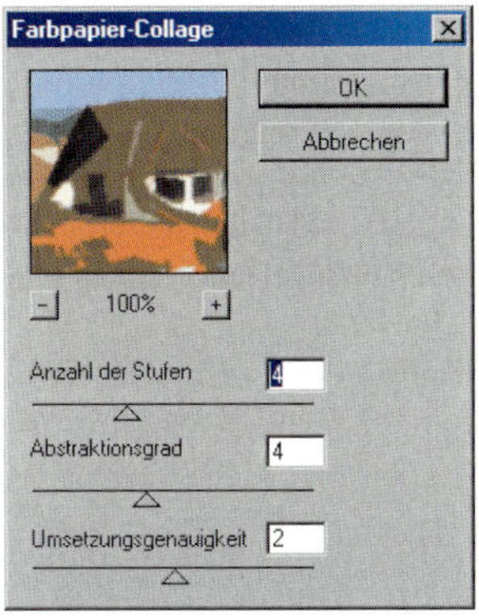

4 Nun muss ein weiteres Duplikat des Hintergrunds erstellt werden. Verschieben Sie diese Kopie an die oberste Stelle im Ebenenstapel.

An dieser neuen Ebene wird nun der Effekt *Kunstfilter/Farbpapier-Collage* mit den gezeigten Einstellungen angewendet.

Dies führt zu einem sehr flächigen Ergebnis.

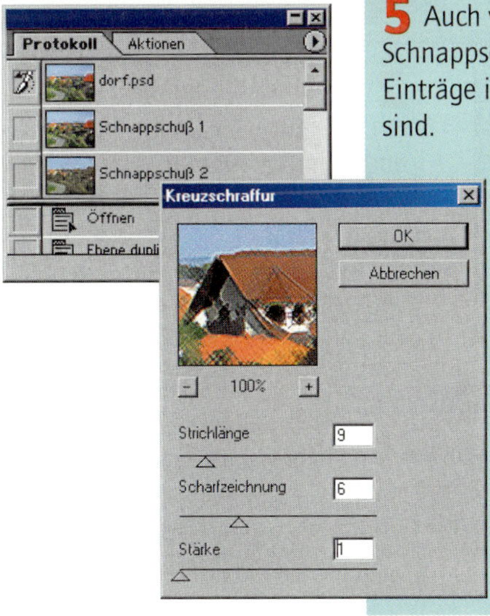

5 Auch von diesem Stadium wird wieder ein Schnappschuss angefertigt, sodass nun drei Einträge im *Protokoll*-Palettenfenster zu sehen sind.

6 Als letzten Filter wenden wir jetzt an einem neuen Duplikat des Hintergrunds den Filter *Malfilter/Kreuzschraffur* an.

7 So haben wir jetzt neben dem Ausgangsbild drei interessante Filtervarianten, die nun zu einem „Gesamtwerk" verschmelzen sollen.

Ebenen und Schnappschüsse benennen

Damit Sie den Überblick behalten, ist es sinnvoll, die Schnappschüsse ebenso wie die Ebenen mit aussagekräftigen Namen zu versehen. Gehen Sie dazu wie folgt vor:

1 Klicken Sie doppelt auf den Schnappschuss, den Sie umbenennen wollen.

In dem Dialogfeld, das Sie damit öffnen, können Sie den Namen eingeben, der dann im *Protokoll*-Palettenfenster angezeigt wird.

2 Benennen Sie auf diese Art auch die anderen Schnappschüsse. Wir haben jeweils den angewandten Filter als Namen verwendet.

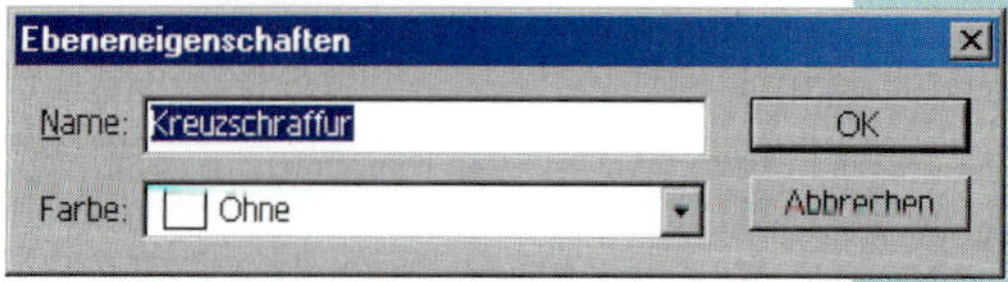

3 Zur Benennung der Ebenen müssen Sie im *Ebenen*-Palettenfenster aus dem Kontextmenü die Funktion *Ebeneneigenschaften* aufrufen, um im abgebildeten Dialogfeld den neuen Namen einzugeben.

Ebenen miteinander mischen

Aus diesen Ebenen können Sie nun ein interessantes, neues Bild machen. Dazu können Sie beispielsweise die Füllmethoden und die Ebenendeckkraft der einzelnen Ebenen einsetzen.

1 So haben wir für die Ebene des *Farbpapier-Collage*-Effekts die *Ineinanderkopieren*-Füllmethode verwendet und zusätzlich die Deckkraft auf *70 %* reduziert.

Wird die darüber liegende Ebene mit einem Klick auf das Augensymbol ausgeblendet, sehen Sie dieses neue Ergebnis.

Dies kann ebenfalls als eigenständiges Ergebnis verwendet werden.

2 Für die *Kreuzschraffur*-Ebene kann nun noch dieselbe Füllmethode - aber mit einer Deckkraft von nur 40 % - verwendet werden.

Diese Variante soll unser Endergebnis sein.

Das Filter-Resümee

In diesem Kapitel konnten wir Ihnen nur einige wenige Filter vorstellen – für mehr reicht der Platz nicht. Vielleicht haben Sie aber an diesen wenigen Beispielen schon bemerkt, welch hübsche Ergebnisse sich erzielen lassen, wenn der passende Filter verwendet wird.

Außerdem haben Sie sicherlich bemerkt, dass es sich lohnt, auch einmal unorthodox erscheinende Versuche oder Einstellungen vorzunehmen.

So entstehen oft verblüffende Ergebnisse durch den ungewöhnlichen Einsatz von Filtern – nehmen Sie unser letztes Ergebnis als Beispiel. Hätten Sie gedacht, dass dieses Bild aus so vielen verschiedenen Filtern entstanden ist?

Interaktive Navigationsleisten erstellen

Überall begegnen Sie Ihnen beim Surfen im Netz. Grafiken - teilweise sogar animiert. Häufig werden Grafiken verwendet, um durch die Seiten eines Webs zu navigieren. Eine solche Navigationsleiste wollen wir im Workshop dieses Kapitels erstellen.

Dabei lernen Sie auch das Zusammenspiel von Photoshop und ImageReady kennen. Den Aufbau werden wir nämlich mit Photoshop erledigen - dort gibt es nämlich ein paar interessante Funktionen zur Konstruktion von Vektorobjekten, die in ImageReady fehlen.

Dafür gibt es in ImageReady die Möglichkeit, die fertigen Schaltflächen mit Rollover-Effekten zu versehen, damit die Schaltfläche beispielsweise beim Überfahren mit dem Mauszeiger ihr Aussehen verändert.

Außerdem lernen Sie in diesem Kapitel auch die Vektorfunktionen von Photoshop näher kennen, die in der aktuellen Version stark ausgebaut wurden. So bleiben Sie bei Ihrer Arbeit extrem flexibel. Wann immer Ihnen Vektorobjekte nicht mehr gefallen, passen Sie diese einfach neu an.

Grundaufbau des Dokuments

Wir beginnen zunächst wieder mit einem leeren Dokument - die Vorgehensweise kennen Sie ja schon:

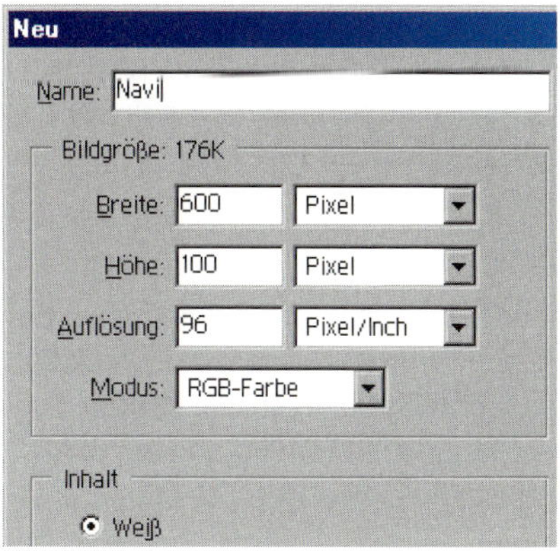

1 Rufen Sie die Funktion *Datei/Neu* auf - schneller geht es mit [Strg]+[N].

Die Werte für das neue Dokument sehen Sie links abgebildet.

Websichere Farben verwenden

Wenn Sie fürs Web „designen", müssen Sie etwas umdenken: Sie sollten nicht irgendeine x-beliebige Farbe verwenden, um beispielsweise den Hintergrund zu füllen.

Es gibt so genannte „websichere Farben". Das sind diejenigen Farben, die auch korrekt in den Webbrowsern angezeigt werden, wenn der Surfer seine Grafikkarte auf die Darstellung von 256 Farben eingestellt hat.

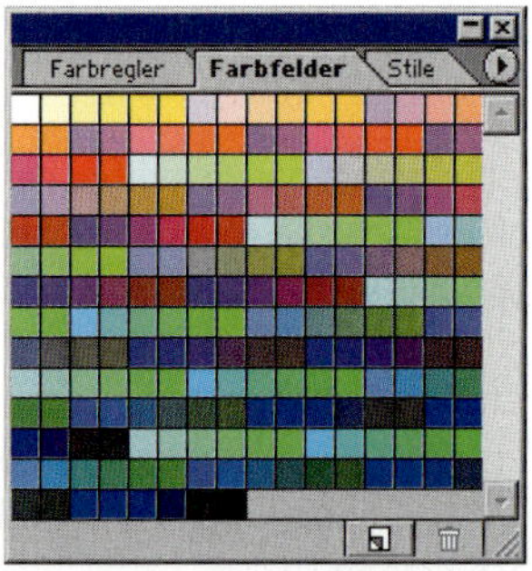

1 Die 216 websicheren Farben können Sie über das Pfeilmenü der *Farbfelder*-Palette laden. Wenn Sie dann eine dieser Farben verwenden, sind Sie auf der sicheren Seite.

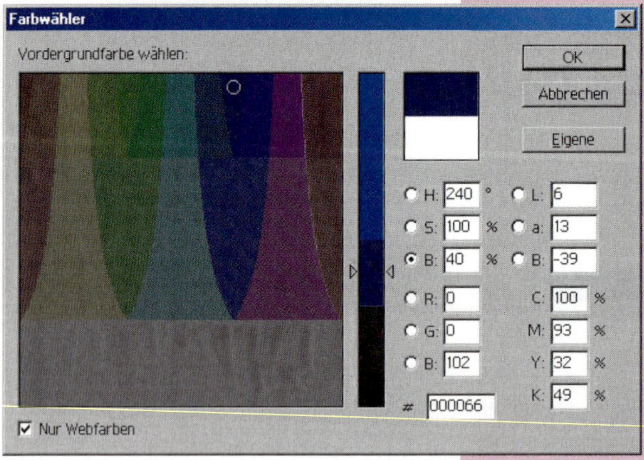

2 Aber auch die Anzeige der websicheren Farben im *Farbwähler* ist möglich. Aktivieren Sie einfach die gleichnamige Option.

Dann werden im Spektrum nur noch die websicheren Farben angezeigt. Sie sehen in der Abbildung, dass sich damit die Anzahl der verfügbaren Farben drastisch reduziert.

3 Die Farben werden nicht mit den sonst bekannten RGB-Farbwerten angegeben, sondern mit so genannten hexadezimalen Werten. So haben wir für unseren Hintergrund ein Blau mit dem hexadezimalen Wert *00, 00, 66* ausgesucht.

Info

Die hexadezimalen Werte

Die Angabe erfolgt in den Schritten *00, 33, 66, CC* und *FF* für die Grundfarben Rot, Grün und Blau. Die Schritte entsprechen den dezimalen RGB-Werten *0, 51, 102, 153, 204* und *255*. So steht der hexadezimale Wert *FF, FF, FF* für Weiß - *00, 00, 00* für Schwarz.

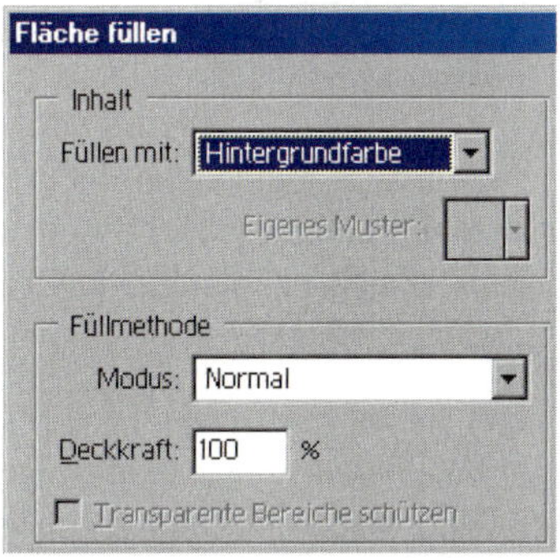

4 Stellen Sie die gezeigte Farbe als Hintergrundfarbe ein und verwenden Sie dann die Funktion *Bearbeiten/Fläche füllen*, um den Hintergrund des Dokuments mit dieser eingestellten Farbe auszufüllen.

5 Damit sollten Sie das nachfolgend abgebildete Stadium erhalten.

Hilfslinien für präzises Arbeiten

Die vorbereitenden Arbeiten gehen nun weiter. Die Vektorobjekte, die wir konstruieren wollen, sollen präzise ausgerichtet werden.

Für genaues Positionieren bei der Konstruktion bietet Photoshop einige Hilfsmittel an, die wir Ihnen nun vorstellen wollen. So können Sie beispielsweise Hilfslinien und Gitternetze verwenden, um die Objekte an bestimmten Positionen anzuordnen.

1 Rufen Sie die Funktion *Ansicht/Lineale einblenden* auf, die Sie auch über die Tastenkombination Strg+R erreichen.

2 Damit wird ein horizontales und ein vertikales Lineal eingeblendet. So können Sie sich gut über die Maße des Dokuments orientieren.

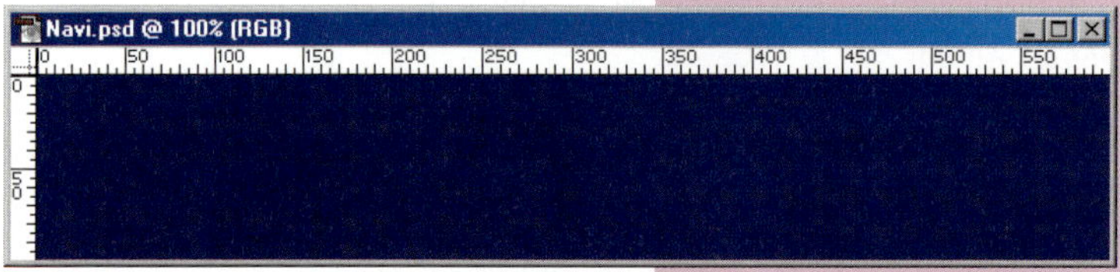

3 Aus den Linealen können Sie Hilfslinien herausziehen. Klicken Sie dazu beispielsweise auf das horizontale Lineal und halten Sie die linke Maustaste gedrückt.

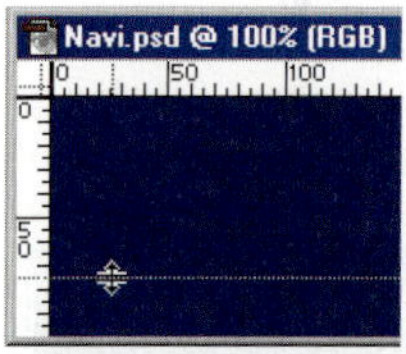

Nun können Sie mit gedrückter linker Maustaste die Hilfslinie herausziehen. Ist die gewünschte Endposition erreicht, lassen Sie die Maustaste wieder los. Am Lineal können Sie sich über die Position informieren.

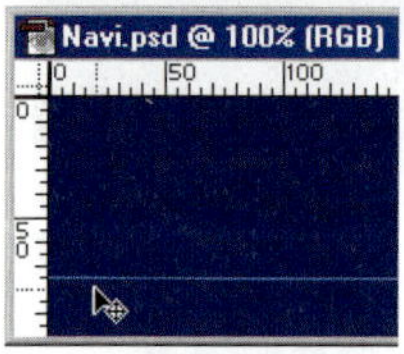

4 Wollen Sie die Hilfslinie später verschieben, können Sie diese mit markiertem Verschieben-Werkzeug einfach anklicken und mit gedrückter Maustaste verschieben.

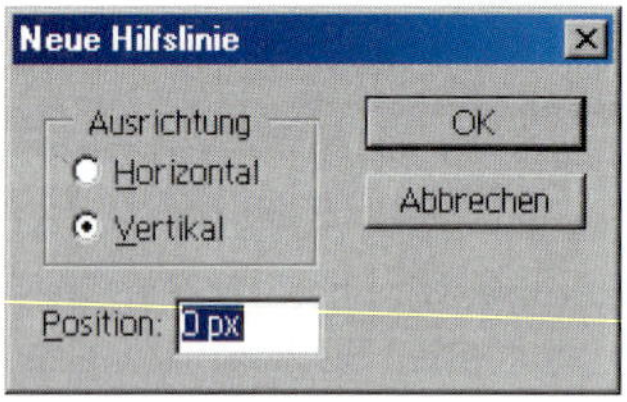

5 Wollen Sie die Hilfslinien ganz präzise platzieren, können Sie die Funktion *Ansicht/Neue Hilfslinie* verwenden. In einem Dialogfeld können Sie dann die exakte Position eingeben. Sehr praktisch!

6 Die Positionen der von uns benötigen Hilfslinien sehen Sie im folgenden Bild:

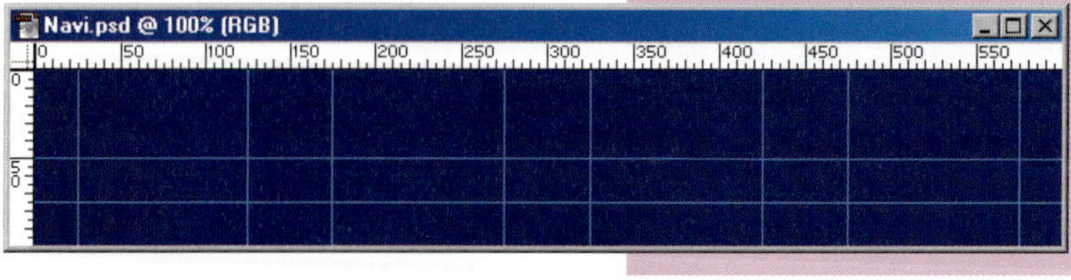

Info

Magnetische Hilfslinien

Wenn Sie sich beim Konstruieren von Objekten oder beim Verschieben einer Hilfslinie nähern, wirkt diese magnetisch. So können Sie schnell und einfach präzise konstruieren und verschieben.

7 Damit die Hilfslinien magnetisiert werden, müssen Sie die Funktion *Ansicht/Ausrichten an/Hilfslinien* aktivieren. Außerdem muss die *Ansicht/Ausrichten*-Option eingeschaltet sein.

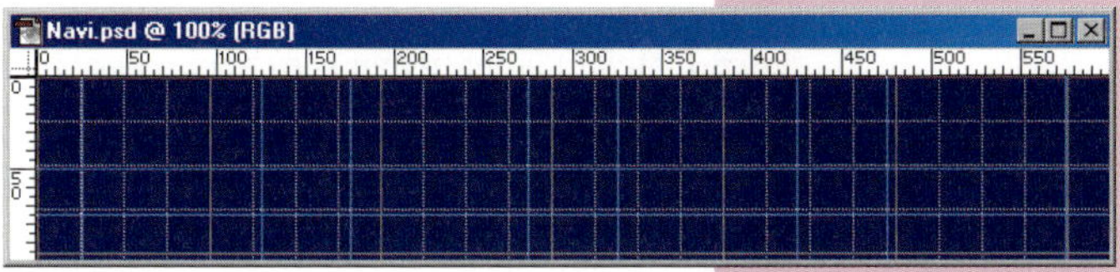

8 Ein weiteres Hilfsmittel kann das Gitternetz sein, das Sie mit *Ansicht/Einblenden/Raster* einblenden können.

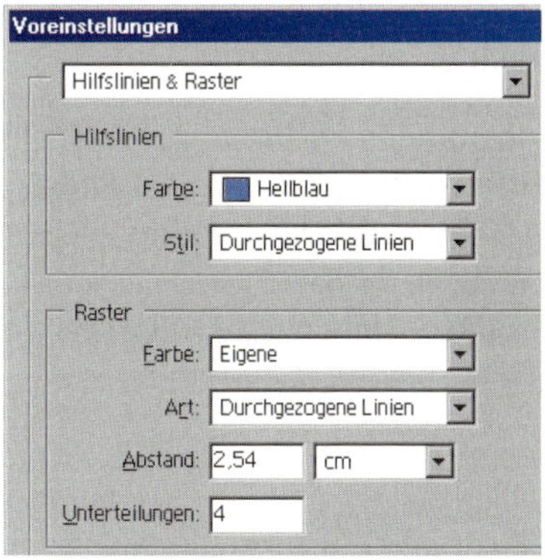

Die Optionen für das Raster können Sie über die Funktion *Bearbeiten/Voreinstellungen/Hilfslinien & Raster* verändern. Hier lassen sich auch Linientyp und -farbe für die Hilfslinie verändern.

Vektorformen konstruieren

Nun sollen geometrische Grundformen konstruiert werden, die einen Teil der Schaltfläche bilden. Zusätzlich kommen danach auch noch Beschriftungstexte dazu.

Beide Formen sind als so genannte Vektorobjekte verfügbar. Wenn Sie also später die Dokumentgröße verändern, ist dies ohne Qualitätsverlust möglich. Auch der Druck auf hoch auflösenden Druckern bereitet so keine Probleme.

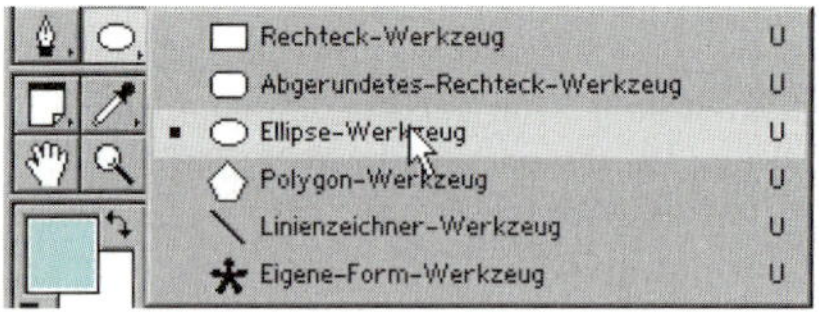

1 Rufen Sie das *Ellipse-Werkzeug* auf, das Sie im Flyout-Menü der Formen-Werkzeuge finden. Sie erreichen es auch durch mehrfaches Drücken der U-Taste, wenn Sie zusätzlich die Umschalt-Taste gedrückt halten.

In der Optionen-Leiste können Sie auch zwischen den unterschiedlichen verfügbaren Formen wechseln.

2 Die ersten Schaltflächen legen den Typ fest, der erstellt wird. Die erste Schaltfläche zum Erstellen einer neuen Formebene benötigen wir für unser Beispiel. Mit der zweiten Schaltfläche können Sie einen Arbeitspfad, mit der dritten einen gefüllten Bereich erstellen.

3 Bevor Sie nun die Ellipse konstruieren, sollten Sie die Farbe auswählen - das nachträgliche Ändern ist aufwändiger.

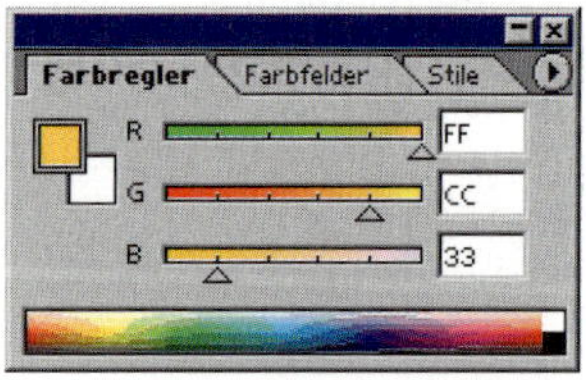

Dazu haben wir im Pfeilmenü des Farbreglers die Optionen *Webfarbenregler* und *Balken websicher machen* aktiviert, sodass auch hier nur noch die websicheren Farben ausgewählt werden können. Unsere erste Farbe sehen Sie abgebildet.

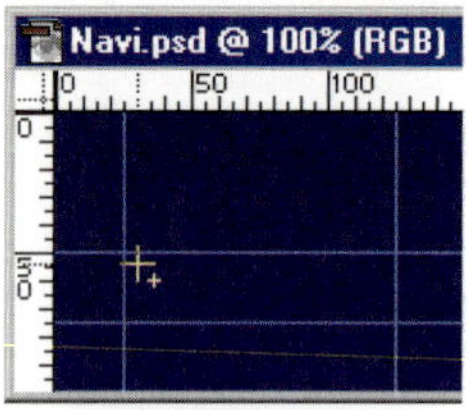

4 Klicken Sie nun im Bild ungefähr an die abgebildete Stelle in der Nähe der Hilfslinien. Der gezeigte Abstand reicht aus, um die Hilfslinien „zuschnappen" zu lassen.

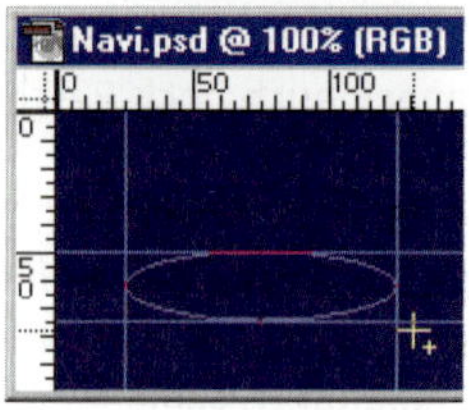

Dies bemerken Sie, wenn Sie nun mit gedrückter linker Maustaste den Mauszeiger ziehen. Eine Vorschaulinie zeigt die Form der Ellipse an. Ziehen Sie die Form bis zu den gezeigten Hilfslinien auf.

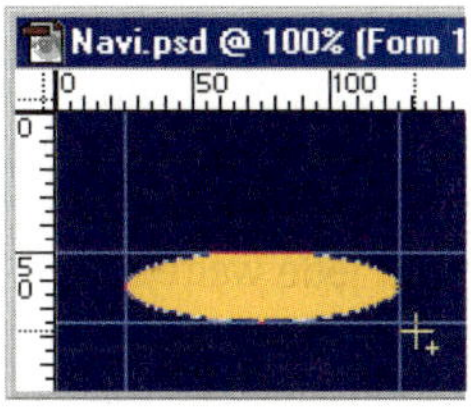

5 Nach dem Loslassen der Maustaste sehen Sie die gefüllte Ellipse.

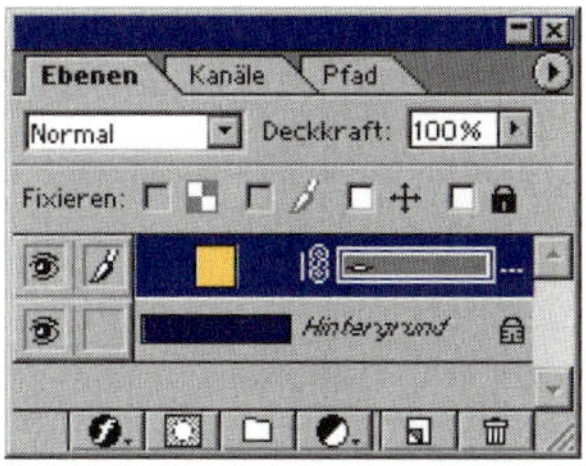

6 Ein Blick in das *Ebenen*-Palettenfenster zeigt, dass dort automatisch eine neue Ebene eingefügt wurde, auf der zwei Vorschaubilder zu sehen sind.

An den Bildern kann man auch ganz gut erkennen, wie die „Vektorobjekte" in Photoshop aufgebaut werden.

Info

Pseudo-Vektorobjekte

Kennen Sie vielleicht die komplizierten Pfad-Funktionen vergangener Photoshop-Versionen, die Sie vielleicht nie verwendet haben? Die „neuen" Vektorfunktionen sind eigentlich nichts anderes als diese Pfade - nur dass alles automatisiert wurde. Photoshop erstellt nämlich lediglich eine gefüllte Fläche (sie ist im linken der Symbole zu sehen), die mit automatisch erstellten Pfaden maskiert wird. Den Pfad sehen Sie im rechten Vorschaubild. Sie brauchen jetzt die Pfade nur nicht mehr umständlich zu erstellen, da einige geometrische Grundformen vorgefertigt sind.

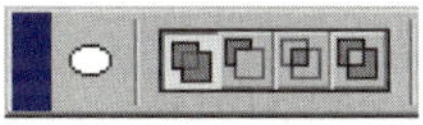

7 Nachdem die Form erstellt ist, ändern sich die Optionen der Optionen-Leiste etwas.

Hier können Sie nun entscheiden, ob Sie weitere Formen addieren oder subtrahieren wollen oder ob Schnittmengen erzeugt werden sollen - „boolsche Operationen" nennt dies der Fachmann. So können Sie aufwändige Formen durch das Zusammensetzen einfacher Grundformen erstellen.

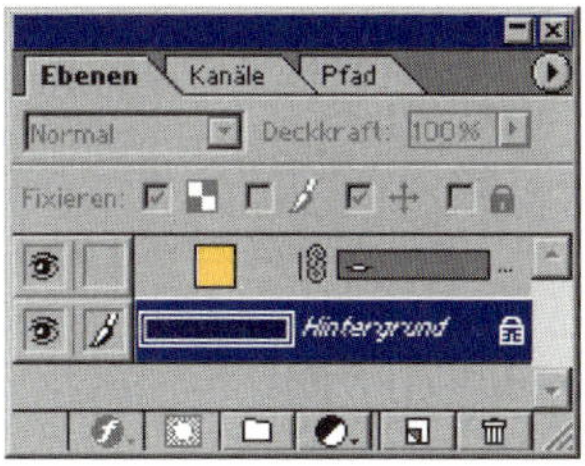

8 Wollen Sie - wie wir - eine neue, unabhängige Form erstellen, markieren Sie einfach wieder die Hintergrundebene.

Unabhängige Formen erstellen

Sie können zwar mehrere Formen auf einer Formebene unterbringen – das hat aber einen Nachteil: Sie müssen alle dieselbe Farbe haben und dürfen sich nicht überlappen. Daher ist es besser, wenn Sie für jede weitere Form eine eigene, neue Ebene erstellen, zumal wir ja später Rollover-Funktionen hinzufügen wollen.

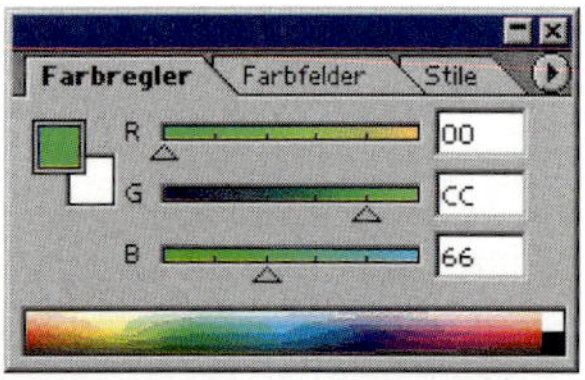

1 Stellen Sie die Farbe für die folgende Ebene ein. Unsere Wahl sehen Sie links.

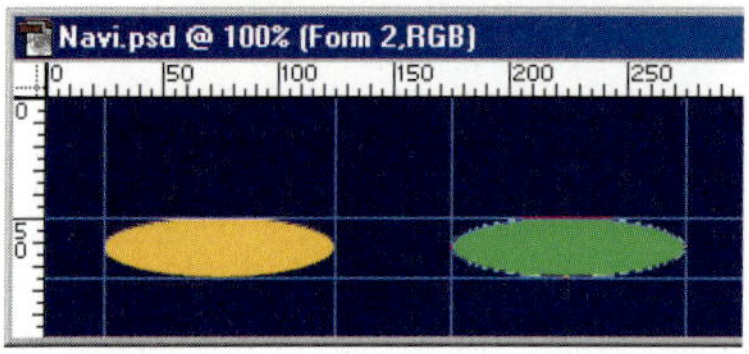

2 Konstruieren Sie auf die bekannte Art die nächste Ellipse, die genauso groß ist wie die vorige.

3 Wiederholen Sie die Arbeitsschritte nun mit zwei weiteren Ellipsen. Die folgende Ellipse erhält die Farbe *#00, CC, FF*, die letzte die Farbe *#FF, 33, 33*. Sie sollten dann die folgende Situation haben:

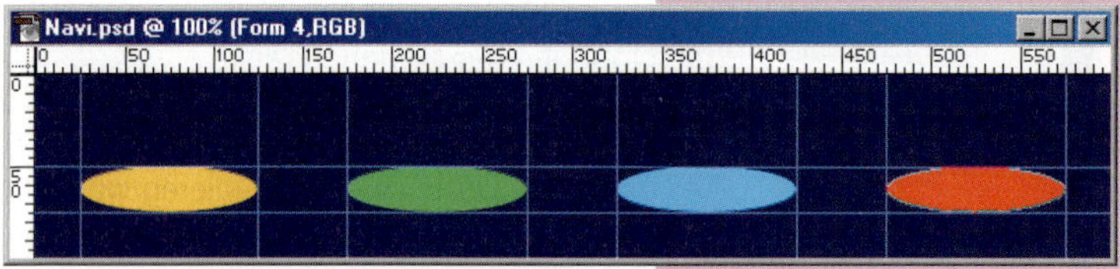

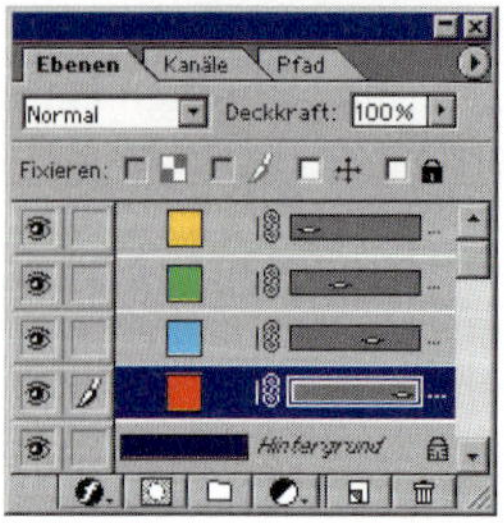

4 In der *Ebenen*-Palette sollten Sie nun vier verschiedene Einträge für die Ellipse sehen – für jede Ellipse eine Ebene.

Ebeneneffekte an Formebenen anwenden

Ebeneneffekte können auch an Formebenen wie bei allen Ebenentypen angewendet werden:

1 Rufen Sie die Funktion *Ebene/Ebenenstil/Abgeflachte Kante und Relief* auf. Wir haben die abgebildeten Werte eingestellt.

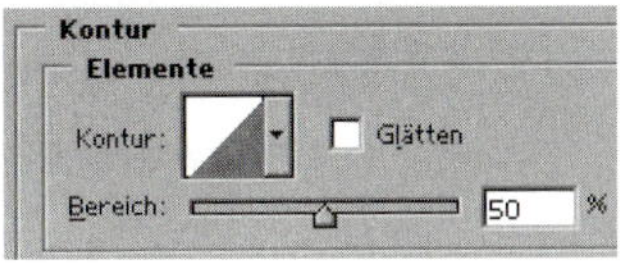

2 Außerdem haben wir in der *Kontur*-Kategorie dieses Effekts die links gezeigte Einstellung vorgenommen.

3 Nach dem Übertragen dieses Effekts auf alle vier Formebenen entsteht folgendes Bild. Am leichtesten übertragen Sie den Effekt über einen Stil.

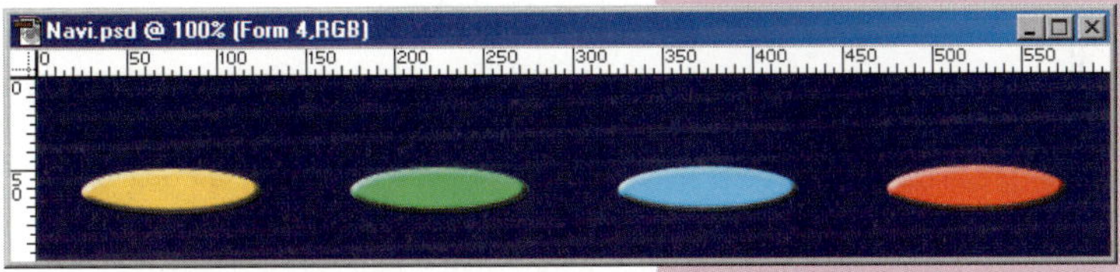

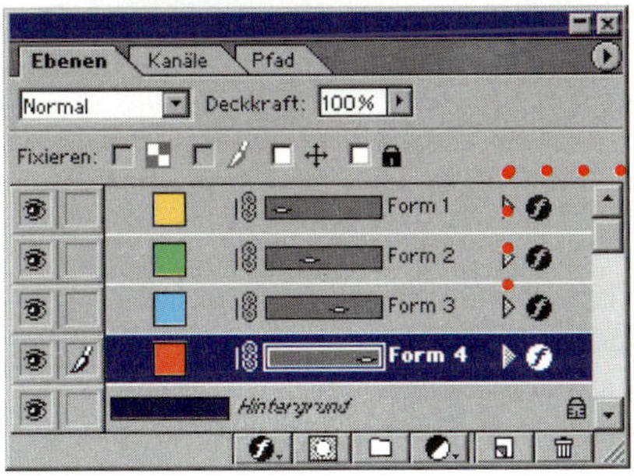

4 Sie sollten dann im *Ebenen*-Palettenfenster die folgende Anordnung sehen. Zur besseren Übersicht haben wir die Effekte mit einem Klick auf das Dreieck zugeklappt.

Im zugeklappten Zustand zeigt es nach rechts, im aufgeklappten nach unten.

Weiteres Bearbeiten in ImageReady

So, nun können wir die weitere Bearbeitung in ImageReady fortsetzen. Die folgenden Arbeitsschritte können wir dort genauso gut erledigen.

1 Klicken Sie zum Wechseln einfach auf die letzte Schaltfläche in der Werkzeugleiste. Damit wird ...

2 ... ImageReady gestartet und das aktuelle Dokument dort geöffnet.

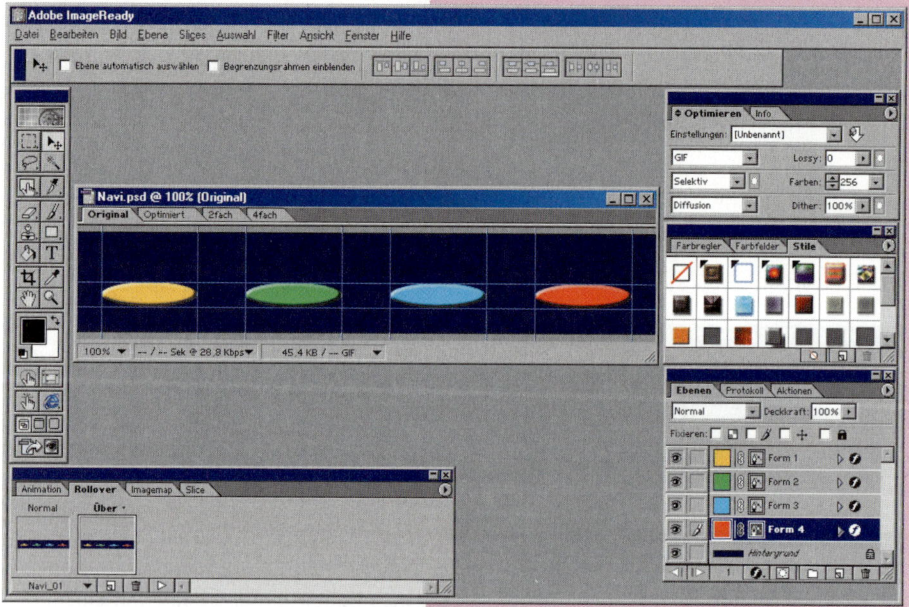

Info

Fast gleich – aber nicht ganz

Klar, Sie haben es gleich bemerkt. Die Arbeitsoberflächen sehen fast gleich aus – so fällt der Umstieg leicht. Leider sind sie aber nur fast gleich. Warum sich einige Dinge unterscheiden, ist nicht ganz verständlich. Nur eine Kleinigkeit. In ImageReady ist die Optionen-Leiste immer freischwebend. Sie kann anders als in Photoshop nicht angedockt werden. Und die Palettenfenster können Sie auch nicht auf den Ausgangsstand zurücksetzen und ... **;-((**.

Die verschiedenen Mausereignisse

Wir wollen nun die folgende Aufgabenstellung erledigen: Wenn der Besucher den Mauszeiger über eine der Schaltflächen bewegt, soll sich die Schaltfläche verändern und zusätzlich die Beschriftung der Schaltfläche erscheinen.

Wird die Schaltfläche gedrückt, soll sie auch eingedrückt aussehen. Diese so genannten Rollover-Effekte lassen sich mit ImageReady leicht erledigen.

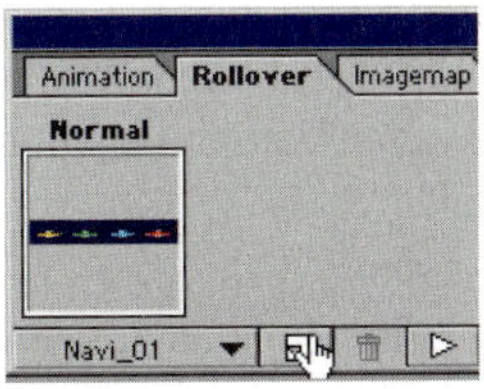

1 Diese Aufgabenstellung wird über das *Rollover*-Palettenfenster erledigt. Wechseln Sie zu dem entsprechenden Reiter. Zunächst ist dort nur ein einziger Eintrag zu sehen.

Klicken Sie auf das Papiersymbol ...

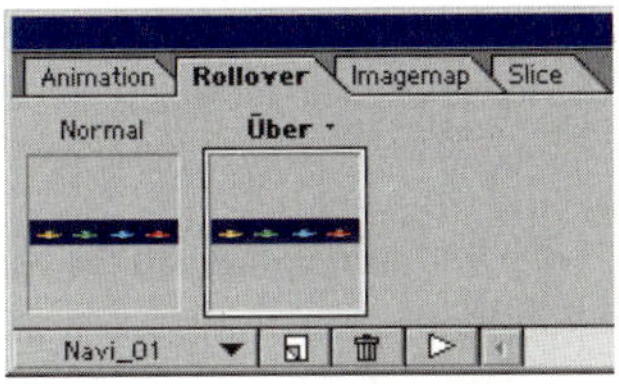

2 ... ImageReady erstellt dann eine Kopie des bisherigen Zustands. Klicken Sie auf das Vorschaubild, um zu diesem Zustand zu wechseln. Im Bild sehen Sie dann zunächst keinerlei Unterschied.

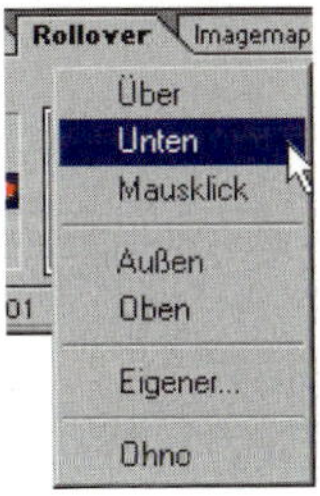

ImageReady kennt fünf verschiedene Standardzustände, die über das Pfeilmenü über dem Eintrag ausgewählt werden können. Bei *Unten* wird die Maustaste gedrückt.

Außen und *Oben* regeln, wo die Maustaste wieder losgelassen wird – über der Schaltfläche oder außerhalb. Außerdem können Sie noch eigene Stati benennen.

Info

Ganz normales Arbeiten

Sie können nun ganz normal arbeiten. Die Veränderungen beziehen Sie aber in diesem Fall nur auf den *Über*-Zustand – also wenn sich der Mauszeiger über der Schaltfläche befindet. Allerdings gilt das nicht für alle Elemente. Konstruieren Sie beispielsweise eine neue Ebene, wird diese in allen Zuständen zu sehen sein. Verändern Sie aber einen Effekt, ist die Änderung nur im markierten Zustand sichtbar.

Bilder aufteilen

Noch nutzen Ihnen die Zustände aber nicht allzu viel: Sie treten nämlich ein, wenn der Mauszeiger über das gesamte Bild bewegt wird – und das nutzt uns natürlich wenig.

Der jeweilige Zustand soll ja erst eintreten, wenn der Mauszeiger über einen festgelegten Bereich bewegt wird, nämlich die Schaltfläche.

Dazu bietet ImageReady zwei Varianten an: Sie können das Bild in so genannte Slices zerteilen oder so genannte Imagemaps verwenden. Welches Verfahren Sie verwenden, ist eigentlich egal – bei der zweiten Variante bleibt ein einzelnes Bild erhalten, das bietet manchmal Vorteile.

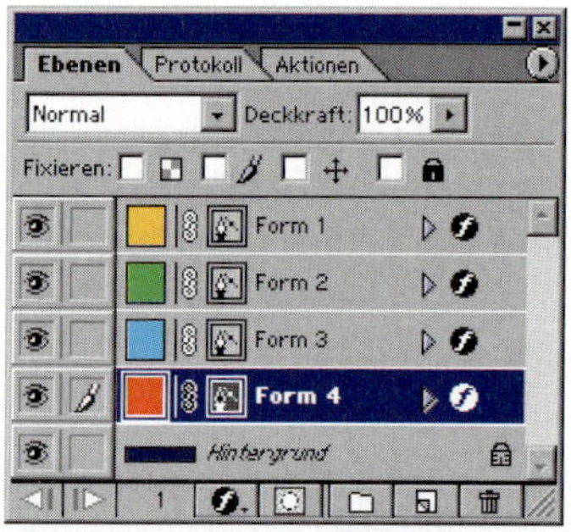

1 Wir wollen Imagemaps verwenden und es uns – natürlich – dabei so einfach wie möglich machen. Markieren Sie die Ebene der ersten Schaltfläche im *Ebenen*-Palettenfenster.

2 Rufen Sie die Funktion *Ebene/Neuer ebenenbasierter Imagemap-Bereich* auf. Dann erstellt ImageReady automatisch ein passendes Imagemap, das mit einer roten Markierungslinie gekennzeichnet wird.

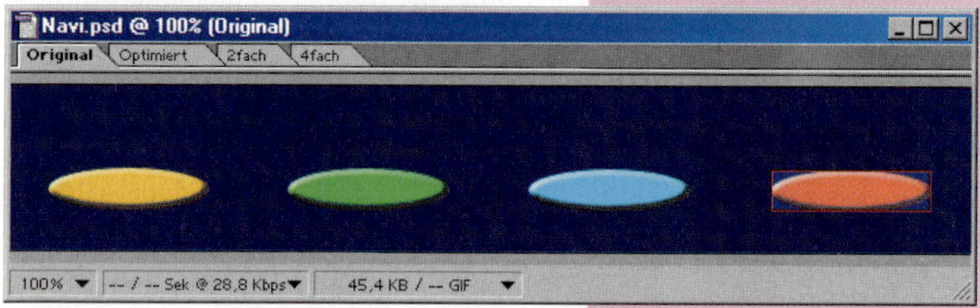

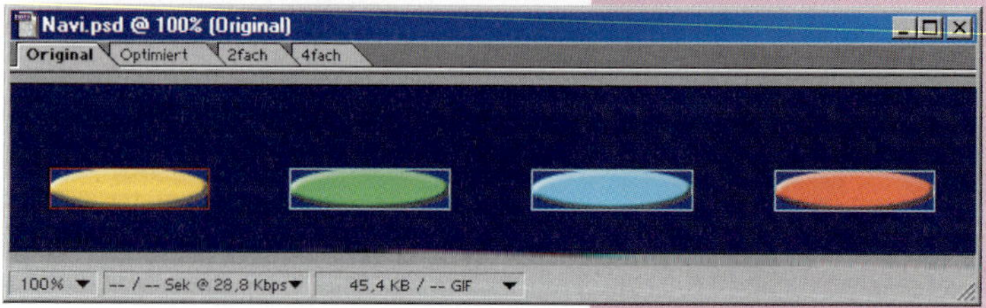

3 Wiederholen Sie diesen Arbeitsschritt, sodass allen vier Schaltflächen ein eigener Bereich zugewiesen wird.

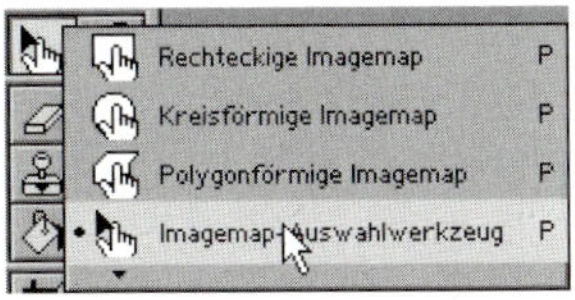

4 Um eins der Imagemaps bearbeiten zu können, müssen Sie es zunächst markieren. Dazu wird das *Imagemap-Auswahlwerkzeug* benötigt, das Sie in einem Flyout-Menü finden.

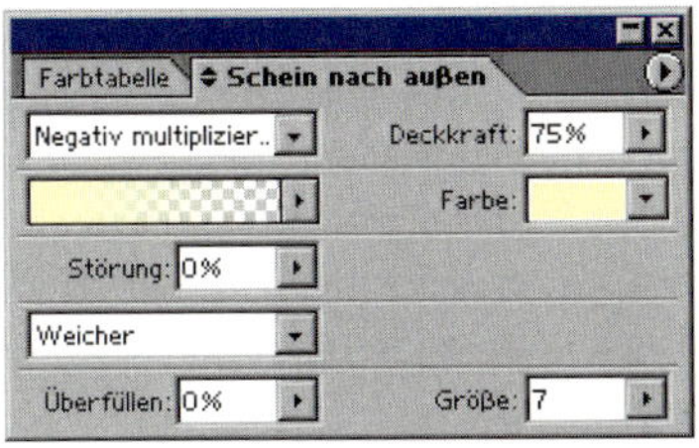

5 Rufen Sie die Funktion *Ebene/Ebenenstil/Schein nach außen* auf. Wider Erwarten erscheint dann nicht das aus Photoshop bekannte Dialogfeld zur Effekteinstellung, sondern ein Palettenfenster. Stellen Sie dort die gezeigten Werte ein.

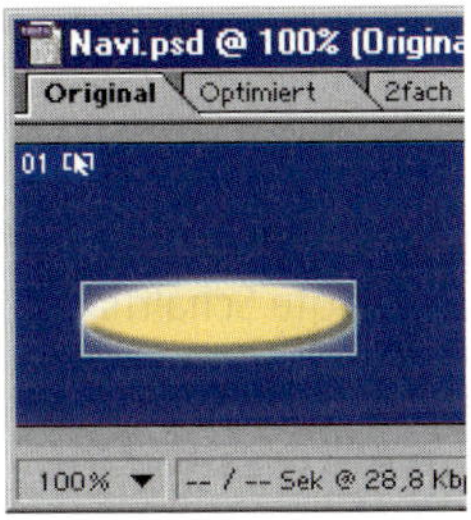

6 Damit wird die Schaltfläche – wie gewünscht – hervorgehoben.

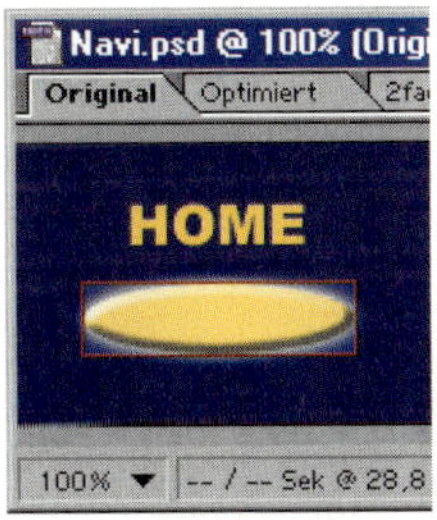

7 Erstellen Sie nun den gewünschten Schriftzug.

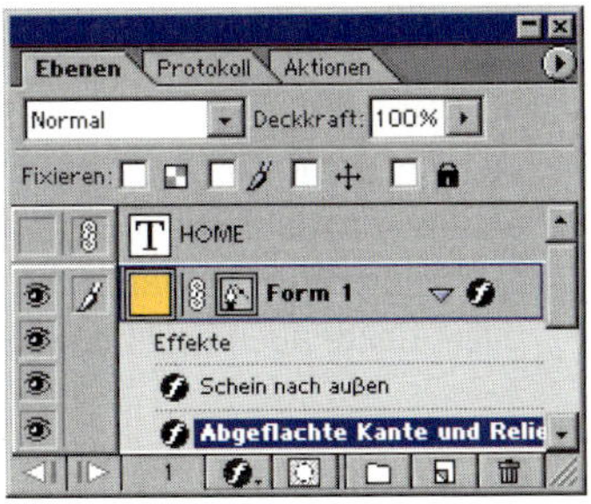

8 Blenden Sie die Textebene im *Normal*-Status aus.

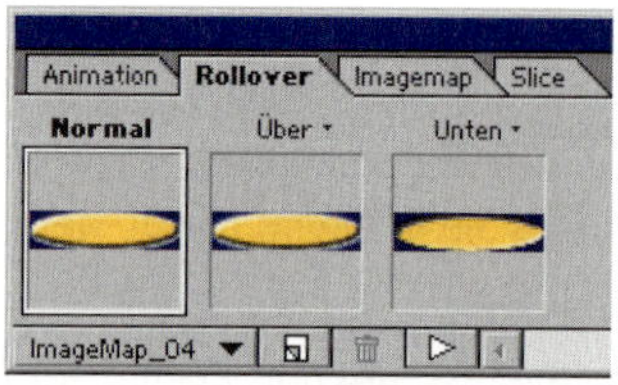

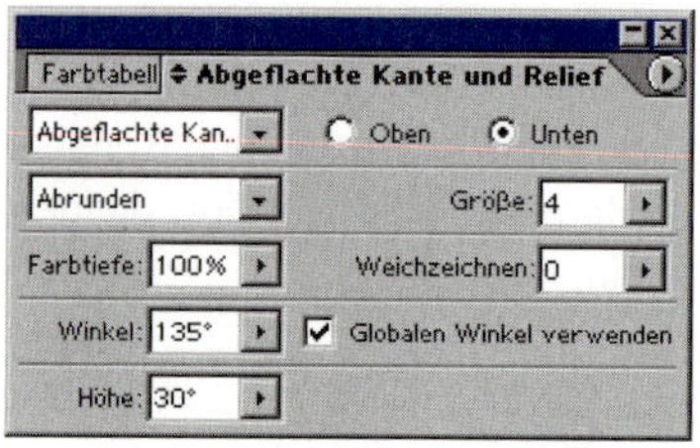

9 Erstellen Sie nun einen weiteren Status mit dem *Unten*-Zustand.

Dort stellen wir den Ebeneneffekt auf *Unten* ein – damit die Schaltfläche eingedrückt erscheint. Der Schriftzug bleibt hier eingeblendet. Diese Arbeitsschritte müssen nun bei allen anderen Imagemaps ebenfalls erledigt werden. Viel Spaß!

Funktionalität prüfen

Sicherlich wollen Sie testen, ob es geklappt hat. Sie können sich in ImageReady das Ergebnis ansehen, wenn Sie die links gezeigte Schaltfläche verwenden.

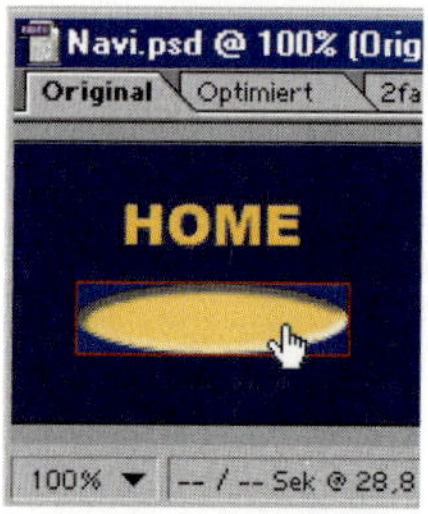

Wie im Webbrowser erscheint dann ein Handsymbol, wenn die Schaltfläche überfahren wird.

Alternativ dazu können Sie sich das Ergebnis auch in einer Vorschau im Webbrowser ansehen. Verwenden Sie dazu die Funktion *Datei/Vorschau in*. Dort sind die auf Ihrem System installierten Webbrowser aufgeführt.

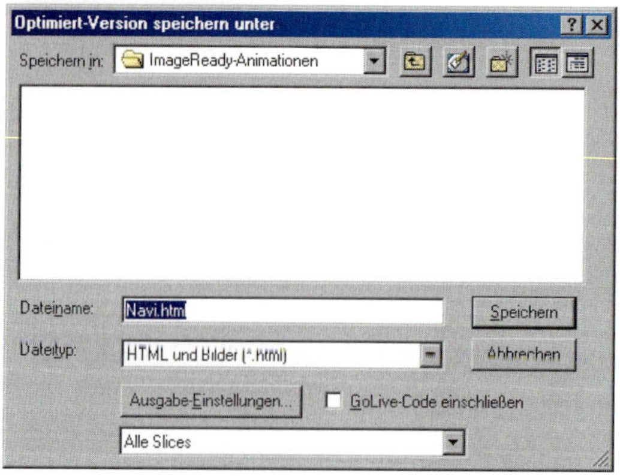

Achten Sie beim Speichern darauf, dass Sie die Funktion *Datei/Optimiert-Version speichern unter* verwenden.

Hier können Sie nämlich auch die dazugehörende HTML-Datei mit sichern, in der der notwendige JAVA-Code enthalten ist, damit die Rollover Effekte auch funktionieren.

Animierte Banner mit ImageReady erstellen

Sie kennen sie sicherlich: Die vielen kleinen Banner auf Webseiten, bei denen sich alles dreht und bewegt. Meist sind diese Animationen im GIF-Dateiformat erstellt.

Anhand eines Beispiels wollen wir Ihnen in diesem Kapitel zeigen, wie Sie in ImageReady eine solche Animation erstellen können - das Programm bietet nämlich einige interessante Funktionen dafür an.

Außerdem sehen wir uns in diesem Kapitel an, wie Sie die fertigen Ergebnisse am besten exportieren.

Die richtige Bannergröße einstellen

Bevor etwas animiert werden kann, müssen natürlich erst einmal Objekte vorhanden sein. Und natürlich ein Dokument in der passenden Größe.

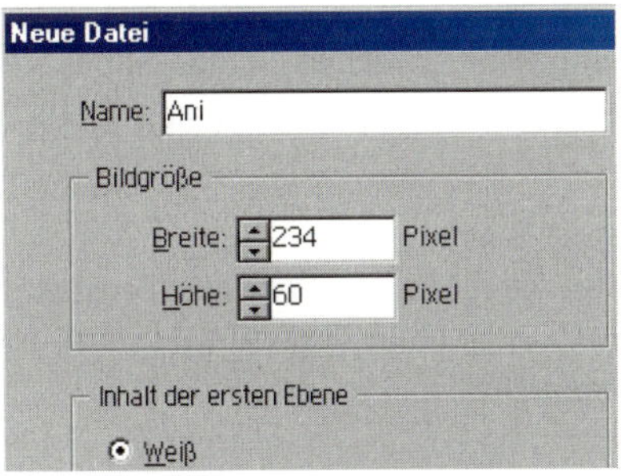

1 Rufen Sie also zunächst die Funktion *Datei/Neu* auf, die Sie wie gewohnt auch mit dem Tastenkürzel Strg+N erreichen.

Stellen Sie eine Größe von *234* Pixeln Breite und einer Höhe von *60* Pixeln ein - das ist ein gängiges Bannermaß. Der Hntergrund des Dokuments wird wieder *Weiß* gefüllt.

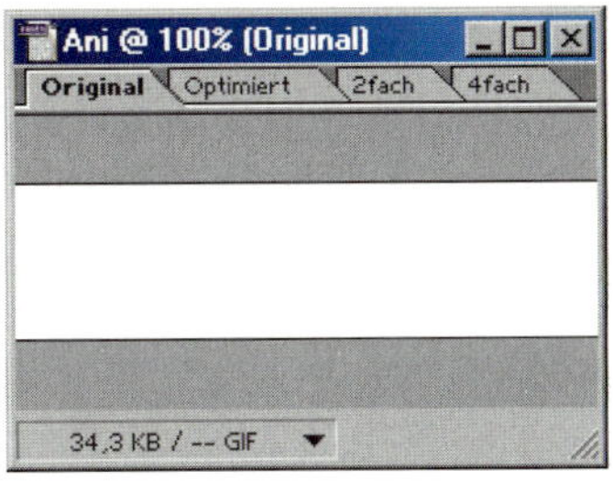

2 Das neue Dokument ist sehr klein - das ist leider das Wesen von Bannern. Daher müssen Sie meist beim Arbeiten die Darstellungsgröße vergrößern, damit Sie etwas erkennen.

Auffallend sind die vier Reiter über der Arbeitsfläche - die gibt es in Photoshop nämlich nicht.

Über diese Reiter können Sie sich ansehen, wie das Ergebnis in der exportierten Endfassung aussehen wird – aber dazu später mehr.

3 Beim Vergrößern der Darstellungsgröße mit dem Zoom-Werkzeug sollten Sie in der Optionen-Leiste die Option *Fenstergröße anpassen* aktivieren, damit das Dokument vollständig zu sehen ist.

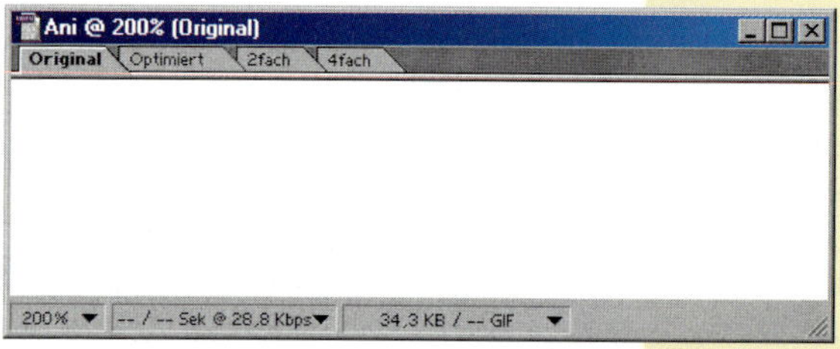

4 Nun wollen wir zunächst einige Grundelemente konstruieren, damit wir auch etwas zum Animieren haben. Auch in ImageReady gibt es natürlich die Werkzeuge zum Konstruieren der geometrischen Formen. Diese wollen wir nun einsetzen.

Dieses Mal wollen wir ein Rechteck mit abgerundeten Ecken verwenden – dafür gibt es ein entsprechendes Werkzeug im Formen-Flyout-Menü.

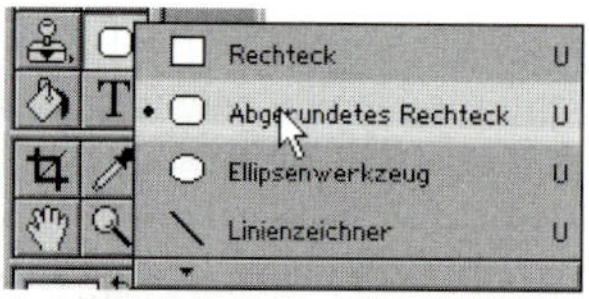

5 Stellen Sie im *Farbregler*-Palettenfenster die Farbe der Form ein. Unsere Wahl sehen Sie links abgebildet.

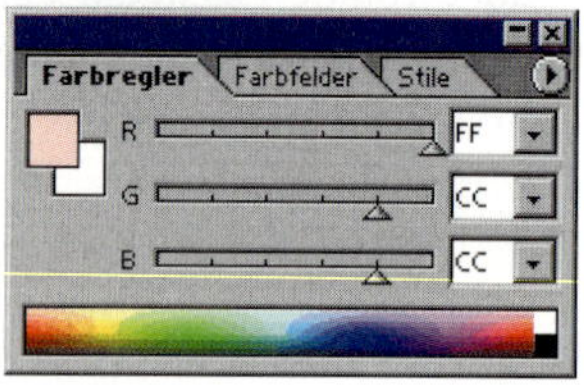

6 Die Größe des Rechtecks soll der des Dokuments entsprechen. Stellen Sie deshalb diese Größe in der Optionen-Leiste des Werkzeugs ein.

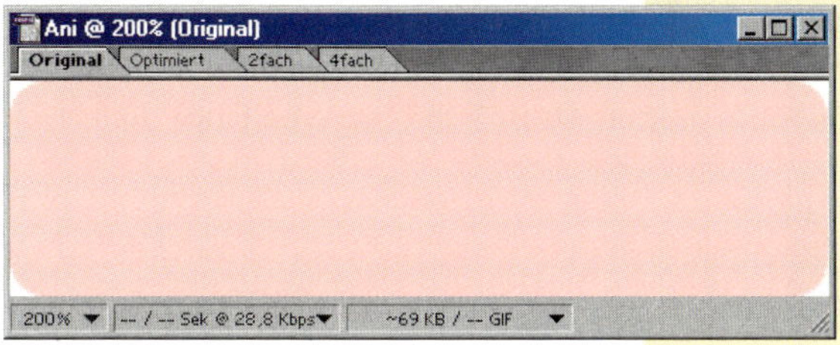

7 Sie brauchen dann nur einmal in der oberen linken Ecke des Dokuments zu klicken, um das Objekt gleich an der korrekten Position zu platzieren.

Falls es nicht gleich geklappt hat, verschieben Sie das Objekt an den Rand des Dokuments.

Objekte mit Konturen versehen

In früheren Phtoshop-Versionen war es recht mühselig, Objekte mit Konturen zu versehen – jetzt können Sie diese Aufgabenstellung recht leicht mit Ebeneneffekten realisieren:

1 Achten Sie darauf, dass die gerade neu erstellte Ebene im *Ebenen*-Palettenfenster noch markiert ist. Rufen Sie dann die Funktion *Ebene/Ebenenstil/Kontur* auf. Stellen Sie in dem Palettenfenster eine Konturstärke von *2* Pixeln ein.

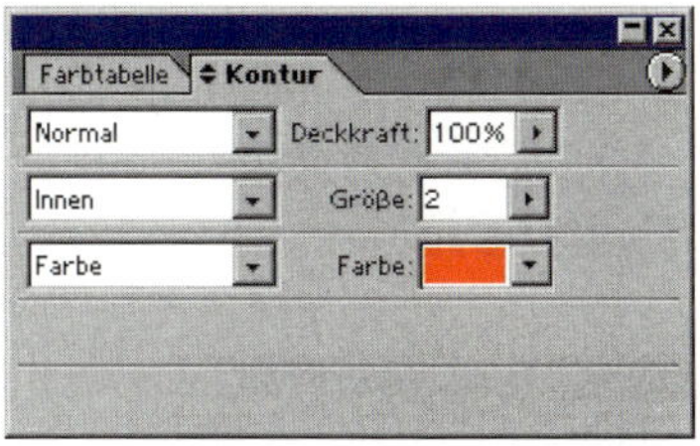

2 Als Farbton haben wir einen Rotton ausgesucht. Außerdem muss die *Innen*-Option eingestellt werden, damit die Kontur nicht über den Rand des Dokuments hinausragt.

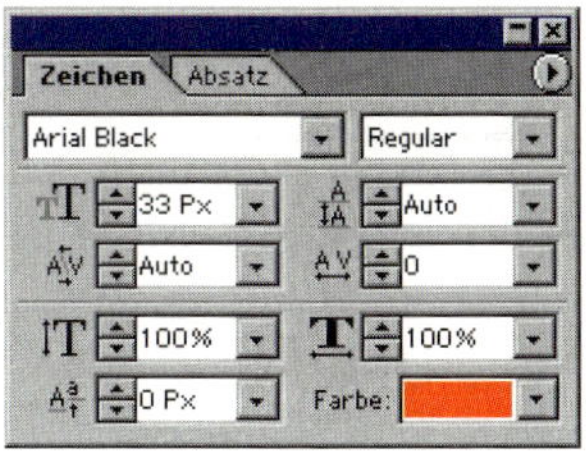

3 Denselben Farbton verwenden wir auch für den Schriftzug, den wir nun im Dokument platzieren wollen. Hier haben wir uns für die folgenden Einstellungen entschieden.

Die Texteingabe ist mit der identisch, die Sie bereits aus Photoshop kennen.

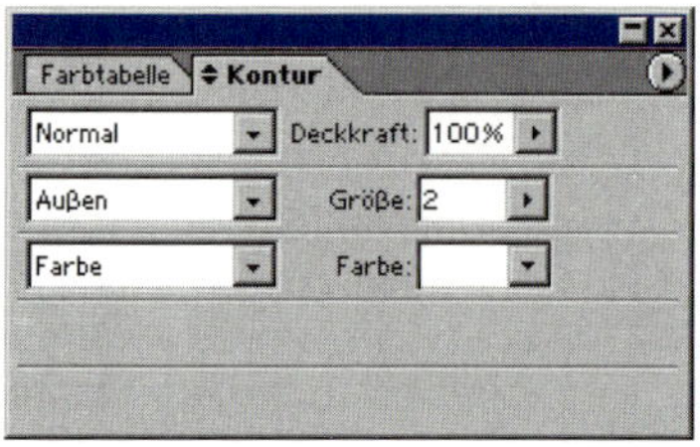

4 Auch Textebenen können Sie mit dem Konturstil verändern – das wollen wir auch gleich nutzen. Unser Schriftzug erhält eine dünne, weiße Kontur.

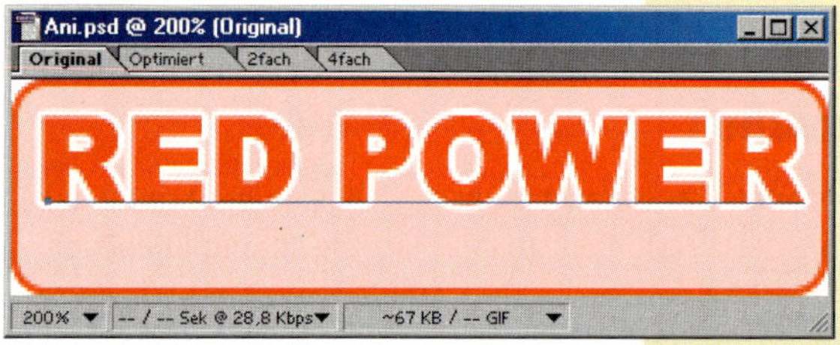

5 In der zweifach vergrößerten Darstellungsgröße sollte Ihr Zwischenergebnis dann folgendermaßen aussehen:

Info

Fehlende Funktionen

Bei der Wahl der Darstellungsgröße müssen Sie sich wieder mit fehlenden Funktionen und fehlendem Komfort herumplagen: Das praktische Zoomeingabefeld aus Photoshop gibt es hier nämlich nicht. In ImageReady können Sie nur in festgelegten Stufen vergrößern und verkleinern. Auch das Navigator-Palettenfenster gibt es ebenfalls nicht.

Elemente gleichmäßig verteilen

Als Nächstes benötigen wir noch einige Kreise. Diese sollen von links nach rechts gleichmäßig größer werden und gleichmäßig verteilt werden.

1 Rufen Sie dazu aus der Werkzeugleiste das Ellipsen-Werkzeug auf.

Stellen Sie in der Optionen-Leiste eine feste Größe von *18* Pixeln ein – so groß soll nämlich der größte Kreis werden.

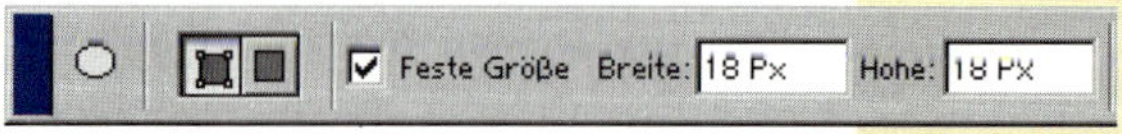

2 Klicken Sie einmal in das Bild – bei einer fest vorgegebenen Größe können Sie den Kreis natürlich nicht aufziehen.

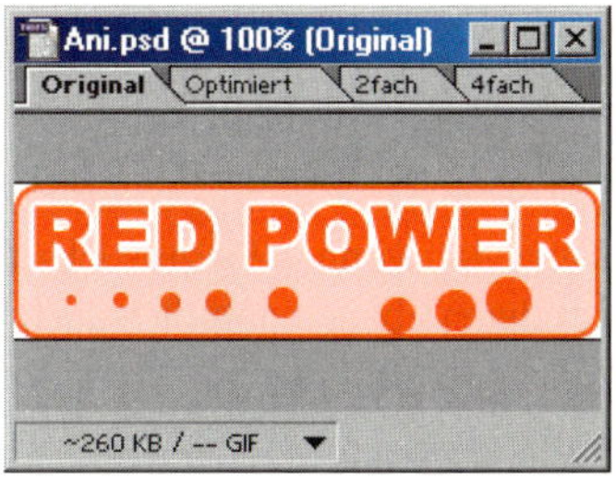

3 Erstellen Sie dann immer weitere Kreise, die jeweils um 2 Pixel verkleinert sind. Das ist durch die Angabe in der Optionen-Leiste recht einfach. Der kleinste Kreis wird dabei 4 Pixel groß.

Die Positionierung der Ebenen ist dabei erst einmal egal.

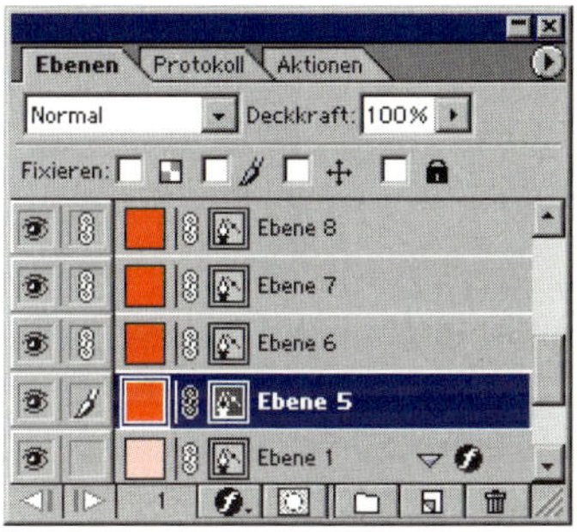

4 Um die Elemente mit einem gleichmäßigen Abstand zueinander auszurichten, verbinden Sie diese.

Klicken Sie dazu bei allen Kreisebenen auf das zweite Feld vor jedem Eintrag. Ein Kettensymbol zeigt die Verknüpfung an.

5 Rufen Sie dann die Funktion *Ebene/Verbundene verteilen/Horizontale Mitte* auf.

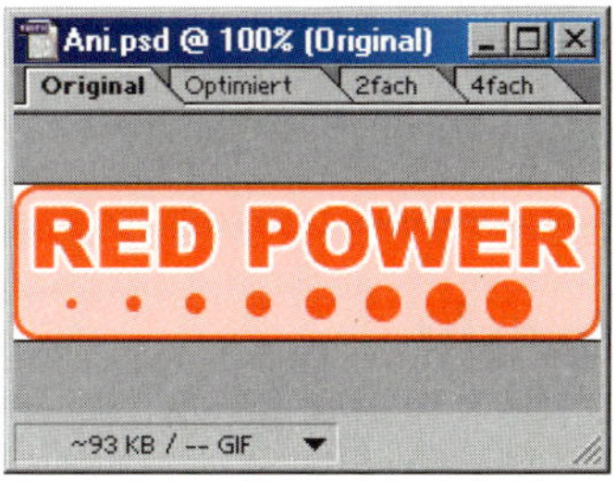

6 Zum Ausrichten in der Höhe wird dann die Funktion *Ebene/Verbundene ausrichten/Vertikale Mitte* benötigt.

Sie sollten danach die gezeigte Anordnung der Kreise sehen.

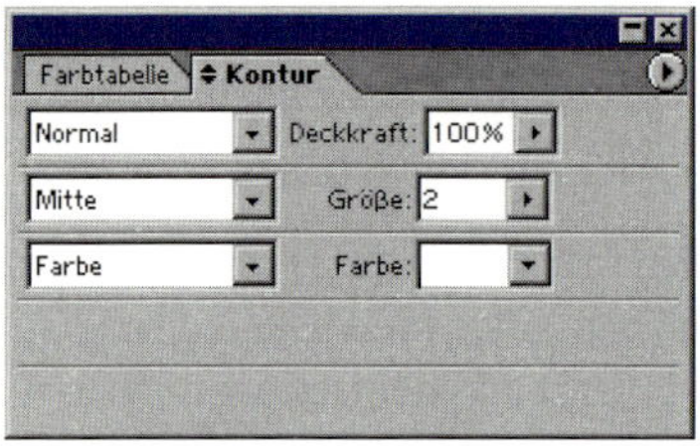

7 Auch die Kreise sollen mit einer weißen Kontur versehen werden. Rufen Sie nach der Auswahl der ersten Kreisebene also wieder die Funktion *Ebene/Ebenenstil/Kontur* auf und stellen Sie die gezeigten Werte ein. Beim kleinsten Kreis beträgt die Konturstärke aber nur 1 Pixel.

Wenn Sie wollen, können Sie zum Übertragen auf die anderen Ebenen natürlich auch wieder einen Stil verwenden – so geht das Zuweisen schneller.

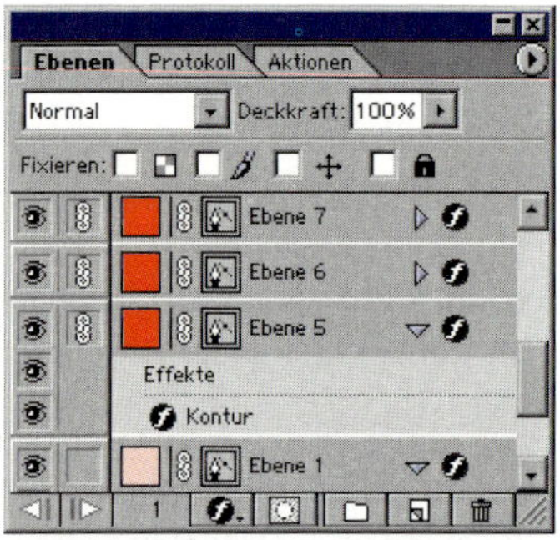

8 Damit sind die vorbereitenden Arbeiten abgeschlossen, sodass wir nun beginnen können, die Elemente zu bewegen.

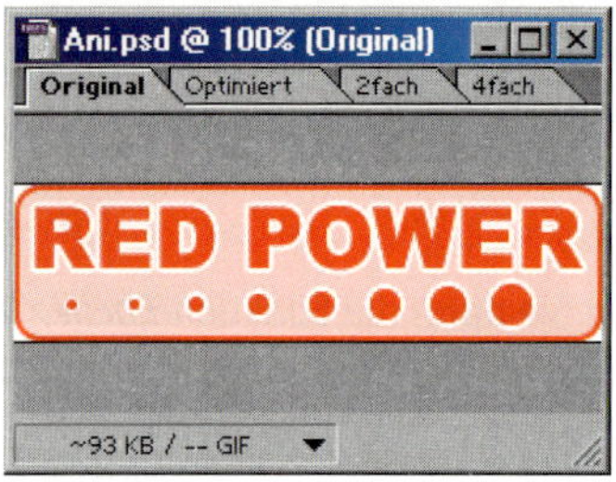

Info

Rückwärts arbeiten

Das, was Sie nun im Endbild sehen, soll das Endstadium unserer späteren Animation werden. Es ist meist leichter „verkehrt herum" zu arbeiten. Steht das Endstadium erst einmal, ist es leichter, den Aufbau dieses Stadiums herzustellen.

Animationen mit ImageReady

Das spannende an ImageReady ist nicht die Möglichkeit, Standbilder zu erstellen – das können Sie in Photoshop auch erledigen. In ImageReady können Sie die Bilder aber auch „zum Leben" erwecken.

Und genau das wollen wir nun tun. Folgendes soll passieren: Das Untergrund-Rechteck soll einblenden – es wird Schritt für Schritt sichtbar. Der Text soll aus dem Nichts herauswachsen und abschließend sollen die Kreise nacheinander einspringen.

Für einige dieser Aufgabenstellungen bietet ImageReady Erleichterungen an – andere müssen Sie leider „per Hand“ erledigen.

Die Hauptphasen erstellen

Beginnen wir damit, die verschiedenen Stadien zu erstellen, die wir gerade beschrieben haben:

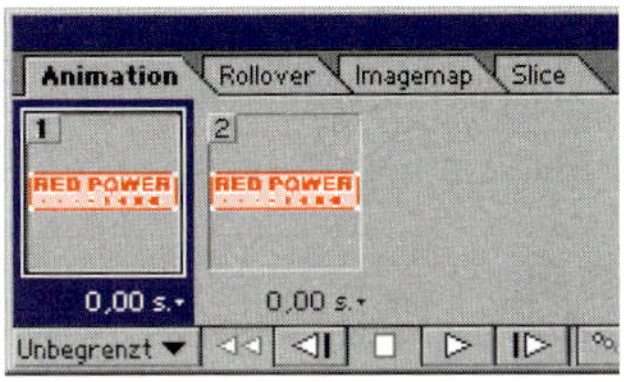

1 Wechseln Sie zum *Animation*-Palettenfenster. Klicken Sie auf das Papiersymbol, um ein weiteres Filmbild zu erstellen. Damit wird ein Abbild der bestehenden Ebene erstellt.

Die farbliche Hervorhebung zeigt an, welches der Filmbilder gerade markiert ist.

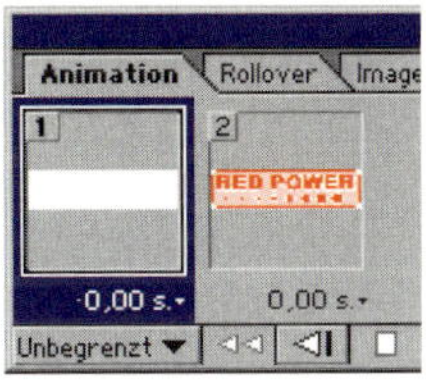

2 Blenden Sie im ersten Filmbild alle Ebenen bis auf den Hintergrund aus – so soll unser Anfangsbild aussehen.

Klicken Sie dazu einfach jeweils auf das Augensymbol.

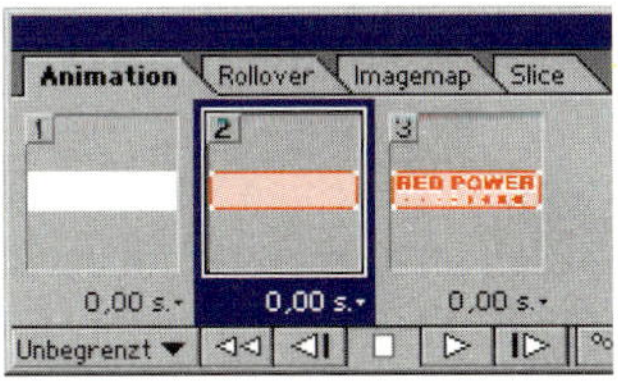

3 Klicken Sie erneut auf das Papiersymbol, damit von diesem neuen Stadium wieder eine Kopie erstellt wird.

In diesem zweiten Filmbild blenden Sie die untere Ebene des Rechtecks ein. Sie sollten dann die links abgebildeten Vorschaubilder im Palettenfenster sehen.

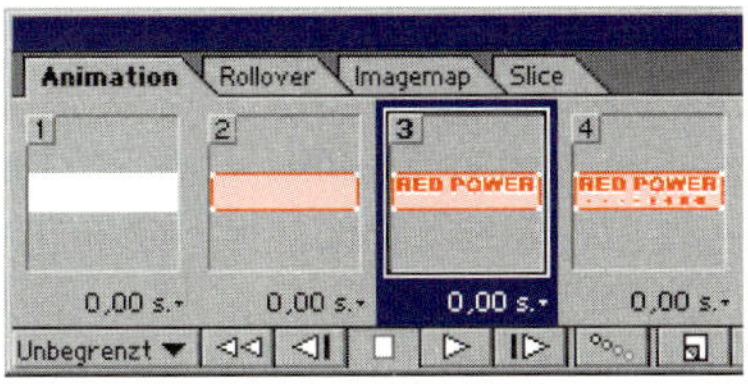

4 Auch von diesem Stadium benötigen wir wieder eine Kopie. Auf dieser wird der Schriftzug eingeblendet.

Eine Einzelbildanimation erstellen

Für die Bewegung der Punkte kommen wir gleich zur Animation. Die simpelste Art der Animation ist nämlich einfach das Erscheinen eines Objekts im Bild. Genau das wollen wir ja erreichen: Die Punkte sollen nacheinander einfach erscheinen.

1 Das Verfahren der Einzelbildanimation entspricht dem, was Sie gerade erledigt haben: Das bestehende Bild wird dupliziert und geändert.

So blenden wir beim folgenden duplizierten Bild den ersten Kreis ein.

2 Das neue Ergebnis wird erneut dupliziert und dort ein weiterer Kreis eingeblendet.

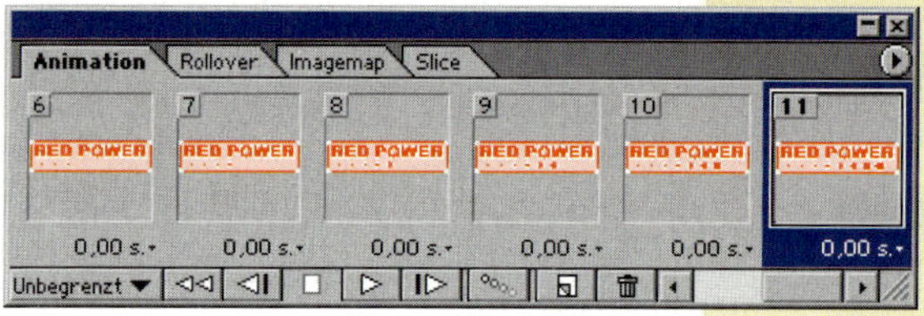

3 Diese Arbeitsschritte werden so lange fortgesetzt, bis alle Kreise eingeblendet sind.

Einblenden von Objekten

Im nächsten Schritt gehen wir zum ersten Filmbild zurück. Der Untergrund soll ja eingeblendet werden. Hier können Sie ImageReady die Arbeit erledigen lassen.

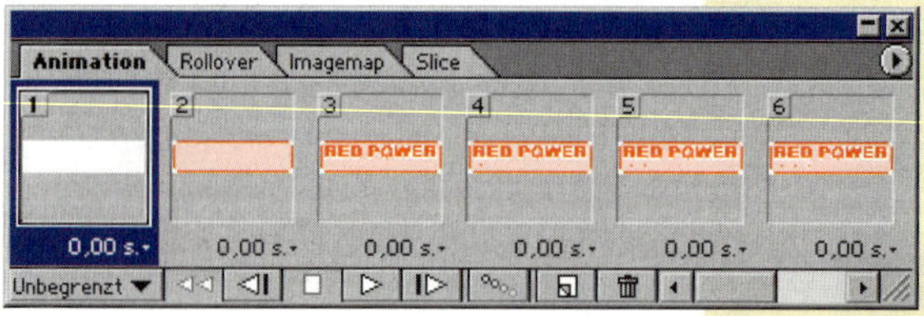

1 Achten Sie darauf, dass das erste Filmbild markiert ist.

2 Rufen Sie aus dem Pfeilmenü des Palettenfensters die Funktion *Dazwischen einfügen* auf.

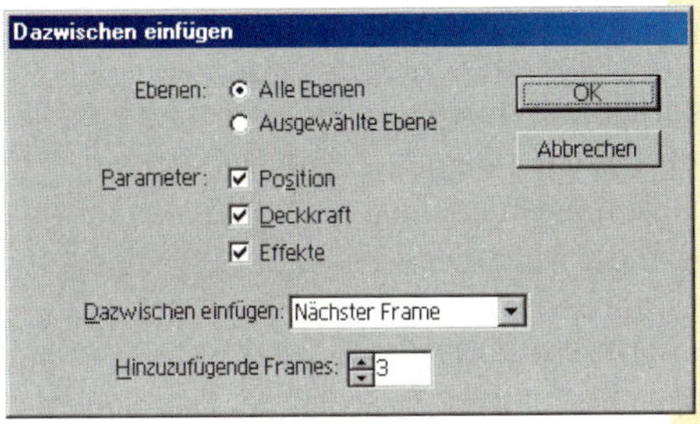

3 Stellen Sie in dem Dialogfeld die abgebildeten Einstellungen ein.

ImageReady untersucht dann die Unterschiede des markierten Bilds zum folgenden Bild. Die Veränderungen werden dann in den hinzugefügten Frames langsam vollzogen.

4 Dies betrifft in unserem Beispiel das Hintergrund-Rechteck. Im ersten Bild ist die Deckkraft 0 – es ist nicht sichtbar – im folgenden Bild ist es dagegen vollständig zu sehen.

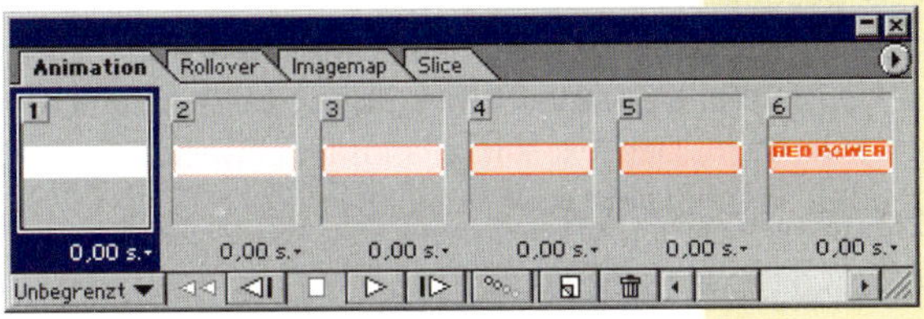

Sie sehen nach dem Bestätigen, dass ImageReady drei Bilder eingefügt hat, bei denen das Rechteck teilweise zu sehen ist.

5 Wenn Sie eines der neu eingefügten Bilder markieren, können Sie in der *Ebenen*-Palette sehen, dass dort die Deckkraft verändert wurde. Im Bild 3 ist sie beispielsweise *50 %*. Das Rechteck ist also genau „zur Hälfte" zu sehen.

Info

Nur für einige Funktionen

Diese Funktion wird auch Tweening genannt. Leider lassen sich nur sehr wenige Aufgaben damit erledigen. So können Sie auf diese Art beispielsweise auch einen Effekt langsam einblenden oder die Position verändern. So können Sie Objekte durch das Bild schieben. Um Objekte aber beispielsweise zu skalieren, müssen Sie eine andere Arbeitstechnik anwenden – hier kann diese Funktion nicht weiterhelfen.

Animation „per Hand“

Beim letzten Schritt unserer Animation gibt es nun gar keine Unterstützung: Hier müssen Sie selbst Hand anlegen. Nach der Begutachtung des vorigen Schritts ist dies aber nicht schwierig: Sie müssen nur eine bestimmte Anzahl von Bildern erstellen, die sich entsprechend der Aufgabenstellung unterscheiden.

Hier ist wieder eine Überlegung nötig: Unser Schriftzug soll zuerst sehr niedrig sein und dann anwachsen. Dies können Sie beispielsweise mit der Funktion *Bearbeiten/Frei transformieren* realisieren.

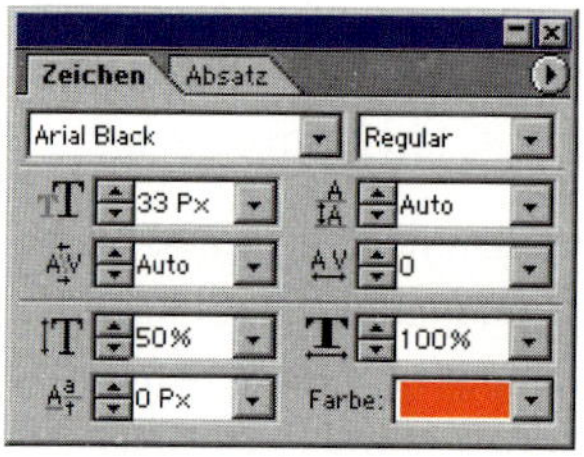

Alternativ dazu können Sie auch die Zeichenhöhe im *Zeichen*-Palettenfenster verändern.

Dieser Gedanke ist richtig, führt aber leider nicht zum gewünschten Ergebnis, da damit der Schriftzug in allen Frames gleichermaßen geändert wird – und das ist natürlich nicht erwünscht. Der Text soll ja langsam anwachsen und nicht durchgängig eine andere Größe erhalten.

Deshalb müssen wir mit demselben Grundgedanken anders vorgehen:

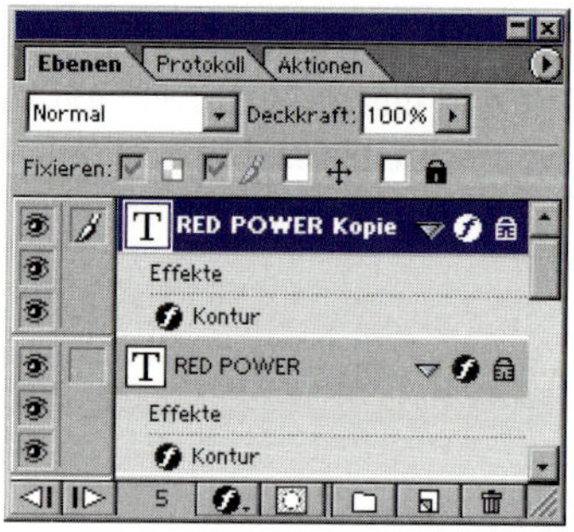

1 Duplizieren Sie die Textebene im *Ebenen*-Palettenfenster. Ziehen Sie die Textebene dazu mit gedrückter linker Maustaste auf das Papiersymbol.

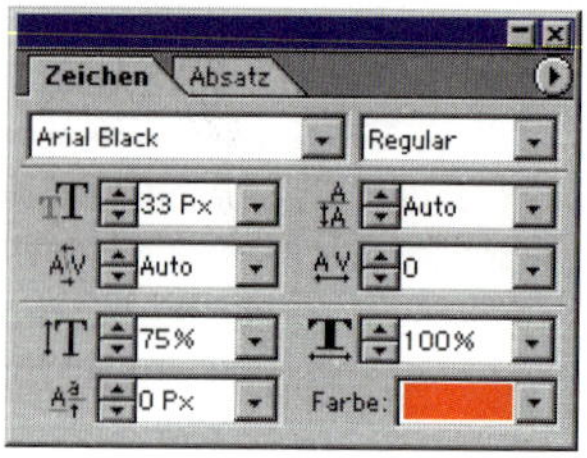

2 Verändern Sie nun bei diesem Duplikat die Zeichenhöhe – zum Beispiel auf *75 %*.

3 Erstellen Sie dann von dieser Ebene ein weiteres Duplikat. Dort wird die Zeichenhöhe auf *50 %* eingestellt.

Bei einem letzten Duplikat wird die Zeichengröße dann auf *25 %* eingestellt.

So ergibt sich die links abgebildete Anordnung der unterschiedlichen Ebenen.

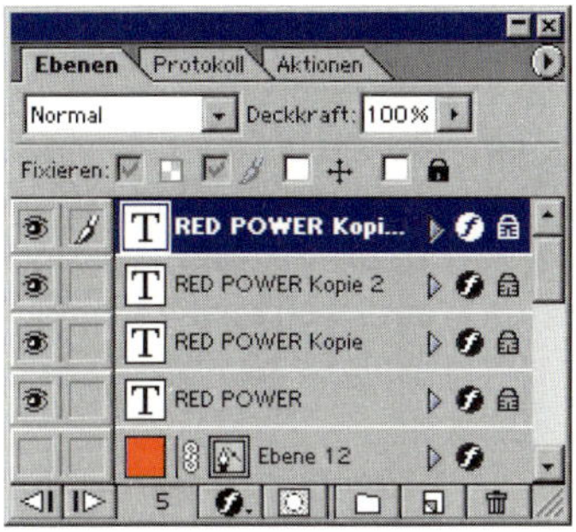

4 So haben Sie nun vier verschiedene Ebenen, die nur noch zum passenden Zeitpunkt ein- oder ausgeblendet werden müssen.

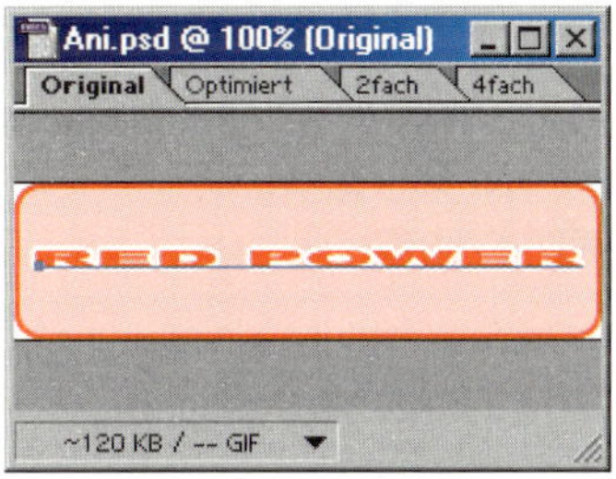

5 Wechseln Sie zum Filmbild Nummer 5 und blenden Sie dort den flachsten Schriftzug ein – die anderen werden dagegen ausgeblendet.

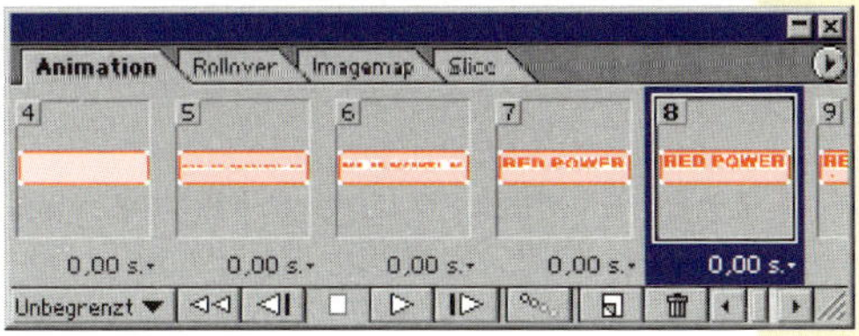

6 Erstellen Sie von diesem Filmbild ein Duplikat und blenden Sie dort die nächste Größe ein. Wiederholen Sie dies und blenden Sie auf neuen Filmbildern nacheinander die Ebenen ein.

7 Das war es schon – auf diese Art können Sie alle Animationsarten realisieren – mehr oder weniger aufwändig.

Mehrere Filmbilder bearbeiten

Haben Sie es bemerkt: Einen Nachteil hat dieses Verfahren: Die neuen Ebenen sind nämlich nun auch in den bereits fertig gestellten Filmbildern zu sehen. Hätten wir diese Ebenen zuerst erstellt, wäre dieses Manko nicht entstanden. Wir wollten Sie aber anfangs nicht zu sehr verwirren.

Es ist aber leicht, mehrere Filmbilder auf einen Schlag zu verändern:

1 Markieren Sie die betreffenden Filmbilder, sodass sie alle farbig hervorgehoben werden.

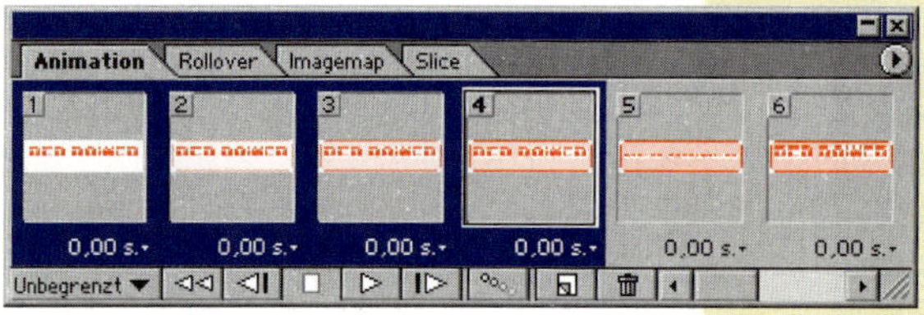

Benutzen Sie zur Mehrfachauswahl die [Strg]- oder [Umschalt]-Taste – so, wie Sie es auch von der Dateiauswahl im Windows-Explorer kennen.

2 Wenn Sie nun die Ebenen ausblenden, gilt dies für alle Filmbilder gleichermaßen.

3 Momentan werden alle Filmbilder einfach hintereinander abgespielt, so schnell sie geladen werden können.

Wenn Sie wollen, können Sie aber auch eine Standzeit angeben, wie lange ein bestimmtes Bild angezeigt werden soll. Das bietet sich beispielsweise an, um nach einer abgeschlossenen Aktionen einen „Moment Pause" zu machen.

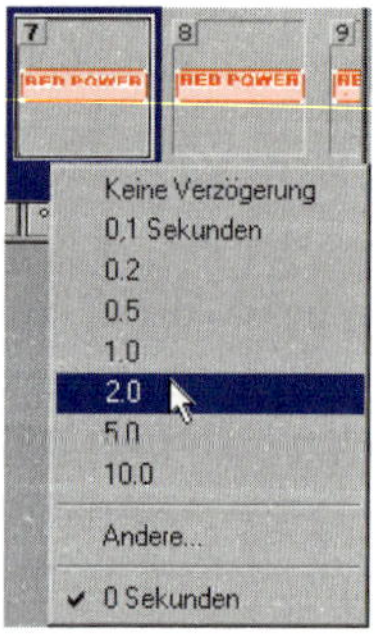

4 Klicken Sie dazu – nach dem Markieren des betreffenden Bilds – auf den Pfeil unter dem Bild. Dort finden Sie verschiedene Vorgabewerte.

Ist der gewünschte Wert nicht dabei, wählen Sie die Option *Andere*.

Speichern als animiertes GIF

Nun müssen Sie das Ergebnis nur noch speichern. Dabei sind einige Dinge zu beachten.

1 Speichern Sie mit der Funktion *Datei/Speichern unter* den Film im Photoshop-Dateiformat PSD. Nur in diesem Dateiformat bleiben alle Optionen zum späteren Editieren erhalten.

Info

Doppeltes Speichern notwendig

Das doppelte Speichern ist notwendig. Um stets Zugriff auf die Originaldaten zu behalten, muss die Datei im PSD-Dateiformat gesichert werden. Für den Einsatz auf einer Webseite ist dagegen ein webkompatibles Dateiformat nötig – wie beispielsweise das GIF-Format, das als einziges die Animationen unterstützt.

2 Zum Speichern in einem Webdateiformat haben Sie drei Möglichkeiten: Das GIF-, JPEG- und das PNG-Dateiformat. Das letzte ist noch nicht allzu weit verbreitet – deshalb sollten Sie es nicht verwenden.

Das JPEG-Dateiformat ist für Fotos prädestiniert, da es den Truecolor-Modus unterstützt.

3 Für unser Beispiel haben wir aber keine Wahl: Das GIF-Dateiformat unterstützt als Einziges Animationen.

Dafür müssen Sie hinnehmen, das es nur 256 Farben enthalten kann. In unserem Beispiel ist das aber nicht sehr schlimm, da unser Beispiel nur wenige verschiedene Farbtöne enthält.

4 Das betreffende Dateiformat wird über die *Optimieren*-Palette eingestellt. Je nach ausgewähltem Dateiformat werden hier verschiedene Optionen angezeigt. Die des GIF-Formats sehen Sie links.

5 Die Größe einer GIF-Datei können Sie nur durch das Reduzieren der Farbanzahl beeinflussen.

So müssen Sie einen Kompromisswert zwischen der Bildqualität und der Dateigröße finden. In unserem Fall haben wir 15 Farben eingestellt, damit die Übergänge von den Objekt-Konturen sauber erhalten bleiben.

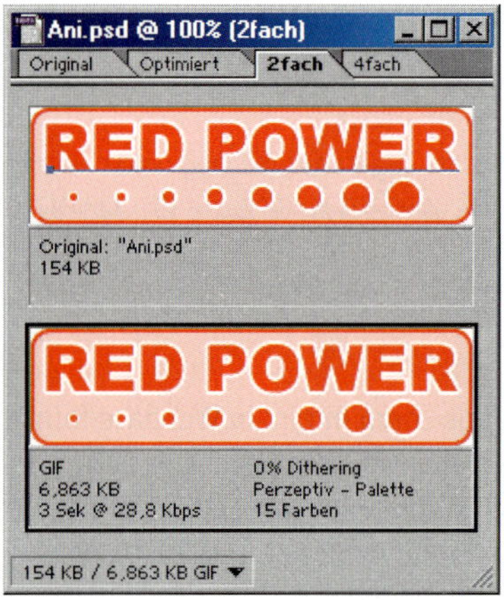

6 Um beurteilen zu können, wie das exportierte Ergebnis aussieht, schauen Sie sich das Ergebnis über den *Optimiert*-Reiter oberhalb des Arbeitsfensters an. Wollen Sie Ausgangs- und Exportbild gleichzeitig ansehen, verwenden Sie die *2fach*-Ansicht.

Unter dem Bild finden Sie Angaben über die Dateigröße des exportierten Bilds und über die geschätzte Übertragungsdauer.

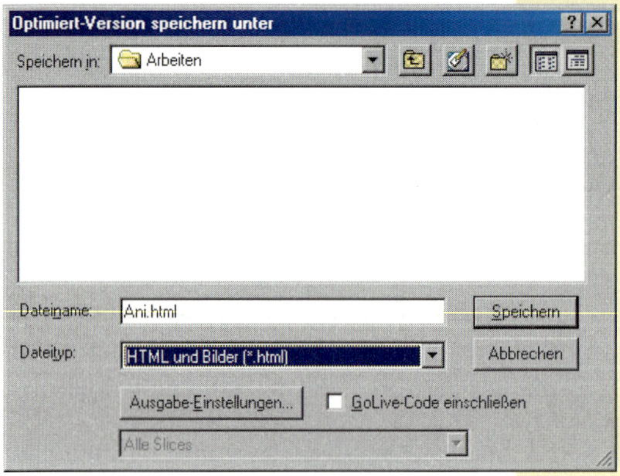

7 Haben Sie die passenden Einstellungen gefunden, verwenden Sie die Funktion *Bearbeiten/Optimiert Version speichern unter*.

Dort können Sie auch einstellen, ob zusätzlich zum animierten GIF gleich eine entsprechende HTML-Datei erzeugt werden soll. Darin wird dann automatisch das Bild positioniert.

Aktivieren Sie in diesem Fall die Option *HTML und Bilder (*.html)*.

Arbeiten automatisieren

Wer wünscht sich das nicht: Einen Knopf drücken – und die Arbeit ist erledigt! Kein Problem: Sogar das kann Photoshop. Zumindest für einige Aufgabenstellungen.

In diesem Kapitel wollen wir Ihnen zeigen, wie Sie mit Photoshop die Arbeit erleichtern können. Besonders leistungsfähig ist Photoshop, wenn es darum geht, immer wiederkehrende Aufgabenstellungen zu erledigen.

Mitgelieferte Aktionen verwenden

Aber fangen wir von vorn an. Das mit dem einen Tastendruck ist schon beeindruckend, oder. Wie das geht? Nun, ...

1 ... nehmen wir an, Sie haben ein hübsches Bild, das Sie einrahmen wollen.

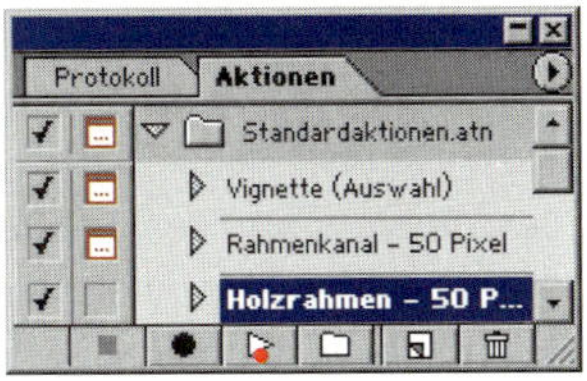

2 Öffnen Sie das *Aktionen*-Palettenfenster. Im *Standardaktionen*-Ordner finden Sie einen Eintrag mit der Bezeichnung *Holzrahmen - 50 Pixel*.

3 Klicken Sie doch einmal auf das Play-Symbol in der Fußleiste des Palettenfensters, ...

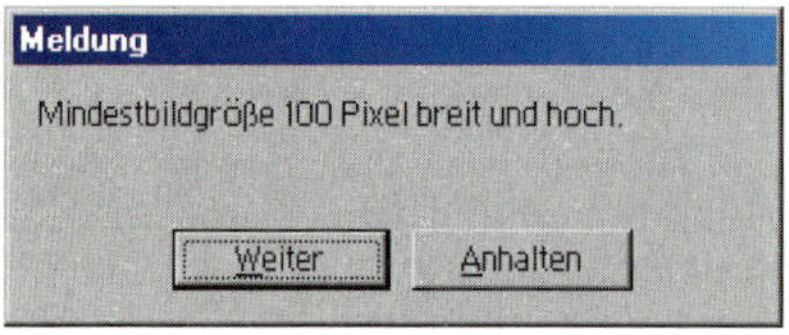

4 ... falls Sie es gar nicht glauben konnten, dass Photoshop wirklich ganz allein arbeiten kann. Wenn Sie den Hinweis auf die Mindestbildgröße noch bestätigen, ...

5 ... erhalten Sie nach einem kurzen Moment des Wartens tatsächlich ein fix und fertig eingerahmtes Bild.

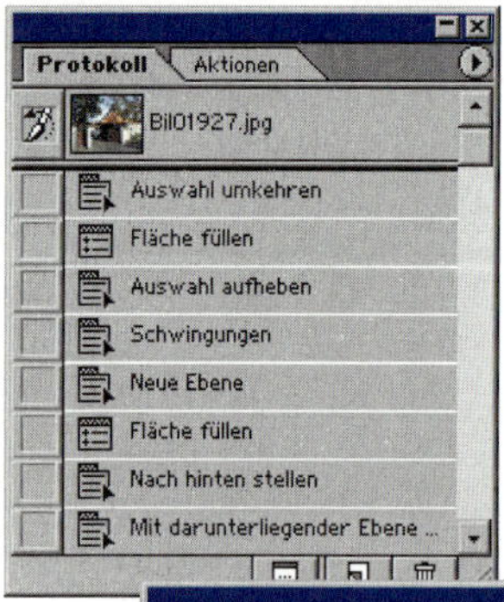

6 Was hier passiert ist? Ein Blick in das *Protokoll*-Palettenfenster zeigt es:

Dort sind jede Menge Arbeitsschritte zu sehen. Eine Aktion ist nämlich nichts anderes als das automatische Ausführen verschiedener Arbeitsschritte. Scrollen Sie einmal durch die *Protokoll*-Liste. Es ist ganz interessant, welche Arbeitsschritte zu dem Ergebnis geführt haben.

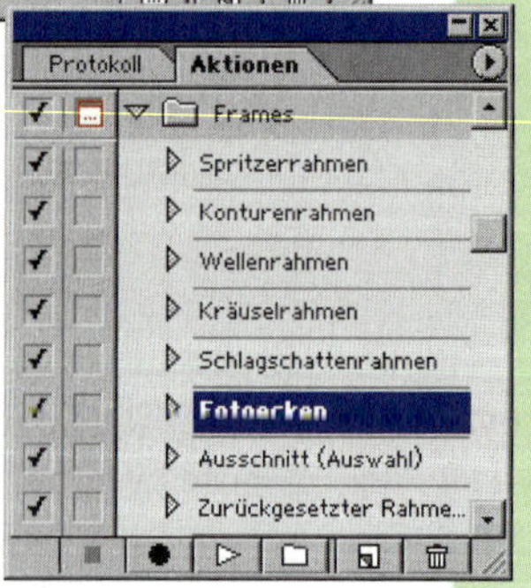

7 Im Pfeilmenü des *Aktionen*-Palettenfensters finden Sie übrigens noch weitere Standardaktionen.

Unter anderem gibt es im *Frames*-Ordner noch eine ganze Menge anderer Rahmen. Probieren Sie doch einmal andere aus.

8 So haben wir für das Ausgangsfoto dieses Mal die *Fotoecken*-Aktion verwendet. Das Ergebnis sieht doch auch spannend aus, oder?

Eigene Aktionen aufzeichnen

Sicherlich werden Sie auch immer wieder mal bei mehreren Bildern gleiche Aufgabenstellungen erledigen müssen. Da wäre es doch sehr ärgerlich, wenn Sie alle Arbeitsschritte immer wieder neu durchführen müssten. Deshalb bietet Photoshop mit den Aktionen eine Möglichkeit, diese Aufgaben zu automatisieren.

1 Nehmen wir an, Sie haben folgendes Ausgangsbild, an dem verschiedene Optimierungen durchgeführt werden sollen.

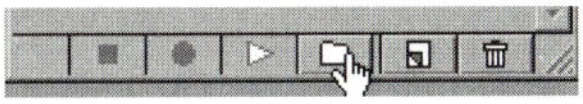

2 Am besten legen Sie gleich einen neuen Ordner für Ihre eigenen Aktionen an. Klicken Sie dazu auf das Ordnersymbol.

3 Geben Sie in dem Dialogfeld einen Namen für den neuen Ordner ein.

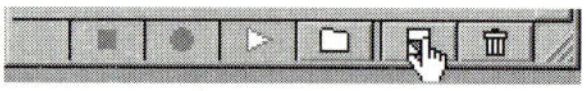

4 Zum Erstellen einer neuen Aktion in dem gerade erstellten Ordner klicken Sie auf das Papiersymbol.

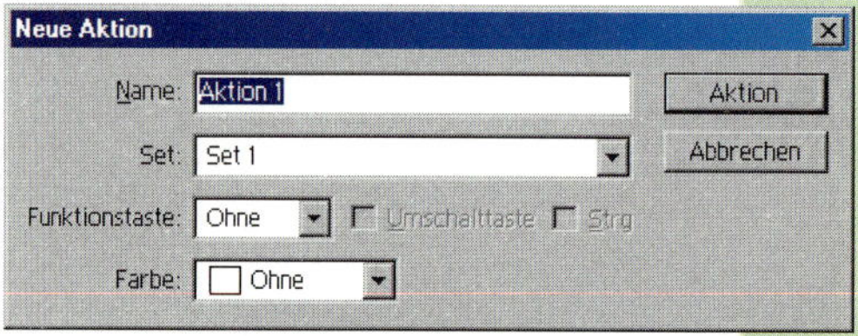

Auch hier können Sie wieder einen Namen für die Aktion angeben. Außerdem können Sie hier eine farbige Hervorhebung für die Aktion und ein Tastenkürzel einstellen, mit dem die Aktion später aufgerufen werden kann.

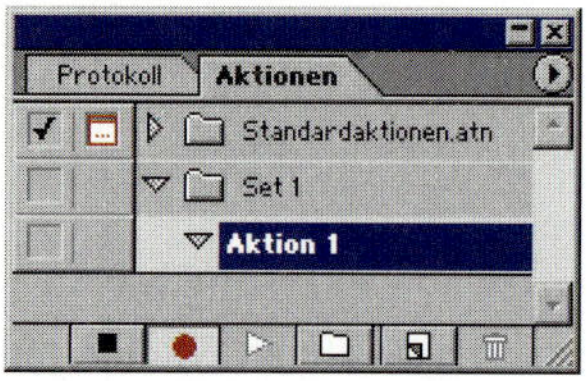

5 Anschließend wird in den Aufzeichnungsmodus umgeschaltet. Sie erkennen dies an dem roten Punkt in der Fußzeile.

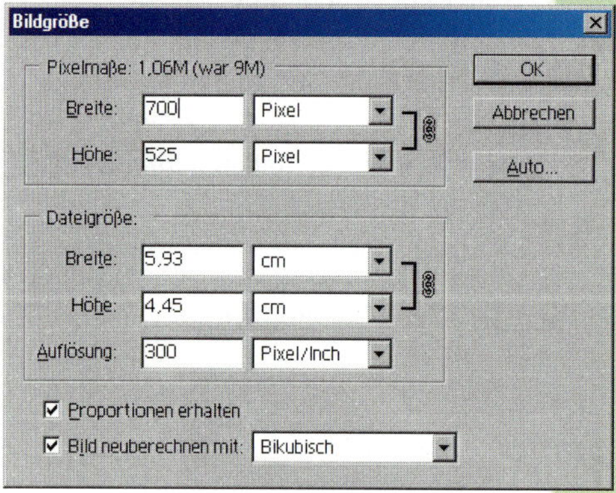

6 Nun können Sie wie gewohnt arbeiten und die Optimierungen vornehmen. So haben wir mit der Funktion *Bild/Bildgröße* das Bild neu berechnet. Sie sehen die von uns verwendeten Werte nebenstehend abgebildet.

Anschließend haben wir mit der Funktion *Bild/Einstellen/Auto-Tonwertkorrektur* die Tonwerte des Bilds optimiert.

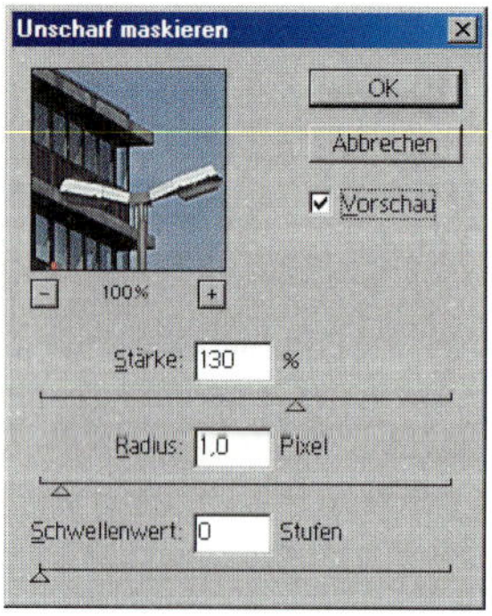

7 Den Filter *Filter/Scharfzeichnungsfilter/Unscharf maskieren* haben wir verwendet, um mit den gezeigten Werten das Bild optimal scharf zu zeichnen.

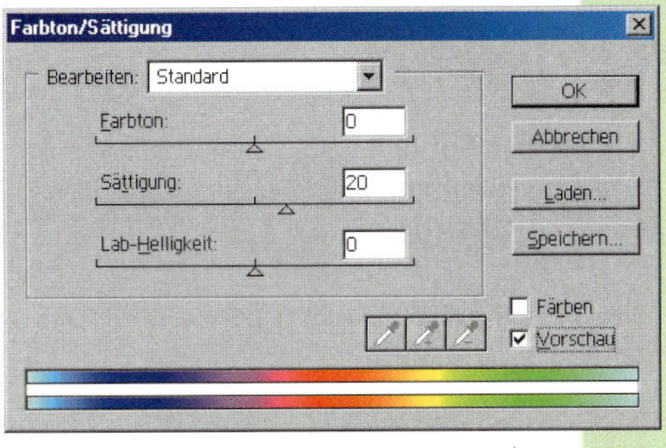

8 Abschließend haben wir mit der Funktion *Bild/Einstellen/Farbton/Sättigung* die Farben mit den gezeigten Werten noch kräftiger gemacht. So wirkt das Bild brillanter.

Nun können Sie mit einem Klick auf das Stoppsymbol die Aufzeichnung beenden - alle Aufgaben sind erledigt.

Ein Blick in das *Aktionen*-Fenster zeigt, dass dort alle vorgenommenen Arbeitsschritte protokolliert sind. Mit einem Klick auf den Pfeil vor dem Eintrag können Sie die Optionen aufklappen. Dort wird sichtbar, dass sämtliche Wertänderungen mit aufgezeichnet wurden.

9 Mit den gezeigten Veränderungen haben wir - ganz auf die Schnelle - die folgende Bildoptimierung vorgenommen.

Aus Aktionen werden Droplets

Wollen Sie nun weitere Bilder mit denselben Einstellungen verändern, brauchen Sie nur das betreffende Bild zu öffnen und mit einem Klick auf das Play-Symbol die gerade aufgezeichnete Aktion abzuspielen.

Sie können die Arbeit aber noch weiter vereinfachen, indem Sie aus diesen Aktionen so genannte Droplets erstellen:

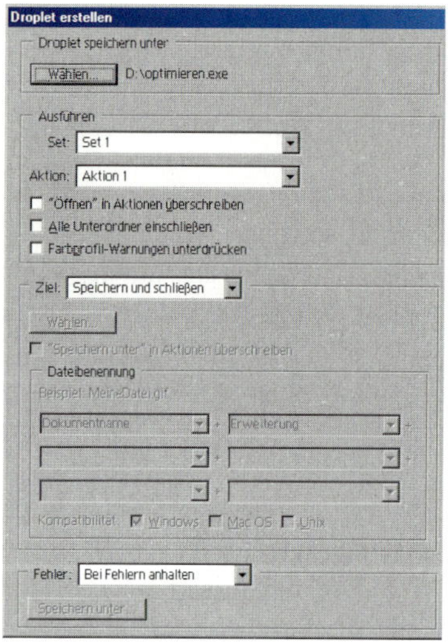

1 Rufen Sie die Funktion *Datei/Automatisieren/Droplet erstellen* auf.

In dem Dialogfeld finden Sie vielseitige Optionen, wie das Droplet erstellt werden soll. Standardmäßig wird gleich die soeben erstellte Aktion angeboten.

2 Nach dem Speichern des Droplets können Sie dieses mithilfe des Windows-Explorers beispielsweise direkt auf dem Desktop platzieren.

3 Um das Droplet auszuführen, ziehen Sie nun die zu bearbeitenden Dateien einfach aus dem Windows-Explorer heraus auf das Drop-Symbol.

Dann startet Photoshop automatisch und die Bilder werden mit den aufgezeichneten Befehlen bearbeitet.

Vorgefertigte Automatisierungen

Photoshop bietet einige sehr aufwändige Automatisierungs-Funktionen. Diese wollen wir Ihnen jetzt vorstellen:

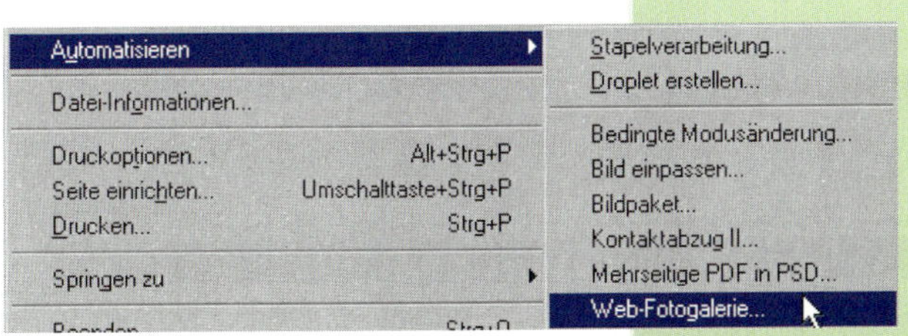

1 Die Optionen finden Sie im Menü *Datei/Automatisieren*.

2 Hier können Sie beispielsweise aus einer Bildersammlung eine Webgaleire erstellen.

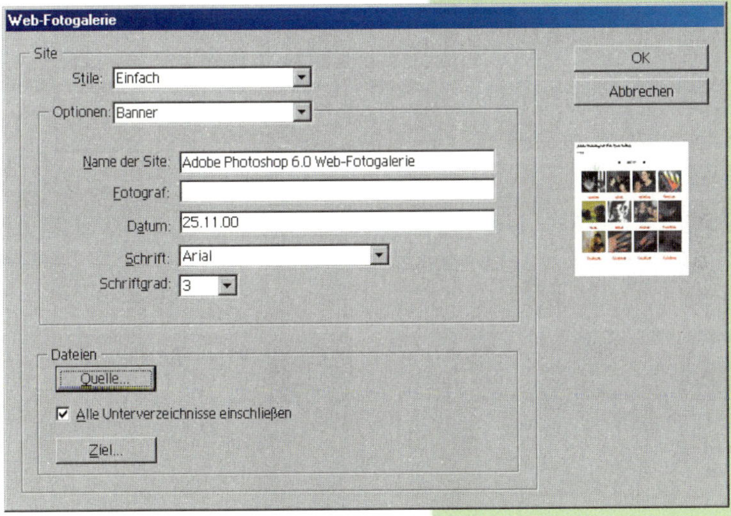

Über das *Optionen*-Listenfeld können Sie die Einstellungen für den Aufbau der Webseite einstellen.

3 Nach dem Bestätigen werden HTML-Übersichtsseiten erstellt.

Klicken Sie dann auf eines der Thumbnailbilder, wird eine vergrößerte Ansicht angezeigt. So können Sie schnell und komfortabel Bildergalerien für Ihre Webseite erstellen.

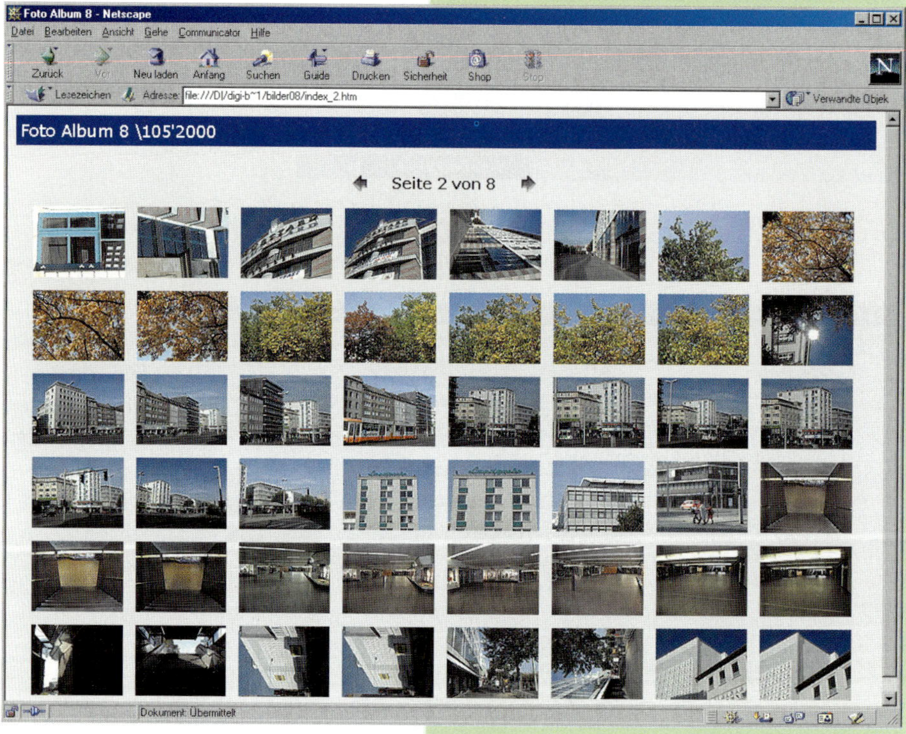

Notfallkiste

Was tun, wenn es nicht so klappt, wie es sollte? In diesem letzten Kapitel haben wir einige Stolpersteine zusammengestellt, die beim Arbeiten mit Photoshop auftreten können.

Es passiert ja gar nichts!

Wohl einer der verbreitetsten Flüche von neuen Photoshop-Anwendern. Die Gründe sind vielfältig. Sehen wir uns die möglichen Ursachen an:

Der einfachste: Achten Sie immer darauf, welche Ebene aktiv ist – nur auf dieser Ebene wirken sich Änderungen aus! Haben Sie zum Beispiel – wie nebenstehend – die Hintergrundebene markiert, können Sie ändern, so viel Sie wollen: Sehen werden Sie nichts.

Das liegt daran, dass sich über dem Hintergrund eine weitere Ebene befindet. Die Änderungen, die Sie vornehmen, bleiben also unsichtbar – die darüber liegende Ebene verdeckt sie.

Außerdem könnte es beim Arbeiten mit Ebenen passieren, dass ein Überblendungsmodus eingestellt ist, bei dem sich Änderungen nicht auswirken. Oder Sie haben die Ebene fixiert – das erkennen Sie an dem Schloss-Symbol.

Zudem müssen Sie beachten, dass Sie nur innerhalb von Auswahlbereichen arbeiten können – dazu sind die Masken ja da. Versuchen Sie also, neben einer Maske zu malen, passiert gar nichts. Beachten Sie dabei, dass Maskierungen auch wirken, wenn sie ausgeblendet sind.

Ein weiterer Grund ist noch einfacher: Vielleicht haben Sie zu geringe Veränderungen vorgenommen – zum Beispiel beim Arbeiten mit Filtern. Oder die Deckkraft einer Ebene ist zu niedrig eingestellt. Überprüfen Sie beides.

Wo ist mein Auswahlbereich?

Wir haben es gerade angedeutet - Auswahlbereiche müssen nicht unbedingt zu sehen sein. Aber auch im ausgeblendeten Zustand wirken sie.

Überprüfen Sie also, ob Sie den Auswahlbereich - vielleicht versehentlich durch Drücken der Tastenkombination [Strg]+[H] ausgeblendet haben.

Falls Sie die Auswahl aufgehoben haben - was mit der Funktion *Auswahl/Auswahl aufheben* oder der Tastenkombination [Strg]+[D] möglich ist -, können Sie im *Kanäle*-Fenster nachsehen. Ist die Auswahl gespeichert worden, sehen Sie dort das passende Vorschaubild.

Wo ist mein Mauszeiger?

1 Im Normalfall sehen Sie für die Werkzeuge, mit denen Sie arbeiten, einen Mauszeiger mit einem Symbol. An dem Symbol erkennen Sie gleich, um was für ein Werkzeug es sich handelt - zum Beispiel das Airbrush-Werkzeug.

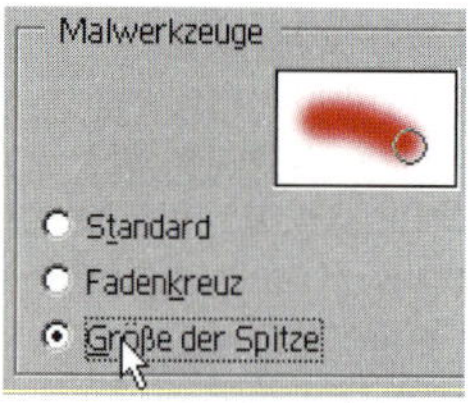

2 Über die Funktion *Bearbeiten/Voreinstellungen/Bildschirm & Zeigerdarstellung* können Sie einstellen, dass statt des Symbols die Größe der Werkzeugspitze angezeigt wird.

3 Mit dieser Option kann es passieren, dass Sie vom Mauszeiger im Bild nicht viel sehen - weil die ausgewählte Werkzeugspitze zum Beispiel sehr klein ist - wie im nächsten Bild, wo wir eine kleine Werkzeugspitze von 5 Pixeln Größe ausgewählt haben.

Ich kann nicht im Bild arbeiten!

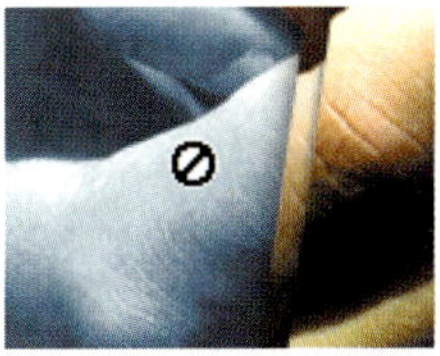

Ihr Mauszeiger zeigt ein Verbotssymbol an, sodass Sie keine Aktion im Bild vornehmen können?

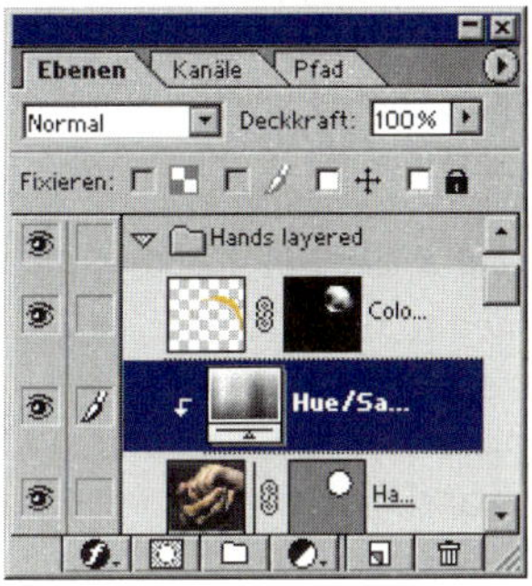

Dann haben Sie wahrscheinlich eine ausgeblendete Ebene oder eine Einstellungsebene markiert - so wie es im nebenstehenden *Ebenen*-Fenster zu sehen ist. An Ebenen, die nicht sichtbar sind, kann nicht gearbeitet werden - schließlich müssen Sie ja sehen, was Sie tun.

Außerdem können Sie auf Einstellungsebenen mit den Malwerkzeugen nichts anfangen - dazu müssen Sie zunächst mit der Funktion *Ebene/Ebenenmaske hinzufügen* eine Maskierung einfügen, auf der Sie dann malen können, falls Sie die Einstellungsebene nur an bestimmten Stellen wirken lassen wollen.

Wo sind die Plugin-Module?

Wenn Ihnen die Photoshop-Funktionen nicht ausreichen, können Sie von Drittanbietern so genannte Plugin-Module hinzukaufen.

Diese Module werden im *Filter*-Menü am Ende - unterhalb eines Trennungsstrichs - in verschiedenen Untermenüs angeordnet.

Wenn bei Ihnen im *Filter*-Menü keine solchen Zusatzfunktionen vorhanden sind, haben Sie wahrscheinlich keine Filter installiert.

Photoshop liefert standardmäßig einige solcher Module mit, andere finden Sie auf der Photoshop-CD als so genannte Tryout-Versionen zum Ausprobieren. Alle Plugin-Module werden im Photoshop-Ordner *Zusatzmodule* abgelegt. Zusätzliche Ordner können Sie über *Bearbeiten/Voreinstellungen* unter der Rubrik *Zusatzmodule & Virtueller Speicher* einstellen.

Jederzeit Darstellungsgröße ändern

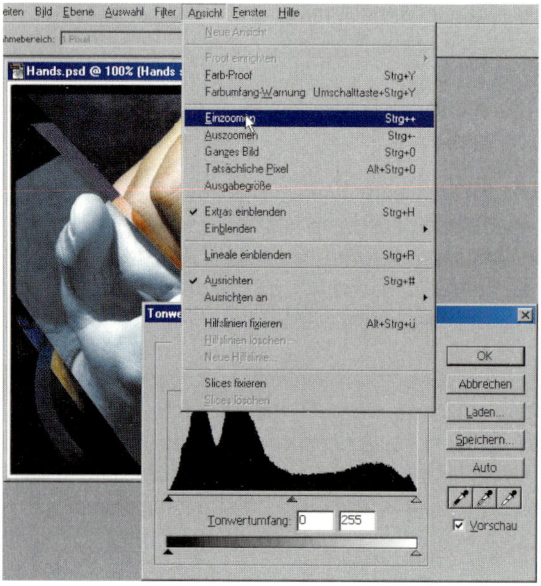

Zum Ändern der Darstellungsgröße werden Sie meist das Zoom-Werkzeug verwenden. Was aber tun, wenn Sie während der Wertänderung in einem Dialogfeld feststellen, dass die Darstellungsgröße nicht stimmt. An das Zoom-Werkzeug kommen Sie ja nun nicht heran.

Im Menü *Ansicht* finden Sie viele Optionen zum Ändern der Darstellungsgröße. Interessant ist, dass diese Werkzeuge auch dann verfügbar sind, wenn Sie gerade innerhalb eines Dialogfelds Einstellungen vornehmen.

Die Festplatte ist voll

Sie erhalten eine Fehlermeldung, dass Ihre Festplatte voll ist?

Tja, die Rücknahmefunktionen sind zwar prima - aber sie kosten viel Platz. Und so kann es - gerade beim Arbeiten mit großen Bildern - schnell passieren, dass Sie eine derartige Fehlermeldung erhalten.

Wechseln Sie über *Bearbeiten/Voreinstellungen* zur Rubrik *Allgemeine.* Dort finden Sie die Option *Protokoll Status.* Reduzieren Sie den Standardvorgabewert von 50.

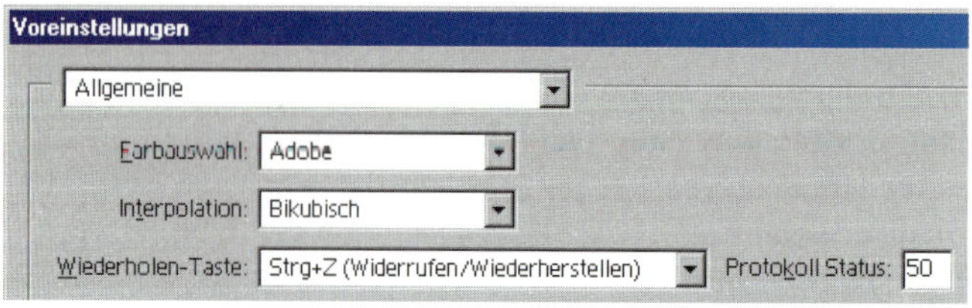

Das bedeutet, dass Sie die letzten 50 Arbeitsschritte zurücknehmen können.

Protokoll leeren

Wenn Sie die letzten Arbeitsschritte nicht zurücknehmen wollen, können Sie über die Optionen die Funktion *Bearbeiten/Entleeren/Protokoll* aufrufen. Dann geben Sie den Auslagerungsspeicher auf der Festplatte wieder frei.

Farben speichern

Sie haben eine hübsche Farbe angemischt - zum Beispiel über den *Farbwähler*? Diese Farbe soll nun auch bei späteren Photoshop-Sitzungen verfügbar sein?

Wechseln Sie zur *Farbfelder*-Palette und halten Sie den Mauszeiger hinter den letzten Eintrag. Sie sehen dann ein Fülleimersymbol.

Klicken Sie nun - dann wird die Farbe zur Farbpalette hinzugefügt.

Farbpaletten dauerhaft sichern

Sie können die gesamte Farbpalette auch dauerhaft speichern. In den Optionen des *Farbfelder*-Fensters gibt es den Eintrag *Farbfelder speichern*. Damit können Sie die Palette auf der Festplatte sichern.

Assistenten-Hilfe

Photoshop liefert zwei Assistenten mit, die Sie über das *Hilfe*-Menü aufrufen können. Einer dient zum Skalieren von Bildern, der andere zum Erzeugen von transparenten Bildern.

Die Assistenten fragen alle notwendigen Arbeitsschritte in einzelnen Dialogfeldern ab. Über die *Weiter*-Schaltfläche bewegen Sie sich jeweils zum folgenden Dialogfeld.

Wenn nichts mehr hilft

Wenn Sie gar nicht mehr wissen, wie Sie eine Aufgabe lösen können – was wir nach der Lektüre dieses Buchs natürlich nicht hoffen **;-)** –, können Sie sich einmal die Photoshop-Hilfe ansehen, die Sie über das *Hilfe*-Menü erreichen.

Die Hilfe ist als HTML-Datei aufgebaut. Wegen der bebilderten Erläuterungen lohnt sich der Blick in die Hilfe auf jeden Fall – und sei es, um die schönen Bilder und Beispiele zu betrachten.

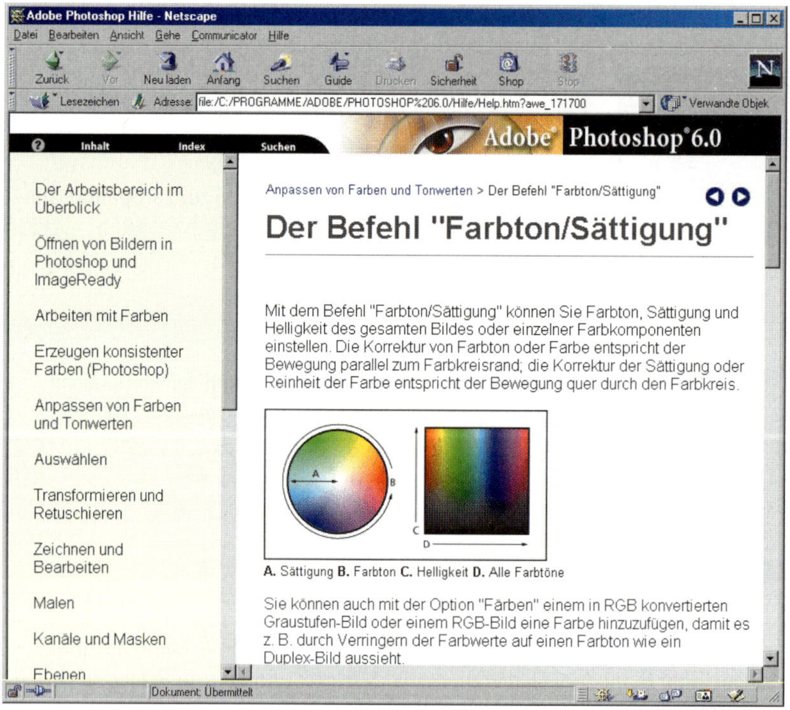

Stichwortverzeichnis

A

B

M

N

O

P

R